Moritz Gleich, Christa Kamleithner (Hg.)

Medium unter Medien
Architektur und die Produktion
moderner Raumverhältnisse

Bauverlag
Gütersloh · Berlin

Birkhäuser
Basel

Die Reihe Bauwelt Fundamente wurde von Ulrich Conrads 1963 gegründet und seit Anfang der 1980er-Jahre gemeinsam mit Peter Neitzke herausgegeben. Verantwortlicher Herausgeber für diesen Band: Jesko Fezer

Gestaltung der Reihe seit 2017 von Matthias Görlich unter Verwendung eines Entwurfs von Helmuth Lortz, 1963

Vordere Umschlagseite: „Always Closed", Zeichnung aus Robert L. Blanchard, *Around the World with Van Kannel.* New York 1929, Vorsatz (Ausschnitt).
Hintere Umschlagseite: Flughafen Schiphol, Amsterdam, 1967. Innenarchitektur: Kho Liang Ie, Design des Beschilderungssystems: Benno Wissing, Foto: Aart Klein (Ausschnitt). © Aart Klein / Nederlands Fotomuseum.

Library of Congress Control Number: 2023939883

Bibliografische Information der Deutschen Nationalbibliothek
Die Deutsche Nationalbibliothek verzeichnet diese Publikation in der Deutschen Nationalbibliografie; detaillierte bibliografische Daten sind im Internet über http://dnb.dnb.de abrufbar.

Dieses Buch ist auch als E-Book (ISBN 978-3-0356-2451-9) erschienen.

Der Vertrieb über den Buchhandel erfolgt ausschließlich über den Birkhäuser Verlag.
© 2023 Birkhäuser Verlag GmbH, Basel, Postfach 44, 4009 Basel, Schweiz, ein Unternehmen von Walter de Gruyter GmbH, Berlin/Boston;
und Bauverlag BV GmbH, Gütersloh, Berlin

bau ‖ ‖ verlag

Gedruckt auf säurefreiem Papier, hergestellt aus chlorfrei gebleichtem Zellstoff. TCF ∞

Printed in Germany

ISBN 978-3-0356-2450-2

9 8 7 6 5 4 3 2 1   www.birkhauser.com

FSC
www.fsc.org

MIX
Papier | Fördert
gute Waldnutzung
FSC® C089473

Inhalt

Architektur als Medium unter Medien: eine Einleitung

Christa Kamleithner und Moritz Gleich

Unter Bedingungen der Moderne interagiert Architektur in und mit Netzen: Lange bevor sie mit digitalen Apparaten zu kommunizieren begannen, wurden Häuser von technischen Systemen durchdrungen, Bauten als Knotenpunkte in Verkehrsinfrastrukturen konzipiert und die immer größer werdenden Gebäudekomplexe mit Informationssystemen überlagert. Die gegenwärtige Durchdringung des gebauten Raums mit digitalen Technologien kommt insofern weniger einer plötzlichen Übernahme der Architektur durch ihr fremde Mächte gleich, sondern setzt die Verbindung und Transformation alter und neuer räumlicher Elemente fort. Rem Koolhaas hat diesen Prozess mal mehr, mal weniger apokalyptisch beschrieben, verbunden mit dem Aufruf, ihn aktiv zu gestalten.[1] Er hat damit die bewusste Gestaltung digitaler Umgebungen als ein drängendes Problem benannt, allerdings zugleich ausgeblendet, dass Architekten und Designerinnen bereits um 1970, als die ersten Großrechner in die Unternehmen einzogen und die weltweite Vernetzung von Computern anlief, an neuen Medien interessiert, ja sogar in ihre Entwicklung involviert waren.[2] Damals entstand die Idee responsiver Environments, und auch die „alte" Architektur selbst wurde als „Medium" begriffen. Erst der Architekturdiskurs der 1980er-Jahre, der für die Architektur und ihre scheinbar zeitlosen Elemente Autonomie beanspruchte, ließ die Auseinandersetzung mit neuen Technologien wieder in den Hintergrund treten.

Dieser Band untersucht, wie im Zusammenspiel von Architektur und technischen Medien neue Raumverhältnisse produziert werden, wobei er Architektur als eines unter vielen Medien versteht. Er versammelt aktuelle Positionen einer medien- und kulturwissenschaftlich ausgerichteten Architekturforschung und bringt dafür die deutschsprachige Medienkulturwissenschaft mit der angloamerikanischen Architekturgeschichte zusammen, die seit den 1990er-Jahren medienwissenschaftliche Perspektiven integriert hat. In Büchern wie *Privacy and Publicity. Modern Architecture as Mass Media* (1994) hat Beatriz Colomina vielfach gezeigt, wie in der Verbindung von moderner Architektur und Bildmedien wie Fotografie oder Film neue Raumvorstellungen und Subjektivitätsformen entstanden sind, und so eine Perspektive entwickelt, die Architektur nicht als Objekt mit festen Grenzen, sondern als veränderliches mediales System begreift.[3] Reinhold Martin, der sich seit *The Organizational Complex. Architecture, Media, and Corporate Space* (2003) insbesondere mit infrastrukturellen Medien beschäftigt, präzisiert diese Perspektive im hier vorliegenden Band, wenn er Architektur als in sich heterogenen „Medienkomplex" beschreibt und so Architektur nicht nur mit anderen Medien verknüpft, sondern Architektur selbst vervielfältigt und de-ontologisiert.[4]

In der Medientheorie ist der de-ontologisierende Blick auf Medien von Beginn an angelegt: „Kein Medium gewinnt seine Bedeutung aus sich heraus oder isoliert von anderen Medien", schrieb Marshall McLuhan um 1960. Dabei dachte er an die Straße, die je nachdem, ob sie von Fußgängerinnen, Pferden oder Autos bevölkert wird, andere Raumverhältnisse hervorbringt – und die als neues Highway-System das Verhältnis von Stadt und Land in den USA damals drastisch veränderte.[5] Bei Friedrich Kittler begegnet man der Formel „Medium unter Medien" immer dann, wenn er auf die Ausdifferenzierung von technischen Bild-, Ton- und Schriftmedien im 19. Jahrhundert zu sprechen kommt, die vom Computer, dem „totale[n] Medienverbund auf Digitalbasis", später tendenziell wieder kassiert wurde.[6] Beide Ansätze machen klar, dass Medienfunktionen nicht an bestimmte Medien gebunden sind, sondern immer wieder neu verteilt werden, was einen neuen Blick auch auf ältere Phänomene eröffnet: auf Städte etwa, die Kittler zufolge Medien sind und die Medienfunktionen der „Speicherung, Übertragung und Verarbeitung von Information" jedenfalls in Teilen erfüllen.[7] Ontologische Wesensbestimmungen von Medien – einem „Medium Architektur" etwa – erübrigen sich damit.

Was ist das aber für ein Medienbegriff, der Computer, Straßen und Häuser umfasst? McLuhan verstand alle drei als Medien, genauso wie Film, Radio und Fernsehen. In *Understanding Media* (1964) behandelte er neben den üblicherweise als Medien verstandenen Kommunikationsmedien auch die

Wohnung, die er als „Wärmekontrollmechanismus" beschrieb, zugleich aber unter die „Kommunikationsmedien" einreihte, weil über die Kontrolle der Energieflüsse immer auch das Zusammenleben gestaltet wird.[8] McLuhan interessierte nicht, wie Medien Botschaften übertragen, sondern wie durch sie Umgebungen, ja ganze Kulturen verändert werden. Sein bekanntes Diktum, „Das Medium ist die Botschaft", besagt nichts anderes, wie er selbst klarstellte, als dass „jede neue Technologie […] eine neue Umwelt schafft".[9] Diese Perspektive, die Medien im weitesten Sinne als „Agenturen der Ordnung" versteht, die systematisch Umweltverhältnisse einrichten, hat John Durham Peters vor einigen Jahren in seiner Medienphilosophie *The Marvelous Clouds. Toward a Philosophy of Elemental Media* (2015) aktualisiert. Darin eröffnet er programmatisch ein weites historisches Panorama und verknüpft konsequent Natur und Kultur.[10]

Der Medienbegriff, auf den Peters rekurriert, war bis ins 19. Jahrhundert geläufig und bezog sich auf elementare Existenzgrundlagen wie die Luft, die uns so selbstverständlich umgeben, dass wir sie kaum wahrnehmen, und die dennoch für unser Dasein bestimmend sind. Medien sind hier etwas, das umgibt, das sich zwischen den Dingen befindet und die Überbrückung von Distanzen ermöglicht. In dieser Perspektive dienen natürliche Substanzen, die Wärme oder Schall übertragen, ebenso als Medien wie die technischen Kommunikationsnetze, auf die sich der Medienbegriff im Laufe des 19. Jahrhunderts verengt hat, bis er im 20. Jahrhundert mit Massenmedien gleichgesetzt wurde. Peters' Pointe ist, dass dieser „moderne" Medienbegriff angesichts verteilter Interfaces und Sensoren, die uns in Smart Homes und Smart Citys wie eine zweite Natur umgeben, überholt erscheint: Die neuesten digitalen Medien erfordern die Wiederaufnahme eines environmentalen Medienbegriffs und gleichen in ihrer logistischen Funktionsweise eher den seit jeher für die Organisation von Alltagsprozessen verwendeten Techniken wie dem Feuermachen, Zeitmessen oder Navigieren als den modernen Massenkommunikationsmitteln.[11] Medien sind, so verstanden, nichts spezifisch Modernes.[12] Und doch ist die Moderne von einer Proliferation von Medien gekennzeichnet, vor allem in Form von Infrastrukturen, mit denen sich an entfernten Orten Wirkungen erzielen und Umgebungsbedingungen kontrollieren lassen: „Modern zu sein, heißt in und mit Infrastrukturen zu leben", wie Peters mit dem Technikhistoriker Paul N. Edwards konstatiert.[13]

In eben diesem Sinne beschäftigen sich die hier versammelten Beiträge damit, wie in der Verbindung von Architektur und anderen Medien spezifisch moderne Raumverhältnisse entstanden sind. Die Bilder auf dem Cover des Buches deuten an, worum es dabei geht: Die Illustration auf der Vorderseite ist einer Werbeschrift für Drehtüren entnommen, die seit ihrer Patentierung 1888 dafür beworben wurden, die Innenräume von Hotels, Banken und Kaufhäusern zuverlässig vor Wind und Wetter zu schützen. Gleichzeitig sollte die Technologie nicht nur das Klima, sondern auch den Verkehr des globalen Publikums regulieren, an das sich diese modernen Bautypen richteten.[14] Das Foto auf der Rückseite des Covers zeigt das besagte Publikum rund achtzig Jahre später am Flughafen Schiphol, wo um 1970 elektrische Rollsteige die reibungslose Fortbewegung durch schier endlose Innenräume ermöglichen sollten; im männlichen Blick auf die Stewardessen werden zudem die herrschenden Geschlechterverhältnisse sichtbar.[15] Mobilität und Komfort, insgesamt die Kontrolle von Umweltbedingungen, sind zentrale Kennzeichen moderner Raumverhältnisse, die für einen vorgeblich universalen Menschentyp konzipiert wurden – jedoch, wie etwa die Beiträge von Mark Crinson und Meredith TenHoor in diesem Band zeigen, oft einschlägig hinsichtlich *race, gender* und *class* konnotiert sind.[16]

Als um 1970 der Glaube an die Möglichkeit, die Umwelt technisch kontrollieren zu können, seinen vorläufigen Höhepunkt erreichte, rief der Architekturtheoretiker Reyner Banham dazu auf, ein tieferes Verständnis der neuen Technologien und einen bewussteren Umgang mit ihnen zu entwickeln. Er räumte der Klimatechnik eine zentrale Rolle im Architekturdiskurs ein und wies auf die Vermittlungsfunktion von Architektur hin, die unseren Zugang zur Welt, in Abhängigkeit von technischen Bedingungen, maßgeblich bestimmt.[17] Die Technologien des Air Conditioning, folgerte der Architekturhistoriker Laurent Stalder in Bezug auf Banham, haben die Performanz von Architektur in den Blick gerückt und mit ihr die Fähigkeit von Architektur, auf ihre Benutzer und Benutzerinnen einzuwirken.[18] So waren die „Konditionierung von Luft und die Konditionierung von Leuten [...] zwei Seiten ein und desselben Vorgangs", wie die Medienwissenschaftlerin Yuriko Furuhata jüngst festgestellt hat; und zwar nicht nur, weil Klimaverhältnisse unser Verhalten beeinflussen, sondern auch, weil Klimatechnik und -vorhersage, seit sie sich um 1970 auf eine zunehmend große Rechnerleistung stützen konnten, Umweltbedingungen in einem Maße explizierten, dass eine totale Kontrolle der Umwelt, inklusive ihrer Bewohner, in Aussicht gestellt wurde.[19] Mit den neuen Techniken öffneten sich neue Vorstellungshorizonte, und es waren nicht zuletzt Architekten und Architektinnen, die sie ausloteten.

Wenn dieser Band Architektur als Medium unter Medien beschreibt, geht es darum zu zeigen, wie Architektur in Verbindung mit anderen Medien Umwelt und Klima, Wissen, Subjektivität und soziales Verhalten verändert – und wie sie selbst als ein Medium begreiflich wurde, das Zugänge, Anschlüsse und Abschirmungen organisiert. Man kann diesen Prozess des Medien-Werdens um 1970 kulminieren sehen, der Band legt diesen Prozess jedoch tiefer: Denn spätestens seit 1800 interagiert Architektur mit vernetzten Systemen, und seit damals wird sie in medialen Begrifflichkeiten beschrieben, wie der Beitrag von Moritz Gleich deutlich macht.[20] Anhand eines französischen Projekts aus dem frühen 19. Jahrhundert zeigt er, wie unter dem Primat des Komforts zahlreiche neue Techniken in den häuslichen Raum Einzug hielten. Mithilfe von Heiz- und Lüftungssystemen, Rohrleitungen und Klingelzügen, die Wände und Etagen durchquerten und entfernte Zimmer miteinander verbanden, sollte der Alltag erleichtert und Dienstpersonal durch technische Apparate ersetzt werden. Solche Systeme zur Übertragung von Substanzen, Kräften und Informationen ermöglichten es, innerhalb eines Gebäudes gezielt Fernwirkungen zu erzeugen; und mit diesen Kontrollmöglichkeiten wiederum entstanden neue Ansprüche an Umweltbedingungen sowie eine mediale Konzeption von Architektur, die auf diese Ansprüche hin gestaltet wird.

Der gebaute Raum kann prinzipiell als Medium begriffen werden, als Speichermedium für Wärme etwa oder als Ort sozialer Interaktion, doch erst durch die Verschaltung mit technischen Netzen wurde er zu einem Übertragungsmedium, das umfassend in Befehls- und Operationsketten eingebunden ist.[21] Und erst die damit verbundene Auseinandersetzung mit elementaren Transportmitteln wie Wasser, Luft, Dampf oder Rauch leitete um 1800 einen

Explikationsprozess ein, in dem Gebäude selbst als Maschinen oder Medien beschrieben wurden.[22] Dass Architektur ein „operatives Gefüge" ist, das durch die Kopplung von Wänden, Decken, Türen und Fenstern in der Lage ist, „Ströme" von Licht, Luft, Energie und Information wie von Personen und Dingen zu prozessieren, so die medientheoretische Perspektive Wolfgang Schäffners, ist also ein spezifisch modernes Architekturverständnis.[23] „Dienstbarkeitsarchitekturen" wie der Korridor, der als Bautyp zwar älter ist, sich aber erst im 19. Jahrhundert zusammen mit neuen Komfort- und Effizienzansprüchen auf breiter Ebene durchsetzte,[24] sind für dieses Verständnis exemplarisch. Dominant wurde es um 1900, als – wie Susanne Jany in ihrem Buch zu „Prozessarchitekturen" gezeigt hat – Industriebetriebe, Bahnhöfe, Post- wie Bankgebäude als lineare Anlagen konzipiert wurden, die die Bewegungen von Menschen, Dingen und Nachrichten steuern und koordinieren sollten. Als „Strom" konzipiert, wurde hier selbst menschliche Bewegung einer Verarbeitungslogik unterworfen.[25]

Ein solches operatives Architekturverständnis lässt sich auch an der bereits genannten Drehtür exemplifizieren und so zeigen, dass ein scheinbar zeitloses architektonisches Element wie die Tür einschneidenden historischen Transformationen unterliegt. Genau das macht Bernhard Siegert in seinem Beitrag, in dem er die Einheit des Objekts und Mediums Tür mithilfe des Begriffs „Kulturtechnik" auflöst.[26] Der Begriff, den Siegert wesentlich geprägt hat, ist zentral für die deutsche Medienkulturwissenschaft, die sich seit ihren Anfängen in den 1980er-Jahren weniger für „Medien" im herkömmlichen Sinn interessiert als vielmehr dafür, wie scheinbar feste ontologische Entitäten wie Raum oder Zeit durch Kulturtechniken erst eigentlich hervorgebracht werden. Zu diesen zählt Siegert nicht nur Lesen, Schreiben, Rechnen und Zeichnen, und damit in der Sphäre des Symbolischen operierende Techniken, sondern ebenso Körpertechniken und Raumpraktiken, die so basale Unterscheidungen wie die von Innen/Außen oder Natur/Kultur vornehmen.[27] Unter diesen „elementaren Kulturtechniken" kommt der Tür und den mit ihr verbundenen Operationen des Öffnens und Schließens eine exemplarische Rolle zu, da diese Operationen im Materiellen wie im Symbolischen wirksam werden und Innen und Außen nicht nur effektiv scheiden, sondern diese Unterscheidung auch beobachtbar machen.[28] In seinem Beitrag in diesem Band beobachtet Siegert den Einsatz des Mediums Tür im Medium Film und zeigt, wie in diesem Einsatz ganz unterschiedliche kulturelle Ordnungen und Raumverhältnisse manifest werden. Werkzeuge und Gesten, Medien und ihre Verwendungsweisen sind wechselseitig aufeinander bezogen; in welcher Weise Türen Innen und Außen verschalten, wird demnach erst in den mit ihnen verbundenen Operationen des Öffnens und Schließens und den daran anschließenden Praktiken sichtbar.

Um weitere grundlegende Kulturtechniken des räumlichen Ordnens geht es im Beitrag von Zeynep Çelik Alexander, der den Neubau der Library of Congress Ende des 19. Jahrhunderts behandelt. Notwendig wurde der Neubau infolge des Copyright Acts von 1870, der die Bibliothek als Aufbewahrungsort der Belegexemplare bestimmte, deren Deponierung nun für den Erwerb des US-Copyrights erforderlich wurde. Mittels flexibler Magazine, Zettelkataloge und Signaturen wurde in der neuen Bibliothek eine erweiterbare Ordnung für die stetig wachsenden Büchermengen geschaffen, in der das einzelne Buch dennoch auffindbar blieb. Architektur fungiert hier als Wissensspeicher, aber nicht im Sinne einer geschlossenen Einheit, sondern in Form eines offenen Rastersystems, das ähnlich wie in elektronischen Datenbanken unterschiedlichste Operationen und Transformationen ermöglicht.[29] Die Library of Congress, die zudem mit anderen Bibliotheken des Landes über Wanderkataloge vernetzt wurde, rückte so ins Zentrum eines neuen nationalen Bibliothekssystems, mit dem sich Wissensorganisation, Verlagswesen sowie das Verständnis von Autorschaft tiefgreifend wandeln sollten.

Dass das alte Speichermedium Architektur in der Moderne nur als vernetztes zu denken ist, macht auch Reinhold Martin in seinem Beitrag deutlich, in dessen Zentrum der 1961 eröffnete Hauptsitz der Chase Manhattan Bank in New York steht. Der Medienkomplex aus Rasterfassaden, modularen Trennwänden, Leuchtstofflampen, Klimaanlagen, Akustikdecken und Kommunikationsnetzen kommt dabei ebenso als flexibler Container wachsender Büro- und Managementstrukturen in den Blick[30] wie als Wertspeicher – schließlich diente er wesentlich dazu, Geld aufzubewahren und zu vermehren und das dabei anfallende Surplus im Hochhaus selbst wie in der darin enthaltenen Kunstsammlung zu absorbieren. Quelle dieses Werts war das auf fossiler Energie basierende Wirtschaftswachstum der Nachkriegszeit, und fossile Energie war es auch, die die Luft im Gebäude temperierte. Das One Chase Manhattan Plaza erweist sich so als eine der Schaltzentralen der in den 1950er-Jahren anhebenden, auf der globalen Zirkulation von Öl und Kapital basierenden „großen Akzeleration", mit der der CO_2-Ausstoß in den Ländern des industrialisierten Nordens exponentiell anstieg und sich die Erdatmosphäre global erwärmen sollte.

Wie eine umfassende Architekturgeschichte des fossilen Kapitalismus beschaffen sein müsste, denkt Mark Crinson in seinem Beitrag an, der dem Industrierauch durch das Manchester des 19. Jahrhunderts folgt. Es geht um Kohlenminen, deren auf die Förderung hin optimierte Architektur unter den Bergleuten zu enormen Todesraten führte; eine baumwollverarbeitende Fabrik mit ihren Dampfkesseln und dem Schlot, durch den der Rauch emporgeblasen wurde; und um die Rylands Library – gestiftet aus den Profiten aus Kohleabbau und Fabrikarbeit –, die ihre Bücher mit zahlreichen Vorrichtungen vor dem Rauch schützen sollte.[31] Crinson beschreibt den Weg des Rauchs, der all diese Räume verband, aber ebenso den architektonischen Aufwand, mit dem die Bibliothek einen Ort der „Kultur" abgrenzte, der eben diese Zusammenhänge verleugnete. Um all dies als „Totalität" erfassen zu können, gilt es, aktiv Grenzen zu überwinden – nicht zuletzt solche, die durch Architektur gezogen werden, die hier als Medium in den Blick gerät, das wie kein anderes der „Kompartmentalisierung" dient und damit physischen wie symbolischen Trennungen.[32] So wird über bauliche Glanzlichter ebenso wie „dienende" Architekturen und räumliche Zonierungen gesellschaftliche Sichtbarkeit hergestellt, und zugleich werden Prozesse der Unsichtbarmachung unterstützt.[33]

Wie sich das Feld des Sichtbaren in der Moderne verändert, ist das zentrale Thema von Beatriz Colomina, deren Forschung – so wie auch der hier vorliegende Beitrag – um den Zusammenhang von Architektur, technischen Bildmedien und Körperbildern kreist. Das für diesen Band übersetzte Kapitel aus ihrem Buch *X-Ray Architecture*[34] spannt einen Bogen zwischen „dem Raum der Entblößung", der um 1900 durch die Technik der Röntgenstrahlung entstand, und den Architekturentwürfen der klassischen Avantgarde. Die neue Technik exponierte den menschlichen Körper (vor allem von Frauen) und stülpte das Innerste nach außen. Die Avantgarde-Architekten wiederum übersetzten die neuen Sichtbarkeitsverhältnisse in gebaute Räume und Darstellungen davon, die als Bilder „leuchtender Glashäute, die innere Knochen und Organe enthüllen", und damit wie Röntgenbilder präsentiert wurden. Diese neuen Bildräume waren Teil eines Diskurses über Transparenz, der Aspekte von Gesundheit und Kontrolle miteinschloss und der, wie Colomina zeigt, zur Vorgeschichte des heutigen verdateten Raumes gehört.

Transparenzvorstellungen verbanden im frühen 20. Jahrhundert verschiedenste Wissensfelder, wie Christoph Asendorf in seinem Beitrag herausstellt. „Durchdringung", „Simultaneität" und „Allgegenwart" waren Zentralvokabeln der Moderne, in denen sich die Erfahrung potenziell globaler Kommunikation und Verfügungsmacht ausdrückte, wie sie unter anderem durch Funk- und Radiotechnik in Reichweite rückte. Die Welt wurde durchlässiger, multiperspektivischer, aber auch, folgt man den von Asendorf versammelten Aussagen, spannungsgeladener, weil nun verschiedenste Kräfte aufeinanderstießen.[35] Die klassische Avantgarde, futuristische und kubistische Malerei, Neues Bauen und Neues Sehen ebenso wie die Filme Sergej Eisensteins setzten diese neue Welt ins Bild; zugleich war in verschiedensten kulturwissenschaftlichen Ansätzen, nicht zuletzt im Rückgriff auf naturwissenschaftliche Konzepte, von Durchdringungsphänomenen die Rede. Die neuen Technologien erzeugten imaginative Überschüsse, und Bauten wie Ludwig Mies van der Rohes Barcelona-Pavillon, die in der Lichtreflexion metamorphotische und damit gleichsam mediale Qualitäten gewannen, gaben der neuen Räumlichkeit erlebbare Form.

Architektonische Entwürfe verarbeiten unterschiedlichstes Wissen, und sie reagieren auf Umweltverhältnisse, indem sie diese, so die Kulturwissenschaftlerin Susanne Hauser, modellhaft verdichten.[36] Die Geschichte moderner Architektur war sogar – Colomina hat darauf wiederholt hingewiesen – vor allem eine Geschichte modellhafter Entwürfe, die über Ausstellungen, Zeitschriften und Bücher und damit über Bildmedien zirkulierten. Ein häufiges Thema dabei: das Haus der Zukunft, unter dessen Dach exemplarisch neue Technologien zusammengeführt und in die Zukunft extrapoliert wurden.[37] So wirkmächtig solche Entwürfe sein konnten, sind sie als Produkte architektonischer Kultur und deren hochkultureller Verortung allerdings eher Ausnahmeerscheinungen. Demgegenüber behandelt dieser an der allgemeinen Transformation von Raumverhältnissen interessierte Band neben bekannten auch weniger bekannte Beispiele der Architekturgeschichte und fragt danach, welchen Einfluss die modellhaften Entwürfe der Avantgarde auf die Lebenswirklichkeit des 20. und 21. Jahrhunderts hatten.

In diesem Sinne diskutiert Meredith TenHoor in ihrem Beitrag Ausstellungen, Zeitschriften und Filme, in denen die französische Avantgarde der Zwischenkriegszeit ein für die 1930er-Jahre bestimmendes Thema verhandelte: die Nahrungsmittelversorgung und die Modernisierung der Landwirtschaft. Stadt und Land sollten durch neue Infrastrukturen in ein neues Verhältnis gebracht werden, und die Bilder, die die Avantgarde dazu entwarf, spielten Varianten von Maschinenästhetik durch, ebenso wie von politischen Haltungen, die zwischen Sozialismus und Faschismus oszillierten. Diese Bilder waren Teil eines medialen Raums, der sich nicht allein auf das Feld der Kunst beschränkte, sondern in die Welt der Planung und Politik hineinreichte – im Fall von Charlotte Perriand in Form von vergleichsweise heiteren Collagen, die Argumente für den Landesumbau nach dem Zweiten Weltkrieg liefern sollten.[38] Dabei kam es gleich in mehrfacher Hinsicht zu einer Reorganisation von Raumverhältnissen: Die neuen Bildwelten machten das Land sichtbar und werteten es gegenüber der Stadt auf; zugleich blendeten sie, wie TenHoor zeigt, den kolonialen Raum aus und trugen damit zum nationalen Erneuerungsdiskurs bei.

Für die Architektur der 1960er- und 1970er-Jahre waren hingegen global gedachte und global zirkulierende Entwürfe prägend, insbesondere im Bereich von Bildung und Erziehung, den Tom Holerts Beitrag in den Blick nimmt.[39] Reformpädagogen wie Architektinnen experimentierten mit räumlichen Anordnungen, die als Medium verstanden wurden, das Lernprozesse fördert. Nie zuvor wurde so viel in Bildung investiert – im Spannungsfeld von Kolonialismus und Dekolonisation propagierten internationale Organisationen „Entwicklung" durch Bildung im globalen Süden, während im globalen

Norden die postindustrielle Wende durch Bildung bewältigt werden sollte. Nur vor dem Hintergrund der dabei entstehenden „räumlich-sozialen Infrastruktur", die weit über das einzelne Gebäude hinausreichte, lässt sich, so Holert, die *spatial agency* der Reformschulen verstehen; und nur so lassen sich die rassistischen Strukturen erkennen, die auch sie reproduzierten, wenn sie beispielsweise beim Umgang mit Kindern mit Migrationserfahrung versagten. Wirkmacht und Gebrauch gebauter Räume, das ist eine der zentralen Einsichten der Infrastrukturforschung, sind nicht unabhängig von den Protokollen ihres Betriebs zu denken.[40]

Die 1960er- und 1970er-Jahre standen im Zeichen des Ausbaus von Infrastrukturen: Verkehr und Kommunikation wurden zu bestimmenden Themen, Computer und Kybernetik beflügelten Netzfantasien.[41] Aus Stadtzentren wurden regionale Verkehrsknotenpunkte, Konsumlandschaften aus großformatigen Einkaufs-, Freizeit- und Bildungskomplexen entstanden. Der Beitrag von Christa Kamleithner verfolgt den Aufstieg des „Nutzers" in dieser Zeit und zeigt, wie sich in dieser neuen epistemischen Figur, die sich durch individuelle soziale Vernetzung wie eine aktive Aneignung der Umwelt auszeichnet, veränderte Raumverhältnisse manifestierten. In der Auseinandersetzung mit Experimentalarchitekturen, tatsächlichem Infrastrukturausbau, empirischer Sozialforschung, Planungsdiskurs und Architekturtheorie stellt der Beitrag die Nähe scheinbar utopischer Entwürfe zu den neuen Lebenswirklichkeiten heraus: Flexibel nutzbare Megastrukturen, die Zugänglichkeiten erhöhten, und aufblasbare Minimalarchitekturen, die Erlebnisgewinne und eine Individualisierung der Umwelt versprachen, hypostasierten den Stadtumbau der 1960er-Jahre und waren zugleich Modelle einer medialen Zukunft, die sich erst in Ansätzen abzeichnete.[42]

Ähnlich den heutigen Usern und Userinnen digitaler Plattformen erschlossen sich die „Stadtbenutzer" der 1960er-Jahre die Welt über Oberflächen. Diesem Phänomen geht der Beitrag von Roland Meyer nach, der Architekturen des Massenkonsums und Massentransits wie den Flughafen Schiphol untersucht und die Entstehung einer neuen Zeichenschicht in den Blick nimmt: einer „sekundären Architektur" aus Werbeschildern und Verkehrzeichen, die, wie Robert Venturi und Denise Scott Brown bemerkt haben, von einer neuen „Dominanz der Zeichen über den Raum" kündet. Wie der Beitrag zeigt, ist der Diskurs der Postmoderne in diesen von drohendem Orientierungsverlust geprägten Verkehrsräumen zu situieren, ebenso wie die Entstehung der „Visuellen Kommunikation", die sich damals vom Feld der Architektur abzulösen begann. Um 1970 jedoch war die Auseinandersetzung mit der Stadt als Informationsumgebung noch ein disziplinenübergreifendes Unterfangen: Architekten, Gestalterinnen und Reformpädagoginnen setzten sich mit der „unsichtbaren Stadt" auseinander, die sie über neue Interfaces öffentlich sichtbar wie individuell navigierbar machen wollten.[43]

Der Band endet mit diesem Beitrag – und damit mit der unmittelbaren Vorgeschichte einer Gegenwart, in der wir über ubiquitäre Schnittstellen Räume erfahren, die mit Information angereichert sind. Für sie hat der Medientheoretiker Lev Manovich den Begriff *augmented space* geprägt, „erweiterter Raum" also, in Absetzung von der Immaterialitätsdebatte der 1980er- und 1990er-Jahre und den mit ihr einhergehenden Verlustanzeigen, die die Ersetzung des Realraums durch virtuelle Räume befürchteten.[44] Mit dem Begriff hat Manovich zugleich klargemacht, dass die neue Erfahrungswelt an ältere Erfahrungen anschließt. Angesichts aktueller Smartphone-Anwendungen und Wearables wird dennoch klar, dass hier ein Raum entsteht, der bisher erst in Ansätzen denkbar war: ein Raum nämlich, der durch und durch dynamisch und auf seine Nutzer und Nutzerinnen bezogen ist, die mit der Umgebung über für sie maßgeschneiderte Feedbackschleifen interagieren – die ihnen zugleich dadurch entzogen wird, dass die Plattformen, die die dabei anfallenden Daten monopolisieren, von privaten, kommerziellen Anbietern betrieben werden.[45] Koolhaas' Aufruf hat also Gründe, und er kann auf Debatten bezogen werden, die bereits um 1970 dafür plädierten, die Gestaltung der neuen Informationsarchitektur als öffentliche Aufgabe zu verstehen.

Architektur war in dieser Zeit ein Feld, in dem laut über neue Medien nachgedacht wurde, und folgt man McLuhan, fiel ihr diese Aufgabe gerade deshalb zu, weil sie andere Aufgaben an die neuen technischen Umgebungen abtrat, die sie dafür umso besser in künstlerischer Form explizieren konnte.[46] In dieser Annahme aber, die davon ausgeht, dass die Zukunft in reiner Information liegt und die gebaute Architektur ein rückhaltlos veraltetes Medium ist, zeigt sich die zentrale Leerstelle damaligen Denkens. Nie zuvor gab es so hohe Ansprüche an Mobilität, Komfort und die Kontrolle von Umweltbedingungen – der Ressourcenverbrauch jedoch, der mit dem neuen, aber nur im globalen Norden verwirklichten Lebensstil verbunden war, sowie seine ökologischen Konsequenzen wurden ausgeblendet. Die „große Akzeleration" nahm so ihren Lauf, und die Geschichte moderner Raumverhältnisse, die eine Geschichte scheinbar zunehmender Umweltkontrolle war, droht sich in ihr Gegenteil zu verkehren: den totalen Kontrollverlust angesichts der globalen Erderwärmung. Umso mehr gilt es, die Materialität der Medien ernst zu nehmen, inklusive ihrer Betriebsstoffe und der Protokolle ihres Betriebs.

Anmerkungen

1 Rem Koolhaas: „Smart Landscape: Intelligent Architecture", in: *Artforum* 53, 8/2015, S. 212–217; ders.: „Elements", in: ders. u. a., *Elements of Architecture*. Neuaufl. Köln 2018, XLI–LI. Wesentlich unaufgeregter versammeln Elke Beyer, Kim Förster, Anke Hagemann und Laurent Stalder sowohl analoge als auch digitale Elemente in ihrem 2009 in *ARCH+* 191/192 erschienenen „Schwellenatlas".

2 Vgl. John Harwood: „Imagining the Computer. Eliot Noyes, the Eames and the IBM Pavilion", in: David Crowley und Jane Pavitt (Hg.), *Cold War Modern. Design 1945–1970*. London 2008, S. 192–197; Molly Wright Steenson: *Architectural Intelligence. How Designers and Architects Created the Digital Landscape*. Cambridge, MA/London 2017; Larry D. Busbea: *The Responsive Environment. Design, Aesthetics, and the Human in the 1970s*. Minneapolis/London 2020.

3 Vgl. Beatriz Colomina: *Privacy and Publicity. Modern Architecture as Mass Media*. Cambridge, MA/London 1994; sowie die programmatische Einleitung in dies. (Hg.): *Sexuality & Space*. New York 1992.

4 Vgl. auch Reinhold Martin: *The Organizational Complex. Architecture, Media, and Corporate Space*. Cambridge, MA/London 2003, S. 5; ders.: *Knowledge Worlds. Media, Materiality, and the Making of the Modern University*. New York 2021, S. 1–3; ders.: „Die Universität als Medienkomplex. Die USA nach 1940", in: Amalia Barboza und Markus Dauss (Hg.), *Konzept Campus. Transformationen des universitären Feldes*. Arthistoricum.net, Universitätsbibliothek Heidelberg 2022, S. 151–162.

5 So Marshall McLuhan in seinem *Report on Project in Understanding New Media*, einer Auftragsstudie von 1960, die *Understanding Media* (1964) in vielem vorbereitet, zit. n. Jana Mangold: „Traffic of Metaphor: Transport and Media at the Beginning of Media Theory", in: Marion Näser-Lather und Christoph Neubert (Hg.), *Traffic. Media as Infrastructures and Cultural Practices*. Leiden/Boston 2015, S. 73–91, hier S. 75. Hier wie im Folgenden haben wir fremdsprachige Zitate ins Deutsche übersetzt.

6 Friedrich Kittler: *Grammophon, Film, Typewriter*. Berlin 1986, S. 215, 8; vgl. das Editorial von Friedrich Balke, Bernhard Siegert und Joseph Vogl in: *Archiv für Mediengeschichte* 13, 2013: „Mediengeschichte *nach* Friedrich Kittler", S. 1–7.

7 Friedrich Kittler: „Eine Stadt ist ein Medium" (1988), in: Susanne Hauser, Christa Kamleithner und Roland Meyer (Hg.), *Architekturwissen. Grundlagentexte aus den Kulturwissenschaften*. Bd. 2: *Logistik des sozialen Raumes*. Bielefeld 2013, S. 274–282, hier S. 277.

8 Marshall McLuhan: „Wohnen", in: ders., *Die magischen Kanäle. Understanding Media* (1964). 2., erw. Aufl. Dresden/Basel 1995, S. 191–202, hier S. 197 f.

9 McLuhan in einem Brief 1964, zit. n. Larry D. Busbea: „McLuhan's Environment: The End (and *The Beginnings*) of Architecture", in: *Aggregate*, 11. Dezember 2015, S. 1–13, hier S. 4.

10 John Durham Peters: *The Marvelous Clouds. Toward a Philosophy of Elemental Media*. Chicago/London 2015, S. 1.

11 Ebd., S. 46–49. Zum Environmental-Werden digitaler Medien vgl. auch Florian Sprenger: „Architekturen des ‚Environment'. Reyner Banham und das dritte Maschinenzeitalter", in: *zfm – Zeitschrift für Medienwissenschaft* 12, 1/2015, S. 65–67.

12 Darauf zielt Peters 2015 (s. Anm. 10), vgl. S. 19 f.; ebenso wie Shannon Mattern: *Code and Clay, Data and Dirt. Five Thousand Years of Urban Media*. Minneapolis/London 2017.

13 Peters 2015 (s. Anm. 10), S. 31; Paul N. Edwards: „Infrastructure and Modernity: Force, Time, and Social Organization in the History of Sociotechnical Systems", in: Thomas J. Misa, Philip Brey und Andrew Feenberg (Hg.), *Modernity and Technology*. Cambridge, MA 2003, S. 185–225, hier S. 186.

14 Zur Geschichte der Drehtür vgl. James Buzard: „Perpetual Revolution", in: *Modernism/modernity* 8, 2001, S. 559–581; zur Geschichte der Regulierung von Personenströmen Moritz Gleich: „Verflüssigte Menge. Der Diskurs und die Architektur regulierter Menschenströme im 19. Jahrhundert", in: Kassandra Nakas (Hg.), *Verflüssigungen. Ästhetische und semantische Dimensionen eines Topos*. Paderborn 2015, S. 93–107.

15 Vgl. Vanessa R. Schwartz: *Jet Age Aesthetic. The Glamour of Media in Motion*. New Haven/London 2020.

16 Vgl. Daniel A. Barber: *Modern Architecture and Climate. Design before Air-Conditioning*. Princeton

2020, insb. S. 262; Jiat-Hwee Chang: *A Genealogy of Tropical Architecture. Colonial Networks, Nature and Technoscience*. London/New York 2016.

17 Reyner Banham: *The Architecture of the Well-Tempered Environment*. London 1969; vgl. dazu Sprenger 2015 (s. Anm. 11), S. 56–58.

18 Laurent Stalder: „Air, Light, and Air-Conditioning", übers. v. Jill Denton, in: *Grey Room* 40, 2010, S. 84–99, hier S. 95.

19 Yuriko Furuhata: *Climatic Media. Transpacific Experiments in Atmospheric Control*. Durham, NC 2022, S. 2, mit Bezug auf Barber 2020 (s. Anm. 16), S. 262.

20 Vgl. dazu auch Moritz Gleich: „Vom Speichern zum Übertragen. Architektur und die Kommunikation der Wärme", in: *zfm – Zeitschrift für Medienwissenschaft* 12, 2015, S. 19–32, hier S. 26, mit Bezug auf Joseph Vogl: „Medien-Werden. Galileis Fernrohr", in: *Archiv für Mediengeschichte* 1, 2001, S. 115–123.

21 Das ist die Perspektive in Kittler 2013 (s. Anm. 7).

22 Vgl. Moritz Gleich: *Inhabited Machines. Genealogy of an Architectural Concept*. Basel 2023.

23 Wolfgang Schäffner: „Elemente architektonischer Medien", in: *Zeitschrift für Medien- und Kulturforschung* 1, 1/2010, S. 137–150. Zur Historisierung der Medialität von Architektur vgl. die Einleitung von Christa Kamleithner, Roland Meyer und Julia Weber in: *zfm – Zeitschrift für Medienwissenschaft* 12, 1/2015: „Medien/Architekturen", S. 10–18.

24 Vgl. Stephan Trüby: „Räume der Dienstbarkeit und der Macht. Eine Einführung in die Kulturgeschichte des Korridors", in: *ARCH+* 205, 2012, S. 26–33; Markus Krajewski, Jasmin Meerhoff und ders. (Hg.): *Dienstbarkeitsarchitekturen. Zwischen Service-Korridor und Ambient Intelligence*. Berlin 2017.

25 Susanne Jany: „Operative Räume. Prozessarchitekturen im späten 19. Jahrhundert", in: *zfm – Zeitschrift für Medienwissenschaft* 12, 1/2015, S. 33–43; dies.: *Prozessarchitekturen. Medien der Betriebsorganisation (1880–1936)*. Konstanz 2019.

26 In diesem Punkt ähnelt das Vorgehen der Kulturtechnikforschung dem der Akteur-Netzwerk-Theorie, wie Siegert in seinem Beitrag näher ausführt.

27 Vgl. dazu auch das Editorial von Lorenz Engell und Bernhard Siegert in: *Zeitschrift für Medien- und Kulturforschung* 1, 1/2010: „Kulturtechnik", S. 5–9, sowie die Einleitung in Bernhard Siegert: *Cultural Techniques. Grids, Filters, Doors, and Other*

Articulations of the Real, übers. v. Geoffrey Winthrop-Young. New York 2015, S. 1–17.

28 Zur Tür als Kulturtechnik vgl. bereits Bernhard Siegert: „Türen. Zur Materialität des Symbolischen", in: *Zeitschrift für Medien- und Kulturforschung* 1, 1/2010, S. 151–170. In diesem Aufsatz wie im hier vorliegenden Band geht es um ein mediales bzw. kulturtechnisches Verständnis der architektonischen Elemente selbst, während sich das Interesse an Medien im Architekturdiskurs meist auf die Medien und Kulturtechniken des Entwerfens fokussiert. Vgl. dazu insb. Daniel Gethmann und Susanne Hauser (Hg.): *Kulturtechnik Entwerfen. Praktiken, Konzepte und Medien in Architektur und Design Science*. Bielefeld 2009; Zeynep Çelik Alexander und John May (Hg.): *Design Technics. Archaeologies of Architectural Practice*. Minneapolis 2019.

29 Zum Zettelkatalog vgl. Markus Krajewski: *Zettelwirtschaft. Die Geburt der Kartei aus dem Geiste der Bibliothek*. Berlin 2002; zum Raster Bernhard Siegert: „(Nicht) Am Ort. Zum Raster als Kulturtechnik", in: *Thesis* 49, 3/2003: „9. Internationales Bauhaus-Kolloquium Weimar 2003: Medium Architektur", S. 92–104.

30 Vgl. dazu Martin 2003 (s. Anm. 4).

31 Eine umfassendere Kartierung findet sich in: Mark Crinson: *Shock City. Image and Architecture in Industrial Manchester*. London 2022.

32 Das hat Crinson unter Bezug auf Frantz Fanon an anderer Stelle im Zusammenhang mit der Thematik kolonialer Herrschaft deutlich gemacht – vgl. ders.: „‚Compartmentalized World': Race, Architecture, and Colonial Crisis in Kenya and London", in: Irene Cheng, Charles L. Davis und Mabel O. Wilson (Hg.), *Race and Modern Architecture. A Critical History from the Enlightenment to the Present*. Pittsburgh 2020, S. 259–276.

33 Zu dieser Perspektive vgl. grundlegend die von Susanne Hauser, Christa Kamleithner und Roland Meyer herausgegebene Anthologie *Architekturwissen. Grundlagentexte aus den Kulturwissenschaften. Bd. 1: Ästhetik des sozialen Raumes*. Bielefeld 2011; Bd. 2: *Logistik des sozialen Raumes*. Bielefeld 2013.

34 Beatriz Colomina: *X-Ray Architecture*. Zürich 2019; vgl. auch dies.: „Röntgen-Architektur", in: Stephan Trüby (Hg.), *Hertzianismus. Elektromagnetismus in Architektur, Design und Kunst*. Paderborn 2009, S. 67–77.

35   Vgl. dazu auch Christoph Asendorf: *Ströme und Strahlen. Das langsame Verschwinden der Materie um 1900.* Gießen 1989; ders.: *Entgrenzung und Allgegenwart. Die Moderne und das Problem der Distanz.* München 2005.

36   Susanne Hauser: „Das Wissen der Architektur – ein Essay/The Knowledge of Architecture – an Essay", in: *GAM. Graz Architecture Magazine* 2, 2005, S. 21–27.

37   Vgl. insb. Beatriz Colomina: „The Media House", in: *Assemblage* 27, 1996, S. 55–66.

38   Damit verbunden war auch der Umbau des Pariser Zentrums – vgl. Meredith TenHoor: „Decree, Design, Exhibit, Consume. Making Modern Markets in France, 1953–1979", in: Aggregate, *Governing by Design. Architecture, Economy, and Politics in the Twentieth Century.* Pittsburgh 2012, S. 216–236.

39   Vgl. dazu die zahlreichen Beispiele in: Tom Holert (Hg.): *Bildungsschock. Lernen, Politik und Architektur in den 1960er und 1970er Jahren.* Berlin/Boston 2020.

40   Vgl. insb. Keller Easterling: „Die infrastrukturelle Matrix", in: *zfm – Zeitschrift für Medienwissenschaft* 12, 1/2015, S. 68–78; Gabriele Schabacher: *Infrastruktur-Arbeit. Kulturtechniken und Zeitlichkeit der Erhaltung.* Berlin 2022.

41   Vgl. Mark Wigley: „Network Fever", in: *Grey Room* 4/2001, S. 82–122.

42   Kaum je war die Verbindung von Architektur- und Medientheorie so eng wie in dieser Zeit – vgl. dazu auch Kamleithner/Meyer/Weber 2015 (s. Anm. 23).

43   Zu Geschichte und Funktionsweise von Interfaces vgl. Roland Meyer: „Interface-Theorie", in: *ARCH+* 221 (2015), S. 94–96.

44   Lev Manovich: „Poetik des erweiterten Raumes" (2005), in: Hauser/Kamleithner/Meyer 2013 (s. Anm. 33), S. 274–282.

45   Vgl. im Detail zu aktuellen Anwendungen: Christoph Engemann: „Raum im Raum – Architektur und Augmented Reality", in: *Wolkenkuckucksheim – Internationale Zeitschrift zur Theorie der Architektur* 40, 2021, S. 59–73.

46   Busbea 2015 (s. Anm. 9).

Architektur als Medienkomplex. Vom Raum zur Luft

Reinhold Martin

Forschung, die Architektur- und Mediengeschichte verbindet, hat typischerweise drei Wege eingeschlagen, von denen zwei im dritten konvergieren. Der erste Ansatz, den wir „Architektur und" nennen könnten, verbindet eine scheinbar stabile Kategorie mit einer anderen. Inspiriert von großen Geisteswissenschaftlern synchronisiert dieser Ansatz kulturelle Formen wie Architektur und Fotografie oder Architektur und Film, wobei das Mittel oder Medium des Austauschs undurchsichtig bleibt. Eine zweite Richtung, die „Architektur der/des", setzt stattdessen auf Metaphorik. Beispielsweise sprechen wir von der Architektonik des Denkens, und lange bevor es Fachbereiche für Informatik gab, sprach man von einer „Computerarchitektur" im Sinne der Konfiguration von Hard- und Software, die dieser Wissenschaft das Studienobjekt lieferte. Es hat sich jedoch als schwierig erwiesen, für diese Forschung ein brauchbares Archiv zu identifizieren, da das metaphorische Vehikel sukzessive die Eigenschaften dessen annimmt, was es beschreibt. Bleibt als dritte Möglichkeit die „Architektur als". Indem dieser Ansatz Konjunktionen berücksichtigt und Metaphern wörtlich nimmt, fasst er die beiden anderen Richtungen zusammen. Die kritische Auseinandersetzung mit „Architektur als" stößt jedoch bei jenen auf Widerstand, die den Verlust ihrer Disziplin befürchten, insbesondere angesichts langjähriger symbolischer, institutioneller und monetärer Investitionen in die Stabilisierung der Kategorie „Architektur". Daher die Tendenz zum Ontologisieren, wo von „Architektur als" gesprochen wird, selbst auf die Gefahr des Tautologisierens hin, wenn etwa abgenutzte metaphysische Konstanten wie „Architektur als Struktur" oder „Architektur als Erfahrung" heraufbeschworen werden, was auf nichts anderes hinausläuft, als Architektur als „Architektur" zu definieren.

Wie also lässt sich ein Unterschied ausmachen, der innerhalb der „Architektur als" einen Unterschied macht? Ein Ausgangspunkt wäre die „Architektur als Medium";[1] doch damit allein ist noch nichts gewonnen und eine Suche nach Grundlagen anderer Art angesagt. Trotz der beachtlichen Fortschritte, die die historische Erforschung technischer Dinge gemacht hat, erscheint es wenig vielversprechend, den Archäologen noch weiter und tiefer in die Vergangenheit zu folgen, ganz gleich ob ihre Forschungsobjekte Medien oder Architektur sind.[2] Vielmehr sollten wir „Architektur als Medium" in den Plural setzen und uns vorläufig mit der etwas umständlichen Formulierung „Architektur als eines unter vielen Medien" begnügen.[3] Dies hat zumindest den Vorteil einer Vervielfachung möglicher Fragestellungen. Und es hat den Vorteil eines bestimmten Realismus, der anerkennt, dass die begriffliche Einheit der Architektur nur auf Basis einer dahinterliegenden Vielheit möglich ist, die in einem empirischen, materiellen Sinne verstanden werden muss. Der „Barwert" (wie William James zu sagen pflegte) dessen ist zugleich sein Preis: die Auflösung der Architektur in eine Beziehung ausschließlich zwischen Medien, die intern in einer Weise ausdifferenziert ist, dass man sie einen Medienkomplex nennen könnte.[4]

Ein Medienkomplex ist ein Netzwerk von Verbindungen zwischen technischen Medien bzw. Kulturtechniken. Cornelia Vismann hat diese Techniken als Verbform der Medien definiert – als „das, was Medien machen"[5] – und Bernhard Siegert hat uns gezeigt, wie Kulturtechniken so grundlegende Unterscheidungen wie die zwischen Menschen und Nicht-Menschen prozessieren.[6] Konzipiert als Techniken, kultivieren Medien Subjektivität in all ihren Formen, einschließlich derer von *race, gender* und *class,* während sie zugleich die scheinbar objektive Welt der Dinge stabilisieren. Vervielfältigt in Netzwerken von Subjekten, die mit Netzwerken von Objekten verschaltet sind, organisieren Medien Welten, und die Beziehungen von Macht und Wissen, die diese Welten formen, werden als Medienpolitiken beschreibbar.[7]

Container-Technologien

Das Problem von Handlungsmacht und Kausalität erscheint so gesehen als Problem der Bestimmung dessen, was Lewis Mumford mit kunstvoller Präzision die Beziehung von „Technik und Zivilisation" genannt hat.[8] Wie später Marshall McLuhan wurde Mumford dabei jedoch von einem populären Technikdeterminismus verführt, sodass seine Abfolge technologischer Phasen – Technik, Paläotechnik, Neotechnik – allzu rasch das Pathos von Epochengeschichten mit moderner Teleologie verbindet. Zu seinen Methoden gehörte eine unverbindliche und doch präzise Art, technische Systeme nach grundlegenden Funktionen zu unterscheiden, wobei die Architektur zunächst und vor allem zur Kategorie von Objekten und Prozessen gehörte, die er „Container-Technologien" nannte.[9] John Durham Peters hat solche Technologien als einen bestimmten Typ von Medien gedeutet, den er provokant mit „elementar" betitelte.[10] Mumfords Container-Technologien sind für ihn „infrastrukturell" (ein weiterer Begriff, den er aufgreift), und zwar kraft dessen, dass sie etwas enthalten und wie sie es enthalten. Eine antike Graburne beispielsweise erhält ihre grundlegende Bedeutung nicht durch ihre Form, das Material oder Schmuckelemente und auch nicht durch ihren Nutzen, sondern durch die Art und Weise, wie dadurch der enthaltenen Asche Präsenz verliehen und der Inhalt symbolisch überhöht wird. Erde, Luft, Feuer, Wasser, Äther – Peters untersucht die Wechselwirkungen zwischen diesen klassischen Elementen und ihren Nutzern, von Walen bis hin zu Seeleuten, als vielfältige Weisen des In-der-Welt-Seins. Diese „elementaren" Ontologien kommen einer ahistorischen Phänomenologie – und das heißt: Theologie – heiliger und profaner Dinge nahe, der Peters in der impliziten Hoffnung, einer technisch ausgereizten, kommerzialisierten Welt erneut Sinn zu verleihen, nicht völlig widersteht.

Wenn man jedoch den Fokus von den infrastrukturellen Dingen selbst auf infrastrukturelle Beziehungen heterogener Dinge und damit von elementaren Medien auf Medienkomplexe verlagert, säkularisiert man die Inhalte jedes Behälters. In der modernen europäischen Tradition, in der und gegen die Mumford schrieb, sprach man beispielsweise davon, dass Gebäude verschiedenster Art ein neues Element namens „Raum" enthalten oder sogar daraus bestehen würden. Für die einen stellte dieser Raum eine aufgeladene Leere dar, durch die die physischen oder symbolischen Eigenschaften ästhetischer Objekte erst wahrnehmbar wurden, während der Raum für andere wenig später eine historisch produzierte Matrix war (und immer noch ist), aus der soziale Beziehungen entstehen.[11] In Mumfords technologischem Verständnis wiederum enthalten Gebäude weder Raum noch formen sie ihn, vielmehr enthalten sie Luft, die sich in unterschiedlichem Maße in ihnen sammelt und durch sie hindurchfließt, je nach dem Grad der Umschließung und den jeweiligen topologischen Eigenschaften. Von hier aus ist es nur ein kleiner Schritt, den Raum als wichtigstes, ja heiligstes Element der Moderne, durch das, wie Peters gezeigt hat, potenziell noch heiligere Element der Luft zu ersetzen und zu einem Gegenstand medienhistorischer Untersuchung zu machen, wie es Eva Horn mit großer Genauigkeit getan hat.[12] Aber selbst in ihrem elementarsten Sinne musste diese Luft zunächst von den anderen Elementen des Urgrunds getrennt werden.

Sobald diese Trennung vollzogen ist, entpuppt sich die Luft als eine Matrix von Beziehungen, die das Element von sich selbst trennen. Vom einfachen Öffnen und Schließen der Türen über die mit Holz befeuerte Erwärmung der Moleküle und die Ziegel oder Steine – Erdarbeiten generell –, die das Gehäuse bilden, aber auch die Wärme einschließen, bis hin zur Abwesenheit von Regenwasser im Inneren, wenn das Stroh von den Feldern ein Dach formt – angesichts all dessen wird es schwierig, eine bestimmte Medienökologie auf ihre elementaren Infrastrukturen zu reduzieren. Stattdessen wird es einfacher, einen Container als das zu sehen, was er ist: ein infrastruktureller Tanz der Beziehungen zwischen Medien, von denen jedes einzelne Medium nur aufgrund seiner Interaktion mit den anderen und aufgrund seiner eigenen, inneren Heterogenität elementar ist, und das in jeder Phase ihrer Beziehung. Eben das ist ein Medienkomplex.

Die Choreografie dieses Tanzes wird deutlicher, wenn wir ein Beispiel betrachten, das technologisch anspruchsvoller erscheinen mag. Ersetzt man die Türen und Fenster, Ziegel und Steine durch eine gegen Umwelteinflüsse versiegelte Vorhangfassade aus Aluminium und Glas, den Kamin durch eine mit fossilen Brennstoffen betriebene mechanische Heizung und Kühlung, die durch das unsichtbare Öffnen und Schließen von Klappen in einer abgehängten Decke kontrolliert wird, und das Strohdach durch eine mit Polyethylen versiegelte Betonplatte, so wird der „Raum", der jetzt durch ein modulares Planungsraster für Decken, Böden und Wänden begrenzt wird, als Luft greifbar. Das geschieht durch die Vermittlungen, die eben diese Luft aus ihrem mythischen Elementarwesen herauslösen und den Mythos der Natur durch das ersetzen, was Mumford in seinem späteren Werk den „Mythos der Maschine" genannt hat.[13] Die genaue Betrachtung von Medienkomplexen ermöglicht es uns also, den Raum, das bisherige Substrat aller modernen Dinge, durch die Luft zu ersetzen, wobei es uns nicht darum geht, den Raum durch etwas Archaischeres, ökologisch Grundlegenderes zu ersetzen, sondern die Historizität der Luft zur Kenntnis zu nehmen, ihr Entstehen nicht im Urgrund, sondern an der Oberfläche der Dinge, vor unseren Augen, als das kulturell-technischste Ding von allen.

Die Kulturindustrie

Als Kulturtechnik verstanden, eröffnet uns die „Luft" einen kontraintuitiven Weg, die Medienkomplexe, in und mit denen wir leben und arbeiten, zu untersuchen und das Konzept des Raumes zu entmystifizieren. Das Gleiche gilt für das Wasser. Zu den Archetypen, auf die Peters zurückgreift, gehört Herman Melvilles Roman *Moby Dick,* der neben vielem anderen eine detaillierte Bestandsaufnahme des Handels mit Walöl enthält. Doch Peters bleibt erstaunlich zurückhaltend, wo es um die Waren selbst geht, einschließlich der Wale, die von den Seeleuten seit den Tagen des Odysseus auf hoher See gejagt, transportiert und gehandelt werden. Homers *Odyssee,* so zumindest Peters, begründete das literarische Genre des Überlebens auf hoher See, wobei sich Peters ganz auf den Container konzentriert: das Schiff.[14] Max Horkheimer und Theodor W. Adorno hingegen fokussieren auf Odysseus selbst und sehen in ihm einen Prototyp des bürgerlichen Individuums, das sich in seinem Drang zur Selbsterhaltung listenreich von der natürlichen Welt entfremdet. An den Mast seines Schiffes gefesselt und von Seeleuten angetrieben, die dank des Wachses in den Ohren mechanisch rudern und ebenso unfähig sind, sich untereinander zu verständigen – um sich gegen ihren Herrn zu organisieren –, wie sie unfähig sind, den Gesang der Sirenen zu empfangen, gibt sich Odysseus den Reizen des Gesangs hin, während sein Flehen nach Freiheit unerhört bleibt. Horkheimer und Adorno lesen diese Episode als Urszene der Entfremdung (die Arbeitsteilung auf dem Schiff) und Verdinglichung (der Gesang der Sirenen wird zum Kunstwerk) und damit als mythischen Ausgangspunkt der modernen Kulturindustrie, einer „Aufklärung als Massenbetrug", organisiert durch einen Komplex aus „Autos, Bomben und Film".[15]

Die Allegorie von Odysseus und den Sirenen, wie sie von den Frankfurter Theoretikern in Szene gesetzt wird, setzt die mediterrane Luft, durch die sich die Laute des Gesangs verbreiten, als ebenso grundlegend für das homerische Pathos voraus wie Poseidons „weinfarbenes Meer" und seine wogenden, tosenden Wellen oder Zeus' Donnerkeil, der das Schiff kurz darauf zerstört, um den Zorn des Sonnengottes Helios zu besänftigen.[16] Die Szene beschreibt mithin einen Medienkomplex, der weit über das Wachs in den Ohren der Ruderer oder das Seil, das Odysseus an den Mast bindet, hinausgeht und eine ganze Medienökologie des Zuhörens, der Seefahrt, des Ruderns usw. umfasst, die Mythos in Geschichte überführt, und zwar mittels des administrativen Kalküls Odysseus', der die Natur überlistet, indem er eine Lücke in ihren Gesetzen findet. Derselbe Komplex reproduziert die Hegel'sche Dialektik von Herrschaft und Knechtschaft, wobei er deren strukturelle Widersprüche offenlegt. Während die Ruderer durch das Wachs in den Ohren an ihre Ruder gebunden sind, unterwirft sich Odysseus – der dennoch Herr der Lage bleibt – den fesselnden Ketten, um so den Ruf der Sirenen zu hören und zugleich den materiellen Folgen zu entgehen.

Die Welt Homers kannte wahrscheinlich kein Geld als solches, und wenn Medien des Tauschs auftauchen, dann in Form nützlicher Dinge wie Wein. Aber der Mittelmeerraum stand an der Schwelle zu einem neuen – und aus Sicht der damaligen Zeit tatsächlich globalen – Münzhandel, und so ist es nicht ganz unpassend, die homerischen Gewässer, wie sie viel später von Fernand Braudel für die frühe Neuzeit rekonstruiert wurden, auch als eine Proto-Ökologie der Waren und ihrer Äquivalenten zu betrachten.[17] Für Horkheimer und Adorno, wie auch für Marx vor ihnen, sollte Geld zum universellsten, fungibelsten Äquivalent der nützlichen Dinge werden, die so zu austauschbaren Waren wurden. Um die Grenzen ihrer Allegorie auszuloten und die Schnittstelle zwischen Kulturtechniken und Kulturindustrie zu untersuchen, widmen wir uns also einer zentralen Containertechnologie des Kapitals: der Bank.

Damit richten wir eine Schlüsselfrage an die Geschichte der Medienkomplexe: Wie sind die Beziehungen zwischen Input und Output, Eingängen und Ausgaben organisiert? Medienkomplexe zu erforschen heißt, ihre Organisation zu untersuchen, und damit jene Kräfte, die die Dinge zusammenhalten oder voneinander trennen. So elementar die Dinge selbst auch scheinen mögen, gibt es in ihnen Kaskaden von Beziehungen, wobei Subjekte und Objekte interagieren, Begegnungen stattfinden und Abhängigkeiten entstehen. Diese Beziehungen sind nicht willkürlich; sie folgen Mustern. Die Untersuchung dieser Muster, der Regelmäßigkeiten und Unregelmäßigkeiten, die im Fluss der Dinge aufscheinen, erlaubt es uns zu sagen, dass etwas organisiert ist, egal ob wir diesen Begriff im mechanischen, biologischen oder sozialen Sinne verstehen – oder so wie die Ruderer, die schweigend unter Deck arbeiten, während ihr Arbeitgeber oben sitzt und gefesselt der Oper lauscht.

Aber selbst Muster können verwirren wie erhellen. Wenn Horkheimer und Adorno das Schweigen des Odysseus als das eines Managers darstellen, dessen rationalisierte Muße seine Entfremdung besiegelt, lassen sie ihn für eine ganze „einsame Masse" von Archetypen stehen, die die verwaltete Welt bevölkern, und unterschlagen damit die sozialen Bindungen, die nichts anderes sind als die Ketten, aus denen sich diese Archetypen gebildet haben. Sozialwissenschaftlerinnen und -wissenschaftler hatten bereits in den 1940er-Jahren begonnen, die Organisationsprinzipien der Gesellschaft in kybernetischer Weise als die eines lebenden Organismus zu beschreiben, der sich von der Familie ableitet. Horden von Unternehmensberatern und Human-Relations-Spezialistinnen erhoben diese Beschreibung bald zur Norm und speisten die gewonnenen Muster wieder in die Organisation ein, um soziale und emotionale Bindungen zu erzeugen, die sie noch besser organisierten. Dieser Prozess fand seine Entsprechung auf ästhetischer Ebene, wo Kunst und Wissenschaft im Medienverbund von Malerei, Fotografie und Film modulare Muster austauschten – in denen sie nach Gleichgewicht suchten wie eine Lenkrakete nach ihrer Seele. Was die Frankfurter Theoretiker dabei nicht wirklich verstanden, war also, wie die kybernetische Kritik der administrativen Rationalität Negation in Affirmation verwandelte und die homerische Tragödie so kommodifizierte. Das Kapital sollte zum schärfsten Kritiker seiner selbst werden, das all jene verlorenen Seelen, die durch Großstadtstraßen wanderten und die Vororte durchfuhren, dazu einlud, ins Büro zurückzukehren so wie Odysseus nach Hause, um in ihrer Unternehmensfamilie Sinn zu finden.

Insbesondere in den Vereinigten Staaten wurden die Bürogebäude der Nachkriegszeit zu Containertechnologien, die die Metaphysik des Zuhauses zum leitenden Prinzip der Organisation der Gesellschaft machten, die als integrierte soziale Totalität verstanden wurde. Der „Organisationskomplex", zu dem diese Gebäude wie ihr Inhalt gehörten, brachte Muster aller Art über die verschiedensten Medien in Umlauf, von Unternehmensorganigrammen über Computer-Lochkarten bis hin zu modularen Vorhangfassaden, die die Gesetze der Kapitalakkumulation durchsetzten, indem sie, überwacht von einer professionellen Managerklasse, Enteignung und Ausbeutung in Verwaltung überführten.[18] Entgegen den Behauptungen seiner Kritiker war die elementarste Form der Einschließung innerhalb dieses Komplexes eine integrierte Landschaft, deren Muster verschiedenste Größenordnungen durchliefen, ein scheinbar offenes Netz von Netzwerken, und kein „eiserner Käfig".[19]

Im Laufe eines halben Jahrhunderts festigten die US-amerikanischen Unternehmen ihre Position als Gesicht des herrschenden Oligopols, das im Zeichen der sogenannten „Managementrevolution" agierte.[20] Der Aufstieg des mittleren Managements hatte ein ganzes Arsenal von Techniken hervorgebracht, um die hochgradig differenzierten Produktions- und Wettbewerbssphären sowohl innerhalb desselben wie zwischen unterschiedlichen Unternehmen eines Industriezweigs integrieren und koordinieren zu können. In den frühen 1960er-Jahren war die gängige Bezeichnung für diese Verflechtung von Macht, Wissen und Technologie „militärisch-industrieller Komplex", aus dem bald der „militärisch-industrielle-akademische Komplex" werden sollte. Dieser Komplex regierte mittels Paranoia – einer Traumwelt der Anschlüsse, realer und imaginärer Verbindungen zwischen scheinbar disparaten Objekten, Prozessen und Phänomenen: eine Welt aus Mustern. Sein strahlendstes Symbol war der Atompilz, bedrohlich und beschwörend zugleich, geboren aus den geheimen Netzwerken des Manhattan-Projekts, das seinerseits das Muster für die Organisation von „Großforschung" in der Nachkriegszeit lieferte.[21] Muster zu erkennen wurde zur unternehmerischen Notwendigkeit. Und es wurde zur Grundlage eines Humanismus, der Kunst und Wissenschaft, wie es hieß, in ein „dynamisches Gleichgewicht" bringen sollte.[22] Es war die Zeit, in der sich McLuhan den Imperativ *Understanding Media* zu eigen machte, und in diesem Sinne können wir auf die Frage zurückkommen, was ein Medium zum Medium macht.[23] Peters hat gekonnt mit McLuhans Buchtitel gespielt, als er vorschlug, elementare Medien seien jene, die den Dingen in einem infrastrukturellen Sinne „zugrunde liegen" [media that stand under].[24] Um jedoch den Schluss zu vermeiden, dass infrastrukturelle Elemente wie Luft, Feuer und Wasser ein vergessenes Fundament bilden, auf dem eine Philosophie der Medien wiederaufgebaut werden könnte, können wir uns mithilfe der Architektur daran erinnern, dass ein Fundament nichts anderes ist als eine Mauer, die die Unterwelt vom Himmel trennt. Und wenn diese Trennung schließlich die neuen Götter der Betriebswirtschaft über die Bewohner der philosophischen Fakultäten erhob, müssen wir die List des Odysseus als die eines kleinen Gottes begreifen. Unsere Aufgabe ist es dann weniger, mit der Entzauberung der Welt fertigzuwerden, als eine Demystifizierung – d. h. Säkularisierung – des mittleren Managers zu betreiben, und das bedeutet, die Historizität von Medien wie Mumfords Containertechnologien zu verstehen.

Monopolkapital

In den 1960er-Jahren, als McLuhan *Understanding Media* schrieb, reihten sich die Bürogebäude in nordamerikanischen Städten wie Graburnen in einem Raster. In einer Fußnote zu ihrer einflussreichen Studie über die Wirtschaftsordnung der Nachkriegszeit, *Monopolkapital* (1966), warfen die Ökonomen Paul A. Baran und Paul M. Sweezy einen beiläufigen Blick auf ein solches Gebäude oder vielmehr in eine von der Chase Manhattan Bank herausgegebene Broschüre zum neuen Hauptsitz des Unternehmens in Lower Manhattan. Chase Manhattan war typisch für das, was Baran und Sweezy einen „Mammutkonzern" oder ein Unternehmen mit monopolistischen – genauer: oligopolistischen – Tendenzen nannten. Der neue Hauptsitz der Bank, ein Wolkenkratzer aus Stahl und Glas, der 1961 eröffnet wurde und von Gordon Bunshaft von Skidmore, Owings & Merrill entworfen worden war, ragte 248 Meter über einem einstöckigen Sockel auf, dessen Dach eine in die

unregelmäßigen, abfallenden Nachbarstraßen eingelassene Plaza ausbildete
(Abb. 1). Das Gebäude war, wie es die Broschüre formulierte, „ein aufragen-
des Symbol für das Vertrauen von Chase Manhattan in die Zukunft des histo-
rischen Finanzzentrums." Baran und Sweezy fügten sarkastisch hinzu: „Alle
Amerikaner dürfen teilhaben an einem berechtigten Stolz auf dieses Denk-
mal für das, was des Menschen Teuerstes ist, umso mehr sie mit ihren Steu-
ern rund die Hälfte seiner Kosten bezahlt haben."[25]
Der Hauptsitz der Chase Manhattan Bank und sein Kontext liefern ein
Musterbeispiel für den Beitrag der Architektur zur Umstrukturierung des
Kapitalismus in der Mitte des 20. Jahrhunderts, dem zentralen Thema der
Abhandlung von Baran und Sweezy. Die Analyse solcher Gebäude als Medien der Organisation liefert zudem, wie ich an anderer Stelle vorgeschlagen habe, eine modifizierte Version der Kulturindustrie-These, da interaktive
Rückkopplungen an die Stelle der bloßen Einweg-Übertragung treten, von der
das Massenpublikum in den Augen der Frankfurter Kritiker so verzaubert
wurde.[26] Und wenn wir die Idee der Architektur als eines unter vielen Medien weiterverfolgen – Architektur *als* technisches Medium und nicht Architektur *und* Medien wie Fotografie oder Film –, können wir die Konsequenzen

von Barans und Sweezys detaillierter Studie des Monopolkapitalismus für die Kulturindustrie-These herausarbeiten. Insbesondere eröffnet der Ansatz der „Architektur als Medium" einen Zugang zu den materiellen Infrastrukturen, die die Sphären der Kultur und der politischen Ökonomie miteinander verbinden, wofür die Chase Manhattan Bank exemplarisch stehen kann.

Wie die Broschüre klarmacht, die den neuen Hauptsitz der Bank als „aufragendes Symbol" beschreibt, zeigt die Kulturindustrie trotz ihrer scheinbaren Oberflächlichkeit einen Willen zur Repräsentation – zum Tragen von Bedeutung also –, der sich nicht von den Infrastrukturen der politischen Ökonomie trennen lässt. Baran und Sweezy schlugen die Kosten des Turms, die durch Steuervergünstigungen subventioniert wurden und den Wert der hochkarätigen Sammlung moderner Kunst im Inneren umfassten, dem zu, was sie in Anlehnung an Marx die „Repräsentationskosten" des Kapitals nannten. Etwa um die Jahrhundertmitte, so ihr Argument, hatten institutionalisierte Formen der „sichtbaren Verschwendung", großzügige Büros etwa, firmeneigene Düsenjets oder scheinbar unbegrenzte Spesenkonten, die Zurschaustellung von Reichtum durch einzelne Kapitalisten mehr oder weniger abgelöst (Abb. 2). Vor allem aber zeigten Baran und Sweezy, dass ein solcher Exzess für das, was sie „Big Business" nannten, strukturell war und nicht nur das Ziel hatte, Prestige zu vermitteln oder Ehrfurcht zu erwecken, sondern eine der vier wichtigsten Möglichkeiten des Monopolkapitals war, seinen wachsenden Surplus wieder in Umlauf zu bringen, um die Akkumulation in Gang zu halten.[27]

Durch die Kombination von Preisabsprachen und sich verstärkenden Effizienzsteigerungen, so argumentierten die Ökonomen, tendierten die Gewinne von Unternehmensoligopolen in Sektoren wie dem Bankenwesen dazu, kontinuierlich zu steigen, was zur Notwendigkeit führte, das Surplus regelmäßig innerhalb des Gesamtsystems zu absorbieren. Dies, sagten sie, geschehe in erster Linie durch:

1. Konsum und Investitionen
2. Verkaufsförderung
3. Zivile Ausgaben der Regierung
4. Militarismus und Imperialismus

Abb. 2: Chase Manhattan Bank, Büro mit Kunstsammlung, Foto: Ezra Stoller

Die ersten beiden Strategien sind weitgehend unternehmensintern und umfassen Aktivitäten wie die Expansion durch Übernahme und die Erschließung
neuer Märkte. Die beiden anderen Strategien erzeugen eine effektive Nachfrage
und beschäftigen unausgelastete Arbeitskräfte mittels ziviler und militärischer
Ausgaben, wobei der Waffenhandel die imperiale Expansion des Kapitals unterstützt, die zugleich darauf zielt, den Sozialismus einzudämmen.[28]
Der neue Hauptsitz der Chase Manhattan Bank gehörte von seiner äußeren
Erscheinung her vor allem zu den ersten beiden Prozessen, während seine Betreiber direkt und indirekt von den beiden anderen profitierten. Eine medien-
historische Untersuchung des Gebäudes könnte sich entsprechend auf seinen
symbolischen Charakter konzentrieren und die Kulturtechniken identifizieren, über die sich Architektur, Bankwesen, Städtebau, bildende Kunst und
Werbung zu einem Medienkomplex verbinden, aus dem das Großunternehmen als lesbare, bedeutsame Figur hervorgeht. Eine solche Art von kulturel-
lem Materialismus würde Barans und Sweezys instruktive Randbemerkung

ergänzen und dazu beitragen, die Bedeutungen, die mit Gebäuden wie dem Chase Manhattan Tower und ihrem Innenleben verbunden werden, sowie ihren Wert für die neue Oligarchie zu erklären. Aber die Bank ist auch ein Behälter ökonomischen Werts, der in dem durch ihre Kanäle zirkulierenden und in ihren Tresoren aufbewahrten Geld kodiert ist. Selbst wenn wir also in der Lage wären, so etwas wie die materielle Grundlage der Kultur zu isolieren und zu analysieren, würden die infrastrukturellen Eigenschaften dieser Grundlage und ihre politische Ökonomie undurchsichtig bleiben. Um sie sichtbar zu machen und die Macht der Konzerne und der kulturellen und ökonomischen Hegemonien, die mit dem Monopolkapitalismus einhergehen, darzustellen, müssen wir unseren kulturellen Materialismus mit dem historischen Materialismus von Baran, Sweezy und anderen Analytikern der korporativen Ordnung in einer politisch-ökonomischen Untersuchung der Medienkomplexe zusammenführen.

Wir können dazu einen anderen, weniger radikalen Denkansatz zum Konzernkapitalismus heranziehen, den die Autoren von *Monopolkapital* zügig verwerfen und der als „organisationsbezogene Synthese" bekannt geworden ist. Der Wirtschaftshistoriker Louis Galambos verwendete diesen Begriff 1970, um mit ihm neuere historische Arbeiten wie jene von James Burnham, Robert Wiebe und Alfred Chandler Jr. zu beschreiben, die die Entstehung komplexer Bürokratien während der *Progressive Era* zu erklären versuchten. Für Galambos bedeutete dieser organisatorische Wandel „eine Verlagerung von kleinen, informellen, lokal oder regional orientierten Gruppen zu nationalen, formellen Organisationen", die durch eine „bürokratische Autoritätsstruktur" gekennzeichnet waren.[29] Eine solche Beschreibung bot eine Alternative zur kritischen Bewertung, wie sie mit der Neuen Linken bzw. der Frankfurter Schule verbunden war: „Die explizite oder formale Ideologie wird weniger Beachtung finden", prognostizierte er, „wenn die Historiker ihren Schwerpunkt im Sinne McLuhans auf das Medium der Organisation anstatt auf die politische Botschaft legen."[30]

Chandlers Arbeit lieferte eine einflussreiche Deutung dessen, was Galambos als „Aufstieg der Großunternehmen und der besonderen Rolle, die die Technik bei dieser Entwicklung spielte", beschrieb.[31] Konkret, so Galambos, biete

Chandler eine Geschichte der technischen Massenproduktion, die in Verbindung mit einem wachsenden Inlandsmarkt die Entwicklung diversifizierter Großunternehmen beschleunigte, die hierarchisch organisiert wurden, um ihre komplexen Geschäftsaktivitäten besser koordinieren zu können. Mit jeder Übernahme und jeder Expansion in einen neuen Markt entstanden organisatorische Herausforderungen. Der neue Kader der mittleren Manager, der diese Unternehmen leitete – und dessen Hauptaufgabe aus der Sicht von Baran und Sweezy darin bestand, die Absorption des Surplus zu überwachen –, kam einer „sichtbaren Hand" gleich, die eine „Managementrevolution" anführte.[32]

Die Chase Manhattan Bank als Medienkomplex

Banken und andere Finanzinstitute spielen in Galambos' organisationsbezogener Synthese keine prominente Rolle. Insofern sie von logistischen Zwängen weniger berührt sind als die Produktion, gehörten Banken zu den Großunternehmen, die die neuen Managementtechniken am langsamsten übernahmen, und Chase bildete in dieser Hinsicht keine Ausnahme. Die 1877 gegründete New Yorker Geschäftsbank wuchs in den ersten Jahrzehnten des 20. Jahrhunderts rasant, und zwar vor allem deshalb, weil sie den großen Industrieoligopolen Finanzdienstleistungen anbot und so das Großkundengeschäft ausbauen konnte. Die Unternehmenskultur blieb jedoch abgeschottet und paternalistisch; erst 1945 begann Chase, sich in einer Weise zu reorganisieren, die dem neuen Managerialismus entsprach.[33] 1952 wurden die Abteilungen der Bank gebietsweise und branchenübergreifend neu organisiert; eine neue „US-Abteilung" betreute nun Handels-, Finanz- und Industrieunternehmen in neun regionalen Unterabteilungen. Die „Spezialindustrien" – öffentliche Versorgungsbetriebe, Mineralöl, Eisenbahn, Luftfahrt und Immobilien – wurden ausgenommen und in einer eigenen Abteilung zusammengefasst, und eine „Metropolitanabteilung", die sich auf New York konzentrierte, verband diesen Geschäftsbereich im Hauptsitz der Bank mit anderen großen, in New York ansässigen Instituten.[34]

Der Teil des Inlandsgeschäfts, der über die regionalen Niederlassungen abgewickelt wurde, musste daher mit dem in New York abgewickelten Geschäft koordiniert werden. Diese organisatorische Herausforderung wurde durch die erste große Fusion mit der Manhattan Company 1955 noch verstärkt, die Teil einer Welle von Bankenfusionen war, mit der die privaten Finanzinstitute in noch nie da gewesenem Maße wuchsen. Die Manhattan Company verfügte über ein stadtweites Filialsystem, dessen Integration das New Yorker Geschäft der neuen Bank, die damit ihr Privatkundenportfolio erheblich erweiterte, vor komplexe Aufgaben stellte. Die auf den Empfehlungen eines externen Beraters beruhende Organisation von Chase Manhattan trug dieser und weiteren Komplexitätssteigerungen Rechnung. Das neue System behielt die bestehenden Abteilungen von Chase bei und ergänzte sie um zwei neue Abteilungen: Investitionen und Finanzplanung sowie Bankentwicklung (Abb. 3). Die erstere war für Hypothekenkredite und Anleihen zuständig, während die zweite, vom künftigen Vorstandsvorsitzenden der Bank, David Rockefeller, geleitete, „sämtliche Mitarbeiter des Unternehmens einbezog – aus Werbung und Öffentlichkeitsarbeit, Konjunkturforschung, Mitarbeiterbeziehungen und Betriebsführung – und einige neue Spezialgebiete hinzufügte, darunter Marketing, Managemententwicklung und Organisationsplanung, wobei Letzteres bald von einem externen Experten übernommen wurde".[35] Kurze Zeit später wurden die Bereiche Betriebsführung und Mitarbeiterbeziehungen in eine eigene Abteilung ausgegliedert. Diese beherbergte den ersten Großrechner der Bank, der ab 1959 eingesetzt wurde, um die Unternehmensleitung bei den Lohn- und Gehaltsabrechnungen zu unterstützen und die Daten der zahlreichen Mitarbeiterinnen und Mitarbeiter zu verwalten. Der Fokus der elektronischen Datenverarbeitung verlagerte sich dann rasch vom Management auf das Bankgeschäft, und bis 1962 hatte die Treuhandabteilung der Bank die Daten von über einer Million Aktionärinnen und Aktionären auf Magnetbänder übertragen.[36] Das also war Chase Manhattan, als die Bank 1961 ihren neuen Hauptsitz eröffnete.

Der Umfang der künftigen Nutzung war zwar noch unbekannt, dennoch bot das neue Gebäude im Untergrund ausreichend Platz für Großrechner, und alle Betriebsabläufe konnten im One Chase Manhattan Plaza zentralisiert wer-

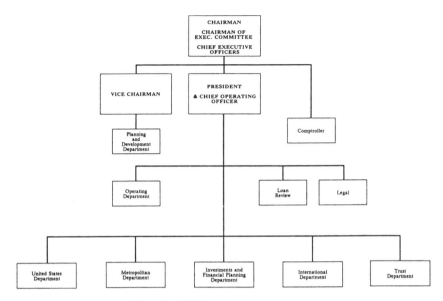

```
                        CHAIRMAN
                      CHAIRMAN OF
                     EXEC. COMMITTEE
                    CHIEF EXECUTIVE
                       OFFICERS


                                  PRESIDENT
      VICE CHAIRMAN            & CHIEF OPERATING
                                   OFFICER


        Planning                              Comptroller
          and
      Development
       Department


        Operating                    Loan
       Department                    Review         Legal


   United States    Metropolitan   Investments and    International      Trust
   Department       Department      Financial Planning  Department     Department
                                     Department
```

Abb. 3: Organisation der Chase Manhattan Bank 1957

den.[37] In den Büros, die sich im sechzigstöckigen Turm befanden, herrschte räumliche Flexibilität. Bunshaft und SOM hatten das Gebäude so entworfen, dass die Anzahl der Innenpfeiler auf ein Minimum reduziert werden konnte – ein Ansatz, der bereits bei anderen von SOM entworfenen Wolkenkratzern Verwendung gefunden hatte und sich an der Außenfassade des Chase Towers durch gleichmäßig verteilte Reihen von aluminiumverkleideten Stahlstützen ausdrückte, die wie Pilaster vor der modularen Vorhangfassade aus eloxiertem Aluminium standen. Diese dreidimensionale Überlagerung verschiedener Schichten von Rastern wurde zum bestimmenden äußeren Merkmal des Chase Towers. Im Inneren wich das Konstruktionsmodul einem kleineren Planungsmodul, das eine räumliche Matrix für die Organisation von Ausbauelementen wie modularen Bürotrennwänden, Deckenaufbauten, Möbeln und technischem Equipment bereitstellte (Abb. 4–7).

Von innen heraus betrachtet, war One Chase Manhattan Plaza also in Grundriss und Schnitt Bestandteil eines Organisationssystems, das zahlreiche

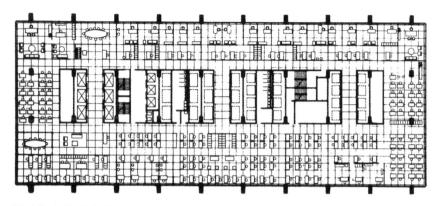

Abb. 4: Gordon Bunshaft, Skidmore, Owings & Merrill, Chase Manhattan Bank,
New York, 1961, typischer Grundriss

Aktivitäten der Bank in einem einzigen Gebäude konzentrierte, um so noch
weitere Abläufe zu koordinieren, wie z. b. das in den Filialen abgewickelte
Privatkundengeschäft und, später in diesem Jahrzehnt, die Aktivitäten der
internationalen Tochtergesellschaften. Die Expansion in verschiedene Märkte
auf lokaler, nationaler und internationaler Ebene sowie die zunehmende technologische Flexibilität in der Datenverarbeitung und Kommunikation führten zu einer Dezentralisierung der Abläufe, die allerdings nur teilweise und
oft ineffizient umgesetzt wurde. Mitte der 1960er-Jahre, als Baran und Sweezy
ihre Abhandlung über Unternehmensoligopole schrieben, war der Medienkomplex des Bankwesens weitgehend papier- und telefonbasiert. Dies änderte
sich im Laufe des Jahrzehnts, als Banken wie Chase eine interne Datenver-
waltung sowie Kommunikationsnetze einrichteten, über die Angestellte und
Management in immer schnellerem Tempo Informationen austauschen und
Geschäfte abwickeln konnten (Abb. 8). Mitte der 1980er-Jahre sollten dann
diese auf Großrechnern und Terminals basierenden Systeme beginnen, sich
selbst zu dezentralisieren; immer mehr Textverarbeitungsgeräte bevölkerten die in Reihen angeordneten Schreibtische in den stützenfreien modularen
Großraumbüros des Chase Towers und drangen schließlich in die Büros des
mittleren Managements und der Führungskräfte ein.

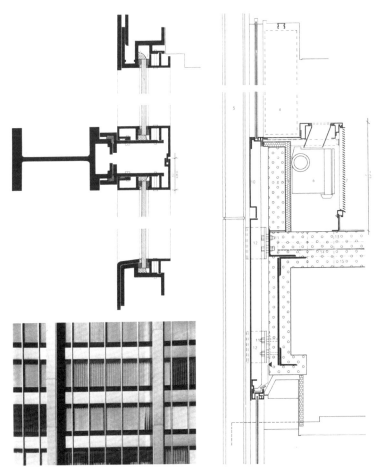

Abb. 5: Gordon Bunshaft, Skidmore, Owings & Merrill, Chase Manhattan Bank, New York, 1961, Fassadendetails

Informationsverarbeitung und Kommunikation waren dabei nicht die einzigen Funktionen dieses Medienkomplexes. Wenn man ihn mit Blick auf das Hauptgebäude von Chase als inneres Environment versteht, vereinte der Komplex diese Technologien mit anderen, älteren Technologien wie Leuchtstofflampen, Klimaanlagen und Akustikdecken, um fünfzehntausend Mitarbeiter und Mitarbeiterinnen in eine organisierte Landschaft aus Mustern

41

einzuschließen. Manchmal waren die Muster sichtbar, so wie auf der gerasterten Vorhangfassade oder der modularen Decke, manchmal aber auch nicht, wie in jenen Tabellen und Diagrammen, die Unternehmensberatung oder Betriebsführung ausgaben, um die Manager zu leiten. Und manchmal bildeten die in einem Medium – sei es Aluminium und Glas, sei es Papier – erkennbaren Muster selbst die Richtschnur für die Managementtechniken der Integration und Koordination, manchmal auch nicht. Das Ergebnis war jedenfalls ein wachsender, sich diversifizierender oligopolistischer Körper, der sich schließlich von New York über Buenos Aires bis nach Riad erstreckte.

Mitte der 1970er-Jahre war die klimatisierte Luft, die in diesem wie zahlreichen anderen Gebäudekörpern zirkulierte, mit den Dollars verflochten, die in die immer häufiger digitalen Tresore der Bank flossen. Die theatralische Inszenierung einer alten Containertechnologie – ein stilisierter Banktresor – in einer anderen, neueren Containertechnologie – das 1954 für Manufacturers Hanover entworfene, gerasterte Bürogebäude – hatte zu jenen Projekten gehört, die Bunshaft und SOM überhaupt erst für Chase Manhattan attraktiv gemacht hatten (Abb. 9). Zwei Jahrzehnte später, nunmehr vom Gold

abgekoppelt und vom fossilen Kapital in öldurchtränkte Petrodollars trans-formiert, zirkulierte der Dollar wie unvermischter Wein auf dem antiken Mit-telmeer. Der reale und symbolische Inhalt des Gebäudes, einschließlich der Luft in seinen Räumen und der Dollars in seinen Computern, war damit Teil der „großen Akzeleration" des Öl- und Gasverbrauchs in der Nachkriegszeit, die Wachstum und Diversifizierung von Unternehmen wie Chase Manhattan wie den von der Bank finanzierten Industrien befeuerten.[38] Die ständig wach-sende Reihe von Containern, die diesen Körper umgab, ja erst effektiv inte-grierte, sollte schließlich eine Holdinggesellschaft umfassen, die zu nichts anderem diente, als gesetzliche Vorschriften zu umgehen, und die die Konso-lidierung auf eine höhere, abstraktere Ebene verlagerte.[39]

Topologien

Ein halbes Jahrhundert zuvor hatte der tragikomische Held der modernen Architektur, Le Corbusier, das Dampfschiff als Instrument der „Befreiung von

Abb. 8: Chase Manhattan Bank, Finanzabteilung, 1976

jahrhundertelanger, fluchbeladener Knechtschaft" beschrieben.[40] Der modernistische Wolkenkratzer war seine Apotheose und Chase Manhattan ein mächtiger Ozeandampfer mit David Rockefeller am Steuerrad. Nicht gerade ein Odysseus, zumindest auf den ersten Blick, war Rockefeller mehr Spross als Patriarch, seine weiße männliche Subjektivität eher typisch als außergewöhnlich. Auch sein Reichtum war ein Derivat – das vor langer Zeit von der Standard Oil Company seines Großvaters aus dem Boden gesaugt und in Form von Petrodollars in Umlauf gebracht worden war, zu denen später noch die hinzukamen, die durch die Großrechner von Chase Manhattan ratterten. Rockefeller, der als Ökonom an der Universität von Chicago ausgebildet worden war und die Berater angeheuert hatte, die die Bank reorganisierten, war die „sichtbare Hand" des Managements.[41] Wie Odysseus war er ein gewiefter Verwalter, der das ihm anvertraute Schiff durch eine Reihe existenzieller Gefahren steuerte. Während aber ein solches Know-how in der Antike ein tragisches Mittel der Entzauberung gewesen sein mag, versprach es für Organisationsmenschen wie Rockefeller die Erlösung. Mit seinem Internationalismus im Schlepptau war Rockefellers Präsenz in der Bank eine Heimkehr, die anders war als die des Patriarchen Odysseus ins eheliche Bett. Es war

Abb. 9: Manufacturers Hanover, New York, Banktresor im Schaufenster, Foto: Ezra Stoller, 1954

vielmehr die Rückkehr des Managers in den Sitzungssaal, in dem die Unternehmensfamilie – eine Mixtur aus Fusionen, Hypotheken und zwischenmenschlichen Beziehungen – geboren worden war. Trotz seiner Abstammung und seines Namens war Rockefeller, mehr noch als seine Vorgänger, lediglich der Hausmeister, ein Gast im Heim des Monopolkapitals, dessen Aufgabe schlicht darin bestand, das Surplus wieder in Umlauf zu bringen. Was Baran, Sweezy und die meisten anderen Kritiker der korporativen Ordnung ebenso wie die Apologeten der Organisation jedoch übersehen hatten, war, dass und wie die Medien – die „Mittler" des mittleren Managements – das Kommando übernommen hatten.

Sie taten dies weder durch Gewalt noch durch bloßen bürokratischen Willen, sondern so kunstvoll wie die Sirenen oder der listige alte Odysseus. Medienkomplexe wie die Chase Manhattan Bank – die Organisation wie ihr Gebäude – gaben der neuen Ordnung einen Sinn, indem sie eine Landschaft aus Beziehungen schufen, in der bezaubernde Lieder erklangen und sich betörende Muster verbreiteten. Mit anderen Worten, der Medienkomplex des Unternehmens verwandelte leeren Raum in schwingende Luft.

Die Beziehungen, aus denen diese Luft gemacht war, waren topologisch.

Hierarchien des Oben und Unten stützten sich auf Nachbarschaftsbeziehungen des Nebeneinander wie auf Innen-Außen-Verbindungen; Akustikdecken, Trennwände, Lichtschalter, Telefonkabel, Rohrleitungen und Computer zogen Linien, die den einen Arbeiter, Markt oder Verbraucher vom jeweils anderen unterschieden und sie gleichzeitig zu einem lebenden, atmenden, wachsenden Organismus verbanden, dessen Gesetze buchstäblich in der Luft lagen. Denn wie die rechtliche Körperschaft des Unternehmens war auch das Leben dieses Organismus nicht bloß ein ideologischer Schleier, der die ökonomischen Machenschaften der „Machtelite" des Kapitals verbarg.[42] Es war ein Performativ, ein Faktum, das durch die bloße Behauptung, unterstützt durch Gewalt, ins Leben gerufen worden war, und mithin eine Wiedereinsetzung der Sirenen – wie auch des weißen Wals, des Natur gewordenen Kapitals – auf den Thron, von dem sie verbannt wurden, als Odysseus sich an den Mast fesseln ließ. Dass der Thron in der Zwischenzeit zu einem Gebäude, einem Konferenztisch, einem Arbeitsplatz, einer Schreibmaschine, einem Telefonhörer und einer Ölquelle geworden war, zeugte nur von seiner Verbreitung nach einem bestimmten Muster, und nicht von seiner entropischen Auflösung. Das war Architektur als Medienkomplex.

Die menschlichen Betreiber dieses und anderer Komplexe waren und sind weder selbstbestimmte Akteure noch bloß technische Effekte. Wie jene aus der Antike sind sie Sprecherinnen, Zuhörer, Dichterinnen und Seeleute – Subjekte, gefangen zwischen Objekten, aneinandergekettet und doch getrennt. Wie damals sind Luft, Wasser, Feuer und Erde ihre Medien, und zwar in einem ebenso elementaren Sinne wie die Mineralien, aus denen heute Sprech-, Hör-, Schreib- und Segelmaschinen bestehen. Ihre Topologien sind die eines Periodensystems, in dem Uran, Kohlenstoff und Silizium um Positionen ringen, und ihre Schreie sind die einer Energiequelle, die an den Rudern zerrt.

Aus dem Englischen übersetzt von Moritz Gleich und Christa Kamleithner

Anmerkungen

1   Vgl. Marshall McLuhan: *Die magischen Kanäle.*
    Understanding Media (1964). Düsseldorf 1968,
    S. 13–28.

2   Vgl. z. B. Wolfgang Ernst: *Digital Memory and the*
    Archive. Minneapolis 2013; Jussi Parikka: *What Is*
    Media Archaeology? Malden, MA 2012.

3   Reinhold Martin, *The Organizational Complex.*
    Architecture, Media, and Corporate Space.
    Cambridge, MA/London 2003, S. 5.

4   Vgl. dazu Reinhold Martin: *Knowledge Worlds.*
    Media, Materiality, and the Making of the Modern
    University. New York 2021, S. 1–3. Zum „Barwert"
    vgl. bspw. William James: *Pragmatismus. Ein neuer*
    Name für alte Denkweisen (1907), übers. v. Klaus
    Schubert und Axel Spree. Hamburg 2012, S. 123.

5   Cornelia Vismann: „Kulturtechniken und Souveräni-
    tät", in: *Zeitschrift für Medien- und Kulturforschung*
    1, 1/2010: „Kulturtechnik", S. 171–181, hier
    S. 171. „Kulturtechniken", so Vismann, „präzisieren
    die Handlungsmacht von Medien und Dingen. Wäre
    oder hätte die Medientheorie eine Grammatik, so
    käme diese Handlungsmacht darin zum Ausdruck,
    dass Objekte die grammatikalische Stellung des
    Subjekts einnehmen und Kulturtechniken Verben
    vertreten." Ebd.

6   Vgl. Bernhard Siegert: *Cultural Techniques. Grids,*
    Filters, Doors and Other Articulations of the Real,
    übers. v. Geoffrey Winthrop-Young. New York 2015;
    ders.: „Türen. Zur Materialität des Symbolischen",
    in: *Zeitschrift für Medien- und Kulturforschung* 1,
    1/2010: „Kulturtechnik", S. 152–170; sowie den
    Beitrag in diesem Band.

7   Vgl. dazu Reinhold Martin: „Unfolded, not Opened:
    On Bernhard Siegert's *Cultural Techniques*", in:
    Grey Room 61, 2016, S. 102–115; ders.: *The Urban*
    Apparatus. Mediapolitics and the City. Minneapolis
    2016; ders. 2021 (wie Anm. 4), S. 10–14.

8   Lewis Mumford: *Technics and Civilization.* New York
    1934.

9   Lewis Mumford: „An Appraisal of Lewis Mumford's
    Technics and Civilization (1934)", in: *Daedalus* 88,
    3/1959, S. 527–536, hier S. 529 f.

10 John Durham Peters: *The Marvelous Clouds.*
    Toward a Philosophy of Elemental Media. Chicago
    2015, S. 139–148.

11 Das erste Raumverständnis geht auf die Arbeiten
    von u. a. Heinrich Wölfflin, August Schmarsow und
    Alois Riegl zurück. Vgl. dazu Harry Francis Mall-
    grave und Eleftherios Ikonomou: „Introduction", in:
    Robert Vischer und dies., *Empathy, Form, and*
    Space. Problems in German Aesthetics, 1873–
    1893, Santa Monica 1994, S. 1–85. Die zweite Be-
    deutung von „Raum" findet sich in Henri Lefebvre:
    The Production of Space (1974), übers. v. Donald
    Nicholson-Smith. Cambridge, MA 1991.

12 Eva Horn: „Air as Medium", in: *Grey Room* 73,
    2018, S. 6–25. Mit „heilig" meine ich mythisch. Man
    vergleiche Horns Phänomenologie der Luft mit der
    des Raums in den Arbeiten von Architekturhistori-
    kern wie Sigfried Giedion oder Bruno Zevi.

13 Lewis Mumford: *Mythos der Maschine. Kultur, Tech-
    nik und Macht.* Wien 1974.

14 Peters 2015 (wie Anm. 10), S. 102 f.

15 Max Horkheimer und Theodor W. Adorno: *Dialektik*
    der Aufklärung. Philosophische Fragmente (1944).
    Frankfurt a. M. 1969, S. 38–42, 128–130.

16 In einem früheren Werk verweist Peters auf die Luft
    als Kommunikationsmedium – vgl. John Durham
    Peters: *Speaking into the Air. A History of the Idea*
    of Communication. Chicago 1999, S. 206–225.

17 Richard Seaford: *Money and the Early Greek Mind.*
    Homer, Philosophy, Tragedy. Cambridge 2004;
    Fernand Braudel: *Das Mittelmeer und die mediter-
    rane Welt in der Epoche Philipps II.* (1949), 3 Bde.,
    übers. v. Günter Seib. Frankfurt a. M. 2001.

18 Martin 2003 (s. Anm. 3).

19 Vgl. bspw. Gilles Deleuze: „Postskriptum über die
    Kontrollgesellschaften" (1990), in: ders., *Unter-
    handlungen, 1972–1990,* übers. v. Gustav Roßler.
    Frankfurt a. M. 1993, S. 254–262, mit Max Webers
    vielfach als „iron cage" ins Englische (fehl-)über-
    setztem „stahlhartem Gehäuse" in: „Die protestanti-
    sche Ethik und der ‚Geist' des Kapitalismus", in:
    Archiv für Sozialwissenschaft und Sozialpolitik 21,
    1905, S. 1–110, hier S. 108.

20 James Burnham: *Das Regime der Manager.* Stutt-
    gart 1951.

21 Peter Galison und Bruce Hevly (Hg.): *Big Science.*
    The Growth of Large-Scale Research. Stanford
    1992.

22 Sigfried Giedion: *Die Herrschaft der Mechanisie-
    rung. Ein Beitrag zur anonymen Geschichte* (1948).
    Frankfurt a. M./Wien 1994, S. 774–778.

23 McLuhan 1968 (s. Anm. 1).

24   Peters 2015 (s. Anm. 10), S. 33.

25   Paul A. Baran und Paul M. Sweezy: *Monopolkapital. Ein Essay über die amerikanische Wirtschafts- und Gesellschaftsordnung.* Frankfurt a. M. 1973, S. 379 f. Zur Architektur des Hauptsitzes der Chase Manhattan Bank vgl. Martin 2003 (s. Anm. 3), S. 114–117.

26   Reinhold Martin: *Utopia's Ghost. Architecture and Postmodernism, Again.* Minneapolis 2010, S. 37–48, basierend auf ders.: „Atrocities, or Curtain Wall as Mass Medium", in: *Perspecta* 32, 2001, S. 66–75.

27   Baran und Sweezy 1973 (s. Anm. 25), S. 51 f.

28   Ebd., S. 83–210.

29   Louis Galambos: „The Emerging Organizational Synthesis in Modern American History", in: *The Business History Review* 44, 3/1970, S. 279–290, hier S. 280.

30   Ebd., S. 289.

31   Louis Galambos: „Technology, Political Economy, and Professionalization. Central Themes of the Organizational Synthesis", in: *The Business History Review* 57, 4/1983, S. 471–493, hier S. 472. Siehe auch Alfred D. Chandler, Jr.: *The Visible Hand. The Managerial Revolution in American Business.* Cambridge 1977; ders.: *Scale and Scope. The Dynamics of Industrial Capitalism.* Cambridge 1990; und Louis Galambos: „Recasting the Organizational Synthesis. Structure and Process in the Twentieth and Twenty-First Centuries", in: *The Business History Review* 79, 1/2005, S. 1–38.

32   Galambos 1983 (wie Anm. 31), S. 473.

33   John Donald Wilson: *The Chase. The Chase Manhattan Bank, N.A., 1945–1985.* Boston 1986, S. 26 f.

34   Ebd., S. 50 f.

35   Ebd., S. 76.

36   Ebd., S. 306 f.

37   Bei der Computerisierung wurden Einsparungen an Arbeitskosten und Personal durch eine Zunahme der internen Verwaltungsarbeiten ausgeglichen, sodass die Betriebsführung 1969 in ein nahegelegenes Bürogebäude mit einer Fläche von einer Million Quadratmetern umzog. Vgl. ebd., S. 309 f.

38   J. R. McNeill und Peter Engelke: *The Great Acceleration. An Environmental History of the Anthropocene since 1945.* Cambridge 2014.

39   Wilson 1986 (s. Anm. 33), S. 187–201.

40   Le Corbusier: *1922. Ausblick auf eine Architektur.* Basel 2013, S. 86.

41   Der Ausdruck bezieht sich auf Chandler 1977 (wie Anm. 31).

42   Zur juristischen Person als Performativ vgl. Martin 2021 (s. Anm. 4), S. 29–51, und John Dewey: „The Historic Background of Corporate Legal Personality," in: *The Yale Law Journal* 35, 6/1926, S. 655–673; zu den herrschenden Klassen der Nachkriegszeit vgl. C. Wright Mills: *The Power Elite.* New York 1959.

Türen, *unhinged.* Zur Destabilisierung der Innen-Außen-Unterscheidung in Film und Architektur

Bernhard Siegert

Türen sind nicht nur formale Elemente der Architektur im Sinne eines Kanons oder einer Typologie von Bauwerken, die aufgrund von Technik, Funktion und Stil klassifiziert werden können. Türen sind auch nicht kulturunabhängige anthropologische „Archetypen", allein bestimmbar als existenzielle Voraussetzungen der Menschheit.[1] Türen sind Medien der Architektur als einer elementaren Kulturtechnik, weil sie die Leitdifferenz der Architektur, die Differenz von innen und außen,[2] prozessieren – und diese Unterscheidung zugleich thematisieren und dadurch ein System etablieren, das aus den Operationen des Öffnens und Schließens gemacht ist. Türen betreffen also die Architektur als kulturelles System, das heißt als etwas, das über das einzelne Bauwerk hinausgeht, aber trotzdem nicht voreilig als „Text" bezeichnet werden sollte.

Ich lege dem Folgenden eine Definition von Kulturtechniken zugrunde, die darunter im Wesentlichen exteriorisierte Operationsketten versteht, die den Begriffen vorausgehen, die aus ihnen abgeleitet werden. Diese Definition stützt sich auf ein Konzept, das von dem Paläontologen André Leroi-Gourhan in den frühen 1960er-Jahren entwickelt worden ist – das Konzept der Operationskette („chaîne" oder „cycle opératoire"). Operationsketten sind weder vollständig unbewusst (also komplett automatisiert) noch vollständig bewusst – wären sie vollauf unbewusst, könnten sie weder durch Training noch durch technische Innovationen verändert werden; wären sie komplett bewusst, wären wir nicht einmal in der Lage zu laufen, geschweige denn zu lesen oder zu schreiben. Durch die Syntax der Operationskette sind Geste und Werkzeug, Hirn und materielle Umwelt miteinander verbunden. Wichtig für die Theorie der Kulturtechniken ist insbesondere Leroi-Gourhans These, dass „das Werkzeug nur im Operationszyklus existiert" bzw. dass „das Werkzeug real nur in der Geste (existiert), in der es technisch wirksam wird".[3] Umgekehrt setzen Operationen wie Zählen oder Praktiken wie Schreiben stets technische Objekte voraus, die es ermöglichen, diese Operationen und Praktiken auszuführen, und die sie zum Teil in beträchtlichem Ausmaß determinieren.[4]

In der Medien- und Literaturwissenschaft, Kunst-, Architektur- oder Technikgeschichte verschiebt die Kulturtechnikforschung den Fokus von Begriffen (Schrift, Bild, Zahl) und Artefakten (Maschinen, Texte, Bilder, Bauwerke) auf die Praktiken und Operationen, die sich in Objekten (wie Instrumenten oder Hardware) materialisieren. Kulturtechniken lösen Massenmedien epistemologisch und ontologisch in Operationen wie Lesen, Schreiben, Zählen, Abtasten, Skalieren usw. auf; Artefakte sind daher in radikaler Sichtweise nichts anderes als Verkettungen von Operationen, „spezifische materielle (Re-)Konfigurationen der Welt",[5] die sich zeitweilig stabilisieren, dadurch materialisieren und Relevanz erlangen. Moderne architektonische Artefakte lassen sich besonders gut als solche temporär stabilisierten, materiellen Konfigurationen der Welt beschreiben, weil ihre Destabilisierung zumindest phasenweise zu ihrer Selbstbeschreibung gehört. In der Destabilisierung von Architektur als materiellem Objekt zerfällt die Objekthaftigkeit zugunsten der Sichtbarwerdung der sie konstituierenden Operationen – Jacques Tatis *Playtime* (1967) betreibt zum Beispiel eine solche Auflösung moderner Architektur in eine Assemblage selbstreferenzieller Operationen.

Doch Kulturtechniken sind nicht nur Praktiken, die symbolische Ordnungen herstellen wie Schreiben, Rechnen, Zeichnen; vielmehr betrifft das Konzept der Kulturtechniken den Primärvorgang der Artikulation als solchen. Wenn es auch zweifellos zutrifft, dass Lesen, Schreiben, Rechnen und Zeichnen elementare Kulturtechniken sind und diese Kulturtechniken in rekursiven Operationsketten bestehen, die Hominisierungsprozesse an höhere Medienfunktionen wie Speichern, Übertragen, Berechnen koppeln, so ist es gleichwohl ebenso unbezweifelbar, dass diese Praktiken auf einem primären kulturtechnischen Prozess der Artikulation aufruhen, der Signal und Rauschen, Botschaft und Medium, Form und Materie, Kommunikation und Kakografie, Figur und Grund unterscheidet.[6] Mit der kulturtechnischen Wende in der deutschsprachigen Medientheorie gegen Ende des 20. Jahrhunderts fand neben den elementaren Kulturtechniken Schreiben, Lesen, Berechnen und Bildermachen zudem eine Reihe weiterer rekursiver Prozesse Beachtung, durch welche diejenigen Unterscheidungen prozessiert werden, die für einen Kulturbegriff relevant sind, der nicht auf alphanumerische Codierungen reduziert wird – wie etwa die Unterscheidungen zwischen Mensch und Tier, heilig und profan oder innen und außen. Diese Unterscheidungen führen uns zur historischen Türenforschung.

Wie schon früher bemerkt wurde, beginnt jede Kultur mit der Einführung von Differenzen: innen/außen, rein/unrein, heilig/profan, männlich/weiblich, Mensch/Tier, Zeichen/Ding, Sprache/barbarische Laute, Signal/Rauschen usw.[7] Das setzt jedoch systemtheoretisch gesprochen einen Beobachter/ eine Beobachterin voraus, der/die diese Unterscheidung beobachtet. Beobachten heißt ja, streng nach George Spencer-Brown und Niklas Luhmann, „to draw a distinction". Im Gegensatz zu Soziologie und Kognitionswissenschaft weist eine medienmaterialistische Kulturwissenschaft jedoch die subjekt- und cerebralzentristische Vorstellung zurück, dass Unterscheidungen primär und einzig in der und durch die Kognition gegeben wären. Ohne Kulturtechniken, die Unterscheidungen prozessieren und dadurch die Einheit des Unterschiedenen erst beobachtbar machen, wäre kein Beobachter/keine Beobachterin je in der Lage, etwas zu beobachten. Diese Kulturtechniken, die man basale oder auch „primitive" Kulturtechniken nennen könnte, sind im weitesten Sinne *Medien.* Sie prozessieren die genannten Unterscheidungen (Türen zum Beispiel prozessieren die Unterscheidung zwischen innen und außen) und können aus diesem Grund weder der einen noch der anderen Seite der Unterscheidung zugeschlagen werden, sondern nehmen stets die Position eines vermittelnden Dritten ein, der dem Ersten und Zweiten in einer Relation vorausgeht.[8]

Die Analyse von Kulturtechniken setzt an die Stelle ontologischer Unterscheidungen das ontische Problem, diese Unterscheidungen überhaupt hervorzubringen und zu stabilisieren. Wenn Mediengeschichte untersucht, was eine gegebene Kultur mittels der verfügbaren Medien und Codes speichern, übertragen und verarbeiten konnte, geht eine Geschichte der Kulturtechniken eher der Frage nach, wie Unterscheidungen, die symbolische Ordnungen konstituieren (wie innen/außen zum Beispiel), rekursiviert, artikuliert, repräsentiert und operationalisiert werden.

Erst auf dieser Ebene „operativer Ontologien" gewinnt das Konzept der Kulturtechniken seine aktuelle Stärke.[9] Geoffrey Winthrop-Young hat diese

„philosophische" Dimension der Theorie der Kulturtechniken wie folgt auf den Punkt gebracht:

> Unterhalb unserer *ontologischen* Unterscheidungen laufen konstitutive, medienabhängige *ontische* Operationen ab, die mittels eines dekonstruktiven Manövers ans Licht gebracht werden müssen, das in der Lage ist, Akte, Serien, Techniken und Technologien zu entwirren. [...] Wenn sich die deutsche Medientheorie Kittler'scher Prägung auf die Materialitäten der Kommunikation konzentriert hat, dann zielt die Untersuchung der Kulturtechniken auf die Materialitäten der Ontologisierung.[10]

Worauf die Analysen der Kulturtechnikforschung daher im Endeffekt abzielen, ist eine Verschiebung der Dekonstruktion ontologischer Kategorien auf die Ebene des Technikmaterialismus.

„Kulturtechniken präzisieren die Handlungsmacht von Medien und Dingen", schrieb Cornelia Vismann[11] und wies damit darauf hin, dass das Konzept der Kulturtechniken die Idee der verteilten Handlungsmacht einschließt. Und als er beklagte, dass man „verlernt [habe], leise, behutsam und doch fest eine Tür zu schließen", bestätigte Theodor W. Adorno,[12] wenn auch ungewollt, dass die Kulturtechnik des Türenschließens (über das Öffnen von Türen hat Adorno nichts zu sagen) eine Technik ist, die von der Handlungsmacht von Subjekt wie Objekt bestimmt ist. Auto- und Kühlschranktüren muss man zuwerfen, notierte Adorno, andere Türen schnappen von selbst ein. In Adornos Verständnis ist die Tatsache, dass Türen eine eigene Handlungsmacht besitzen, indes ein Symptom kulturellen Niedergangs – je mehr Handlungsmacht symmetrisch zwischen Menschen und Nichtmenschen verteilt ist, umso schlimmer für die Kultur.

Kulturtechniken wie die Tür, die die Operationen des Öffnens und Schließens prozessieren, sind nur selten unabhängig von anderen Kulturtechniken, die mit ihnen verbunden sind und mit denen sie eine Operationskette bilden. So ist Beobachtung gewöhnlich eine Operation, die in der Verkettung verschiedener Medien stattfindet. Wenn Tatis *Playtime* Türen in zahlreichen Variationen beobachtet, dann ist der Film als Medium der Beobachtung Teil des Systems Architektur. Außerhalb eines solchen Verständnisses von Kulturtechniken als intra-aktive Artikulation von Unterscheidungen (inklusive der Unterscheidung zwischen Subjekt und Objekt) wird die Annahme, dass Medien andere Medien beobachten können, zurückgewiesen, da man glaubt, dass Beobachtung eine Praxis ist, die nur menschlichen Agenten zugeschrieben werden kann. Für die Analyse von Kulturtechniken ist es dagegen substanziell, zu beobachten, wie Medien andere Medien beobachten.

Innen/Außen (archaischer Modus: *The Searchers*)

Die Filmgeschichte ist überaus reich an Beispielen, die zeigen, dass Türen und die Operationen des Öffnens und Schließens alles andere als zufällige Inhalte von Filmen sind. D. W. Griffiths *Lonedale Operator* aus dem Jahre 1911 wird in durchgehenden Einstellungen erzählt, das heißt, geschnitten wird nur, wenn der Schauplatz wechselt. Zwei Einstellungen werden durch eine Tür verbunden; der Bildausschnitt ist stets so gewählt, dass die linke oder rechte Bildbegrenzung mit der Tür zusammenfällt (Abb. 1). Den Raum verlassen heißt in diesem Film also immer auch die Einstellung verlassen bzw. das Bild verlassen: „Die Tür verbindet zwei Einstellungen – oder trennt sie."[13] Auch spätere Filme wie *Journal d'un Curé de Campagne* (1951) und *Pickpocket* (1959) von Robert Bresson folgen weitgehend diesem Prinzip, das die einseitige Behauptung des norwegischen Architekten Thiis-Evensens widerlegt, eine Tür würde dem Außen angehören und nur die Operation des Eintretens realisieren.[14] John Fords *The Searchers* (1956) beginnt mit einer schwarzen Leinwand, die sich in dem Moment in die Dunkelheit im Inneren eines Hauses verwandelt, wenn sie durch das Öffnen einer Tür unterbrochen wird. Die Tür öffnet sich auf die typische Landschaft des Western-Genres (Monument Valley) und schaltet zugleich von der schwarzen Leinwand zur Dunkelheit des Inneren, vom Kino zum Film, vom Medium zum Inhalt (Abb. 2a). Diese Öffnungs- und Schalt-Operation wird gefolgt von einer Kamerafahrt, welche der Gestalt einer Frau folgt, die über die Türschwelle auf eine Veranda tritt, um einen Mann auf einem Pferd zu beobachten, der aus der Tiefe des Filmbildes kommt.

Abb. 1: Filmstills aus *The Lonedale Operator*, USA 1911, Regie D. W. Griffith

Die Wände und Türen des Hauses der weißen Siedler in Fords *The Searchers* sind tief im römischen juridischen Code der kolonialen Siedlungsgründung verankert, demzufolge Häuser grundsätzlich Festungen sind. Die Haustür wurde im antiken Rom als ein Medium vorgestellt, das zwei Welten trennt und verbindet – „die Außenwelt voll unzähliger feindlicher Mächte und Einflüsse und der Bereich innerhalb der häuslichen Grenzen mit seinen freundlichen Mächten und Einflüssen".[15] Nach Arnold van Gennep bedeutet „die Schwelle überqueren" somit, „sich an eine neue Welt anzugliedern, und es ist daher ein wichtiger Akt und Bestandteil bei Hochzeits-, Adoptions-, Ordinations- und Bestattungszeremonien".[16] Aber das Überschreiten der Schwelle ist auch ein gefährlicher Akt, denn die Tür verbindet Räume, die von verschiedenen Gesetzen regiert werden. Dass die Türschwelle – wie die Grenze zwischen Land und Meer oder das *pomerium* – ursprünglich sakralen Charakter besitzt, wundert daher kaum. Auf der Schwelle ist es nicht geheuer.[17] Der Ethnologe Marcel Griaule hat die Tür daher als ein „furchtbares Instrument" bezeichnet, „das man nur mit reinem Gewissen und den Riten entsprechend handhaben darf und das man mit allen magischen Garantien umgeben muß".[18]

Das Gesicht der Frau vor der Tür zeigt keine Freude, keine Freude das Gesicht ihres Ehemanns. Wer immer sich der Tür eines Hauses von außen nähert, ist ein Fremder. Und selbst wenn sich herausstellt, dass es Onkel Ethan ist, der

Abb. 2a und 2b: Filmstills aus *The Searchers*, USA 1956, Regie: John Ford

nach vielen Jahren der Abwesenheit nach Hause kommt, weiß man nicht, welches Unglück er dem Inneren des Hauses bringen wird, weshalb das Wiedersehensritual in *The Searchers* zurückhaltend und wenig begeistert ausfällt. Ethan (John Wayne) ist präzise das, was die Bedeutung des indogermanischen Wortes „ghostis" umfasst: ein Feind (hostis) und ein Gast. Beide Bedeutungen sind noch immer im englischen Wort „ghost" (Gespenst) präsent, das eng verwandt ist mit sowohl „guest" als auch „host".[19] Tatsächlich stellt sich auch heraus, dass Ethan ein Gesetzloser ist, ein *outlaw*, da er noch immer dem Eid die Treue hält, den er den Konföderierten Staaten von Amerika geschworen hat. Ganz zu schweigen von dem Umstand, dass niemand weiß, wo und wie er die drei Jahre seit der Kapitulation der Südstaaten verbracht hat.

Dieselbe visuelle Konstellation kehrt wieder, wenn Martin Pawley, der als „Halbblut" firmiert, ankommt. Auch er erscheint im Rechteck der Haustür, während wir, die Zuschauer, im Dunkel des Kinos/Hauses sitzen. Die Tür trennt und verbindet verschiedene Räume und verschiedene „Rassen", und das sogenannte „Halbblut" ist so ambivalent wie die Türschwelle: Er gehört weder dem Innen noch dem Außen an, weder dem „weißen" noch dem „roten" Volk. Das Ende des Films funktioniert schließlich symmetrisch zum Anfang. Nachdem das verlorene und wiedergefundene Kind Debbie – jetzt eine halb weiße, halb Komantsche-Frau – über die Schwelle des Jorgensen-Hauses getragen wurde, wiederholt sich die Eingangssequenz in umgekehrter

Richtung: Wir sehen Ethan draußen bleiben, sich umdrehen und davongehen; dann schließt sich die Tür, und die schwarze Leinwand vom Anfang ist wiederhergestellt (Abb. 2b).

Innen/Außen (moderner Modus: *Grand Hotel*)

Türen sind Operatoren symbolischer, epistemischer und sozialer Prozesse, die durch die Herstellung einer Differenz zwischen innen und außen Rechtssphären, Geheimnissphären und Privatsphären generieren, wodurch sie den Raum so artikulieren, dass er zum Träger kultureller Codes wird. Eine Tür zu durchschreiten heißt, sich dem Gesetz einer symbolischen Ordnung zu unterwerfen, das sich mittels der Unterscheidung von innen und außen errichtet hat, sei es das Gesetz der Polis oder das paternale Gesetz der häuslichen Gemeinschaft. Eine Tür, sagte Jacques Lacan, ist nicht etwas völlig Reales, im Gegenteil: „Die Tür gehört ihrer Natur nach zur symbolischen Ordnung […]. Die Tür ist ein wahres Symbol, das Symbol par excellence, dasjenige, an dem sich immer der Durchgang des Menschen irgendwohin zu erkennen geben wird, durch das Kreuz, das sie andeutet, indem sie den Zugang und die Abgeschlossenheit durchkreuzt."[20]

Was bedeutet es dann, wenn „Türen", wie Robert Musil 1926 schrieb, „der Vergangenheit angehören"?[21] Dass Türen der Vergangenheit angehören, ist aus dem Blickwinkel der Kulturtechnikanalyse eine grundlegende Einsicht der Mediengeschichte. Wenn man die Tür aus den Angeln hebt, hebt man auch die Beziehung, die der Mensch zur symbolischen Ordnung – das heißt zum Signifikanten – unterhält, aus den Angeln. Und wenn man die Verbindung des Menschen zum Signifikanten modifiziert, so sagte Lacan, „modifiziert man die Vertäuung seines Seins".[22]

Mit meinem dritten Filmbeispiel werde ich darauf zurückkommen. Was Musil meinte, als er schrieb, dass Türen der Vergangenheit angehören, war der Verlust der informatischen Funktion, die Türen in der Vergangenheit hatten. Das drehbare Türbrett, das an einem Holzrahmen befestigt ist, der in die Mauer eingelassen ist, „hat […] das meiste von seiner Bedeutung eingebüßt.

Noch bis zur Mitte des vorigen Jahrhunderts konnte man an ihm horchen, und welche Geheimnisse erfuhr man bisweilen!"[23] Musil stand eine epistemische Ordnung vor Augen, die der voyeuristischen Logik entsprach, die man auf niederländischen Interieurbildern des 17. Jahrhunderts dargestellt finden kann. Die Tür war nach Musil der Ort eines Dramas – sie ermöglichte es Lauschern, Dramen der Enterbung zu entdecken, geheime Hochzeiten und hinterhältige Pläne, den Helden zu ermorden. Solange Türen ihre Rolle als Operatoren der Differenz zwischen innen und außen spielten, die mit der Differenz zwischen öffentlich und privat gleichbedeutend war, schufen sie eine Asymmetrie im Wissen. Türen produzieren ein Informationsgefälle. Sie spielen daher eine unverzichtbare Rolle in der Produktion thermodynamischen bzw. informationstheoretischen Wissens. Nicht zufällig ist Maxwells Dämon ein Türschließer.[24] Solange Türen ihre informatische Funktion erfüllen, halten sie ein Energie- bzw. Wissensungleichgewicht aufrecht, das der Entropie im Gesamtsystem entgegenwirkt.

Edmund Gouldings *Grand Hotel* (1932), das im Berlin der 1920er-Jahre spielt, führt demgegenüber eine epistemische Ordnung der Tür vor, die den Wechsel von der nomologischen zur biopolitischen Funktion der Tür dokumentiert. Die archaische Tür in *The Searchers*, die die Unterscheidung zwischen Zivilisation und Wildnis prozessierte, der „weißen" und der „roten Rasse", dem Gesetz der Siedler und dem Gesetz der Krieger, wird ersetzt durch die moderne Drehtür.

Der Plot von *Grand Hotel* ist aus den biografischen Fragmenten einer kleinen Gruppe von Protagonistinnen und Protagonisten gewebt: die berühmte Tänzerin Grusinskaya, deren Karriere sich auf dem absteigenden Ast befindet (Greta Garbo), die Schreibmaschinistin Flämmchen (Joan Crawford), der mittellose Baron von Gaigern (John Barrymore), der bankrotte Industriemagnat Preysing (Wallace Beery), der tödlich kranke Buchhalter Kringelein (Lionel Barrymore) und der ominöse Dr. Otternschlag (Lewis Stone), der als stoischer Kommentator in der Hotellobby zu wohnen scheint, ohne jemals in die Geschichte einer der Personen einbezogen zu werden, die herein und heraus gespült werden. *Grand Hotel* reflektiert darüber, was mit dem Erzählen selbst geschieht – dem Plot einer Geschichte –, wenn das Leben der

Leute nicht länger dem Gesetz des Wohnens untersteht, sondern den Gesetzen eines Lebens im Transit. Der Ort dieser Art des Lebens ist das Hotel, welches simultan eine offene Menge von Schicksalen beherbergt, die nur zufällig miteinander in Verbindung treten. Daher wird die Linearität der einen Geschichte ersetzt durch die Vielfältigkeit paralleler Geschichten, die sich jeweils nur für Momente überschneiden. Wie Dr. Otternschlag es ausdrückt: „Hundert Türen, die alle in dieselbe Halle führen, und niemand weiß etwas über die Person nebenan." Preysing, der fast bankrotte Besitzer einer Textilfabrik, versucht, Flämmchen zu verführen, die Schreibmaschinistin, die ihrerseits in den gut aussehenden Baron von Gaigern verliebt ist. Dieser ist seinerseits der verzweifelten Diva Grusinskaya verfallen, die ihn in ihrem Hotelzimmer vorfindet, denn der Baron verdient seinen Lebensunterhalt als Dieb. Und so geht es weiter: Der Baron ist zu gutmütig, das Geld zu stehlen, das der kranke Buchhalter Kringelein dank ihm am Spieltisch gewonnen hat, weshalb der Baron am Ende vom brutalen Direktor Preysing umgebracht wird.

In John Fords *The Searchers* sind die Menschen dazu bestimmt, sich dem Gesetz eines unerbittlichen paternalen Codes zu unterwerfen, der sie als Familienmitglieder, als Nachbarn oder als Verlobte handeln lässt. Die symbolische Ordnung von innen und außen bestimmt unveränderbar das schicksalhafte Verhalten derjenigen, die zum Inneren des Hauses gehören, derjenigen, die zum Außen (wie der Komantsche-Krieger „The Scar"), sowie derjenigen, die als Trickster zur Schwelle gehören. Sie alle handeln wie unter dem Bann eines Gesetzes, das vollständig ihre Entscheidungen bestimmt. In *Grand Hotel* sind die Leute dagegen dem Gesetz von Zufallsbegegnungen unterworfen, durch das sie herumgewirbelt werden wie Moleküle in einem Behälter. Die Eingangssequenz des Films zeigt jeden und jede von ihnen einzeln in der Telefonzelle des Hotels, um auf diese Weise ihre Isoliertheit vorzuführen. Die Telefonzelle und die hoteleigene Telefonzentrale stellen die einzigen Möglichkeiten dar, durch die die Menschen im Film mit dem Außen kommunizieren können. Wenn die Ordnung der Dinge, die das Leben der Menschen dem Gesetz des Signifikanten unterwarf, durch die Tür bestimmt wurde, die innen und außen unterschied, dann wird die Ordnung der Dinge

Abb. 3: Filmstill aus *Grand Hotel*, USA 1932, Regie: Edmund Goulding

in *Grand Hotel* durch die Drehtür bestimmt. Immer wieder sehen wir Menschen, die durch die gläserne Drehtür des Hoteleingangs hinein- und hinausbewegt werden (Abb. 3).

„Die einzige originelle Tür, die unsere Zeit hervorgebracht hat", schrieb Musil, „ist die gläserne Drehtür des Hotels und des Warenhauses."[25] Die Drehtür ließ sich 1888 der Amerikaner Theophilus Van Kannel patentieren, der sie in der Schutzurkunde als „New Revolving Storm Door" bezeichnete. Mit der Drehtür, die aus drei oder vier Glasflügeln innerhalb eines kreisrunden Windfanggehäuses besteht, wird die Tür zu einem Raum, ja zu einem Innenraum, in den man ein- und wieder austreten kann.[26] Die nomologische Tür setzte eine symbolische Ordnung in Kraft, der man sich beim Überschreiten der Schwelle unterwirft; die moderne Drehtür dagegen ist eine ökologische Technologie zur Steuerung von Menschenströmen. Sie unterwirft diese einer gleichförmigen Portionierung und Geschwindigkeit und trennt zugleich den eintretenden Menschen von dem Milieu der Außenwelt. „Herkömmlicherweise", propagierte Van Kannel seine Erfindung, „bringt jede Person, die eintritt, zuerst einen kühlen Windstoß herein, mit all dem Schnee, Regen oder Staub, dazu den Lärm der Straße; darauf folgt dann der unwillkommene Knall."[27] In der Drehtür manifestiert sich eine Neuinterpretation

Abb. 4: „Always Closed",
Zeichnung aus Robert L.
Blanchard, *Around the
World with Van Kannel*,
1929

von Architektur als thermodynamische und hygienische Maschine sowie der Wechsel von der nomologischen Funktion der Tür zur Kontrollfunktion.[28] Sie konstituiert ein grundlegendes Paradox: Man geht nämlich durch eine Tür, die ständig geschlossen ist. „Always Closed" lautete der erste Werbeslogan Van Kannels (Abb. 4).

Sichtbarstes Zeichen dieses Abschieds der Tür vom Menschen ist das Verschwinden der Türklinke. Vermutlich kann man die Epoche der bürgerlichen Architektur auch als die Epoche der Türklinke definieren. Durch die Türklinke wird die Tür ein Werkzeug, das von einer menschlichen Hand bedient werden will. Doch wie es scheint, ging die Idee, dass die Tür ein anthropomorphes Ding ist, im zwanzigsten Jahrhundert verloren. „Was bedeutet es fürs Subjekt", fragte Adorno, dass es keine „sachten Türklinken [mehr gibt,] sondern drehbare Knöpfe?"[29] Was bedeutet es dann erst, dass Schiebetüren und Drehtüren nicht einmal mehr Drehknäufe haben, sondern gar keine Handhabe? Schon mit dem automatischen Türschließer, an dem Bruno Latour die Vermischung von menschlichen und nichtmenschlichen Agenten aufgezeigt hat,[30] geht die exklusive Zuschreibung von Handlungsmacht an den menschlichen Agenten verloren. Kein Wunder, dass Adorno Türen, die „die Tendenz haben, von selber einzuschnappen", ein Graus waren. Die Drehtür

61

und die automatische Schiebetür sind keine Werkzeuge mehr. Mit ihnen wird die Tür zur Maschine.

Die Drehtür ist das einzige Objekt in Gouldings Film, das man von außen sieht, das heißt aus der Perspektive einer auf der Straße platzierten Kamera. Warum ist das so? Weil die Drehtür die Unterscheidung zwischen innerdiegetischem Außen und Innen in Kategorien eines Außen und Innen der filmischen Diegese selbst verhandelt. Alles, was überhaupt existiert, wird durch die Drehtür ins Sein geholt. Die Tür ist Medium einer operativen Ontologie. Deshalb findet alles, was überhaupt stattfindet, in der Lobby und den Zimmern und Korridoren des Hotels statt. Diese Korridore, die die Hotelzimmer über viele Stockwerke hinweg verbinden, bilden eine gigantische Spirale – die gesamte Innenarchitektur des Hotels nimmt selbst formal die Gestalt und die Bewegung einer Drehtür an (Abb. 5a). Das Prinzip der Drehtür hat sich der Struktur des Gebäudes auferlegt und prägt sich dadurch dem Leben derjenigen ein, die hier absteigen und arbeiten.

In ganz ähnlicher Weise wie die Eröffnungs- und die Schlusssequenz von *The Searchers* einander durch das Öffnen und das Schließen einer Tür spiegeln, reflektiert auch das Ende von *Grand Hotel* den Anfang. „Grand Hotel", sagt Dr. Otternschlag zu Beginn des Films, womit er nicht nur den Filmtitel,

sondern auch das Motto des Films verkündet: „Grand Hotel. People coming, going. Nothing ever happens." Am Ende sehen und hören wir ihn denselben Satz sagen, nun aber gefolgt vom Bewegtbild der Drehtür (Abb. 5b).

Dr. Otternschlag ist ein Maxwell'scher Dämon außer Dienst. Als pensionierter Dämon hat er es aufgegeben, ein energetisches oder informatisches Ungleichgewicht herstellen zu wollen. Stattdessen steht er neben dem, was vormals seine Tür war, nun aber eine Drehtür ist, und kommentiert die perfekte Entropie, die sich eingestellt hat, nachdem er in den Ruhestand gegangen ist: „Nothing ever happens." Eine Drehtür, die einen das Hotel verlassenden Gast sofort durch einen ankommenden Gast ersetzt, ist unfähig, ein Ereignis zu produzieren, das nicht sofort durch ein anderes Ereignis ausbalanciert wird, weshalb die Gesamtsumme aller mitgeteilten Information immer null bleibt.

Musil hatte unrecht: Die gläserne Drehtür ist nicht die einzige originelle Tür, die die Moderne hervorgebracht hat. 1929 stellte Le Corbusier die Maison Loucheur vor, ein Typenentwurf, in dem Schiebetüren den Wohnraum nachts in mehrere Schlafkammern verwandeln sollten. Die Schiebetür war sozusagen „der Hebel, mit dem die *machine à habiter* in Gang gesetzt wurde".[31] Sie verwandelt das traditionelle Haus endgültig in etwas Gewesenes. Nicht zufällig hat die platzsparende Schiebetür, die in der westlichen

Architektur bis ins 19. Jahrhundert allein an Scheunen und Lagerhallen eingesetzt wurde, zunächst in Dampferkajüten und Zugabteilen Verwendung gefunden. Schiebetüren sind die Signatur eines Zeitalters, in dem das Bauen in den Transit bestellt ist und nicht ins Wohnen. Aus dem Jahre 1896 stammt einer der ersten dokumentierten Versuche, eine Schiebetür vollständig zu automatisieren. Spätestens ab 1914 wurden Schiebetüren mit einer Hydraulik oder einem Motor ausgestattet, doch mussten auch diese Schiebetüren immer noch von einer Person bedient werden, die für das gefahrlose Öffnen und Schließen der Tür per Knopfdruck verantwortlich war. In den 1930er-Jahren wurde dann mit der Implementierung von Sensoren wie dem lichtempfindlichen „elektrischen Auge" oder dem drucksensiblen *magic carpet* die vollständige Automatisierung der Tür erreicht. Damit war „die Verantwortung für das Öffnen und Schließen einer Tür" vollständig „vom Menschen auf die Maschine übertragen" worden.[32] Voilà: der Abschied der Öffnungs- und Schließungsoperationen vom Menschen. Die ersten automatischen Schwingtüren erschienen in den 1930er-Jahren in New Yorker Restaurants, wo sie sich vor den mit Tabletts beladenen Kellnern öffneten.[33] Nur noch aus Gnade oder Herablassung öffnen sich automatische Schwing- oder Schiebetüren vor dem herannahenden humanen „Akteur", den sie mittels ihrer Sensoren zu einem bloßen Agenten ihres Sich-Öffnens degradiert haben. Ihre wahren Befehle erhalten sie nicht mehr von dem, der durch sie passieren will, sondern von einer unsichtbaren Macht, die über ihre Öffnung oder Schließung herrscht.

Innen/Außen (post-portaler Modus: *Videodrome*)

Dass Türen der Vergangenheit angehören, ist ein Dogma, von dem postmoderne Architektinnen und Architekten geradezu besessen sind. Aus diesem Grund sollte man wohl von einer post-portalen oder post-parietalen Architektur sprechen. Die Utopie der postmodernen wie bereits der modernen Architektur ist eine Architektur, die die Wand von ihren kulturtechnischen Funktionen und anthropologischen Bezügen befreit hat. Nicht erst eine Installation wie das „Blur Building" (2002) von Diller und Scofidio über dem Lac de Neuchâtel führte den Traum der Architekten vor Augen, sich von der Wand zu befreien. Schon Ludwig Mies van der Rohes in diesem Zusammenhang oft zitierter Barcelona-Pavillon stellte durch die Freistellung der Wände die Wand zur Disposition. Von hier bis zur Gegenwart ließen sich zahlreiche Belege zugunsten der These anführen, dass die Architektur des 20. und 21. Jahrhunderts von der Idee durchdrungen ist, die Wand in unterschiedlichsten Weisen zu de- oder umzufunktionalisieren, zu dekonstruieren oder ganz abzuschaffen. Genau jener Funktionswandel der Wand, den Musil 1926 protokollierte, wurde 1998 in Gisue Hariris und Mojgan Hariris „Digital House" konzeptionell umgesetzt. Die Wand hier ist nicht länger ein Semper'scher Raumabschluss, sondern ein medialer Informationskanal. Sowohl die Innen- als auch die Außenwände sind in Hariri & Hariris Entwurf als *smart skins* angelegt, die den Unterschied zwischen Wand und Computerinterface aufheben und eine Version dessen realisieren, was Terence Riley das „un-private house" genannt hat.[34] Die Wand prozessiert nicht mehr die Unterscheidung zwischen innen und außen oder privat und öffentlich, sondern ist eine „häusliche Abgeschlossenheit", die „Information sowohl empfängt wie weitergibt".[35]

„Eintreten" bedeutet dann nicht mehr, wie Thiis-Evensen noch zu wissen glaubte, „dass man sich körperlich wie geistig der Architektur mit allen ihren fundamentalen Bedeutungen unterwirft".[36] Kulturell relevantes Eintreten geschieht immer weniger durch das körperliche Überschreiten von Schwellen und immer mehr durch Passworteingabe oder *photoTAN*. Statt *smart skins* sind es allerdings *smart phones,* die heute Zugang zum Bankschließfach ebenso verschaffen wie zum Streaming-Portal, zur Bibliothek oder zum Bus. Und Kopfhörer und Google-Brille schaffen eine neue nomadische häusliche Situation,[37] in der die *smart skin* nur noch aus einer Hülle aus Daten besteht.

Nicht zufällig ist das Möbiusband zur Ikone der post-portalen Architektur geworden. Wenn die Leitdifferenz der Architektur die Differenz von innen und außen ist und wenn Wände diese Leitdifferenz errichten und Türen und Fenster sie operationalisieren, beobachtbar machen und auch reflektieren können, dann ist die topologische Form des Möbiusbandes, das die Unterscheidung zwischen innen und außen durch die Nichtentscheidbarkeit von Innen- und Außenseite einer Wand ersetzt, ein geradezu logischer Schritt für eine Architektur, deren Utopie sich durch die Durchkreuzung der Unterscheidung von innen und außen und den sich daran anknüpfenden kulturellen Codes realisiert. Ben van Berkel und Caroline Bos haben diesen Schritt mit ihrem Möbius-Haus in Het Gooi in den Niederlanden getan. Die Annäherung der Architektur an die Topologie ficht laut Riley, der die kulturtechnische Dimension der Architektur verstanden hat, die Gegensatzpaare an, „die sich während des 19. Jahrhunderts rund um das Konzept des privaten Hauses angelagert hatten – öffentlich/privat, männlich/weiblich, Natur/Kultur usf. –", da die Topologie „ihrem Wesen nach dazu neigt, räumliche Verbindungen anstatt räumliche Unterscheidungen herzustellen".[38]

Die Unterscheidung von innen und außen ist eine Unterscheidung, die, wie die Psychoanalyse von Freud bis Lacan lehrt, am Grunde der Konstitution von Realität liegt. Das Existenzurteil, mit dem die Prüfung von Realität operiert, die eine Feststellung vom Typ „Dieses Objekt ist wirklich, dieses Objekt gibt es" generiert, funktioniert in Relation zu dem komplementären negativen Urteil: „Dies ist nicht mein Traum oder meine Halluzination."[39] Wird die symbolische Ordnung (das Gesetz) indes verworfen, wie das in der Psychose der Fall ist, nimmt die Realität halluzinatorische Züge an. Das Imaginäre taucht im Realen auf oder vermischt sich mit dem Realen.

In David Cronenbergs Film *Videodrome* (1983) führt die paradoxe Suche nach etwas im Fernsehen, das nicht Fernsehen ist (Hardcore-Bilder, von denen es heißt, sie seien „real"), zu einer schwer fassbaren Vaterfigur, deren Name allein – Brian O'Blivion – bereits anzeigt, wie sehr das Gesetz des Vaters, das den Zugang zum verbotenen Objekt des Begehrens untersagt, bereits aus der symbolischen Ordnung getilgt worden ist. O'Blivion, der nur als Videobild existiert und eine klare Reminiszenz Marshall McLuhans ist, erläutert:

Der Bildschirm [...] ist Teil der physischen Struktur des Gehirns. Deswegen wird alles, was auf dem Bildschirm erscheint, für die Zuschauer zur unmittelbaren Erfahrung. Deswegen ist Fernsehen Realität, und die

Realität ist nichts ohne das Fernsehen. [...] Ihre Realität ist bereits eine halbe Video-Halluzination.

Die Hauptfigur des Films, Max Renn (James Woods), beginnt infolge der Bestrahlung mit gewalttätigen Bildern zu halluzinieren. Diese Halluzinationen werden jedoch nicht, wie im Spielfilm üblich, als optisch verfremdete und dadurch identifizierbare oder als sonst wie gerahmte Sequenzen in die Bildfolge eingegliedert. Im Gegenteil: Wie für Max Renn wird auch für die Zuschauerinnen und Zuschauer das Unterscheidungskriterium zwischen Halluzination und Realität, innen und außen, zum unlösbaren Problem. Nachdem Max in einen Videorekorder verwandelt worden ist, durchdringen Innen und Außen einander wechselseitig wie bei einem Möbiusband. Max ist ein Videorekorder geworden, der nicht nur die Bilder selbst produziert, die er abspielt, er schaut sie überdies. Das Resultat ist, dass das Publikum, das *Videodrome* sieht, sieht, was Max sieht; es betritt die Szene des Unbewussten. Die Struktur des Films ist die „Erste Person Singular",[40] das heißt, dass wir strikt das wahrnehmen, was Max Renn wahrnimmt. Dies bedeutet weiterhin, dass das Ich, das in der „normalen" Wirklichkeit ein *Shifter* ist, seine Fähigkeit verloren hat zu *shiften*. Pronomina wie „ich" und „du" bezeichnen ja keine bestimmte Person (wie der Eigenname), sondern sind sprachliche Elemente, die nur für den Moment der Rede den Sprecher/die Sprecherin (bzw. den/die Angesprochene/n) bezeichnen und nach Abschluss der Äußerung ins Reich der Signifikanten zurück entlassen werden, wo sie zum nächsten Sprecher/Angesprochenen *shiften*. Wenn die erste Person Singular aufhört, ein Shifter zu sein, dann installiert sich im Subjekt die Vorstellung „Nur ich bin ein Ich", wie es Roman Jakobson einmal hinsichtlich eines Beispiels eines psychotischen Zusammenbruchs der Shifter-Funktion ausgedrückt hat.[41] Jacques Lacan hat dem Ausfall der Shifter-Funktion eine zentrale Rolle bei der Erklärung von Halluzinationen zugewiesen. Die Erzählung aus der Perspektive der ersten Person Singular entspricht einem Ich, das sich nicht mehr in ein Du verwandeln kann. Daher erscheint alles, was wahrgenommen wird, strikt als Wirklichkeit. Am Ende sagt die Tochter der sich verflüchtigt habenden Vaterfigur, Bianca O'Blivion, zu Max: „Sie sind das

Abb. 6: Filmstill aus
Videodrome, Canada 1983,
Regie: David Cronenberg

fleischgewordene Videowort." Max hat nun das gesamte Möbiusband, dessen
zwei Seiten – Wirklichkeit und Halluzination – unmerklich ineinander übergehen, einmal durchlaufen.

Nicht zufällig gibt es am Ende von *Videodrome* eine kurze Sequenz, in der
Türen, die aus ihren Angeln gehoben sind, von Arbeitern über die Straße
getragen werden (Abb. 6). Die Einstellung illustriert das charakteristische
Merkmal des Zeitalters elektronischer Medien: Signifikanten werden von Türen prozessiert, deren nomologische Funktion vollständig aus den Angeln
gehoben ist. „Unhinged" heißt im Englischen nicht nur „aus den Angeln", sondern auch „verrückt". Die Möbiusschleifen-Struktur des Films macht es unmöglich zu entscheiden, ob wir im Außen der Wirklichkeit oder im Innen
der Halluzination sind. In einem Raum, in dem Innen und Außen derart ge-
faltet und verschaltet sind, sind Türen als Kulturtechniken aus ihren Veran-
kerungen gerissen. Sie gehören tatsächlich der Vergangenheit an. Wenn die
Unterscheidung zwischen innen und außen ihre Form verloren hat, wird das
Symbolische durch einen Kurzschluss zwischen dem Imaginären und dem
Realen ersetzt. Lacan hat gelehrt, worauf das hinausläuft: Man weiß nicht
mehr, ob sich eine Tür zum Imaginären oder zum Realen öffnet. Heute, im
Zeitalter „alternativer Fakten", in dem zunehmend mehr Menschen in tür-
losen Filterblasen leben, gilt dies mehr als je zuvor. Wenn ein infantiler Nar-
zissmus, der das, was ist, verwirft zugunsten dessen, was er sich wünscht,
dass es sei, zum Gesetz wird, dem das Handeln ganzer Regierungen unterworfen wird, dann hat das, was Max Renn in *Videodrome* widerfahren ist,

inzwischen große Teile von Bevölkerungen erfasst. „Nur Du bist Du" behauptete 2008 die Werbung eines amerikanischen Brauseherstellers. Wenn Innen und Außen nicht mehr durch Türen, sondern von Möbiusschleifen prozessiert werden, nimmt die Wirklichkeit die Form der Psychose an.

Anmerkungen

1 Vgl. Thomas Thiis-Evensen: *Archetypes in Architecture*. Oslo/Oxford 1987, S. 17, 19 f.

2 Vgl. Dirk Baecker: „Die Dekonstruktion der Schachtel. Innen und Außen in der Architektur", in: Niklas Luhmann, Frederick D. Bunsen und Dirk Baecker, *Unbeobachtbare Welt. Über Kunst und Architektur*. Bielefeld 1990, S. 67–104, hier S. 83.

3 André Leroi-Gourhan: *Hand und Wort. Die Evolution von Technik, Sprache und Kunst*, übers. v. Michael Bischoff, 3. Aufl. Frankfurt a. M. 1984, S. 296.

4 Die Theorie der Kulturtechniken vermeidet den Begriff „Werkzeug", da er das technische Objekt vom Menschen her und durch eine intentional begründete Zweck-Mittel-Rationalität definiert. Objekte, die in Operationsketten eingebettet sind, besitzen dagegen rekursive Agency.

5 Vgl. Karen Barad: *Agentieller Realismus*, übers. v. Jürgen Schröder. Berlin 2012, S. 21.

6 Vgl. Bernhard Siegert: „Öffnen, Schließen, Zerstreuen, Verdichten. Die operativen Ontologien der Kulturtechnik", in: *Zeitschrift für Medien- und Kulturforschung* 8, 2/2017, S. 95–113, hier S. 99.

7 Vgl. Bernhard Siegert: *Cultural Techniques: Grids, Filters, Doors, and Other Articulations of the Real*, übers. v. Geoffrey Winthrop-Young. New York 2015, S. 14. Die weltstiftende Kraft dieser Unterscheidungen sind der Grund dafür, dass die kontingente Kultur, in der man lebt, als Wirklichkeit erlebt wird und oft genug als „natürliche" Ordnung der Dinge. Kulturtechniken dienen daher in jeder Gesellschaft zur symbolischen Unterscheidung und können bei interkulturellen Begegnungen zu Missverständnissen und Fremderfahrungen führen – vgl. Erhard Schüttpelz: „Körpertechniken", in: *Zeitschrift für Medien- und Kulturforschung* 1, 1/2010, S. 101–120, hier S. 113.

8 Vgl. Michel Serres: *Der Parasit*, übers. v. Michael Bischoff. Frankfurt a. M. 1981, S. 97.

9 Vgl. Lorenz Engell und Bernhard Siegert (Hg.): *Zeitschrift für Medien- und Kulturforschung* 8, 2/2017: „Operative Ontologien".

10 Geoffrey Winthrop-Young: „The *Kultur* of Cultural Techniques. Conceptual Inertia and the Parasitic Materialities of Ontologization", in: *Cultural Politics* 10, 3/2014, S. 376–388, hier S. 387 (Herv. d. Verf.).

11 Cornelia Vismann: „Kulturtechniken und Souveränität", in: *Zeitschrift für Medien- und Kulturforschung* 1, 1/2010, S. 171–181, hier S. 171.

12 Theodor W. Adorno: *Minima Moralia. Reflexionen aus dem beschädigten Leben* (= Gesammelte Schriften, hg. v. Rolf Tiedemann, Bd. 4). Frankfurt a. M. 2003, S. 44.

13 Harun Farocki: *Zur Bauweise des Films bei Griffith*. Video-Installation angefertigt für die Ausstellung *Kino wie noch nie*, Generali Foundation. Wien 2006.

14 Vgl. Thiis-Evensen 1987 (s. Anm. 1), S. 251, 283.

15 John Arnott MacCulloch: „Door", in: *Encyclopædia of Religion and Ethics*, hg. v. James Hastings, Bd. 4. New York 1912, S. 846–852, hier S. 846.

16 Arnold van Gennep: *Übergangsriten*, übers. v. Klaus Schomburg und Sylvia M. Schomburg-Scherff. Frankfurt a. M./New York/Paris 1999, S. 29.

17 Aus diesem Grund ist das Übertreten der Türschwelle in allen Kulturen von zahllosen Ritualen bzw. Vorsichtsmaßnahmen umgeben: das Hufeisen, das Bild des heiligen Sebastian, die Seele eines Tieres, das auf der Schwelle geopfert wurde, ein besonderes Dach, Weihkessel, die Mesusa, die Fußmatte. Vgl. dazu auch Thiis-Evensen 1987 (s. Anm. 1), S. 283.

18 Marcel Griaule: „Seuil", in: *Documents. Archéologie, Beaux-Arts, Ethnographie, Variétés* 2, 2/1930, S. 103.

19 Émile Benveniste: *Indoeuropäische Institutionen. Wortschatz, Geschichte, Funktionen*, übers. v. Wolfram Beyer, Dieter Hornig und Katharina Menke. Frankfurt a. M./New York/Paris 1993, S. 71, 75–77; David W. Anthony: *The Horse, the Wheel, and Language. How Bronze-Age Riders from the Eurasian Steppes Shaped the Modern World*, Princeton/Oxford 2007, S. 303.

20 Jacques Lacan: *Das Seminar, Buch II: Das Ich in der Theorie Freuds und in der Technik der Psychoanalyse*, übers. v. Hans-Joachim Metzger. Olten/Freiburg i. Brsg. 1980, S. 382; vgl. auch Friedrich Kittler: „Die Welt des Symbolischen – eine Welt der Maschine", in: ders., *Draculas Vermächtnis. Technische Schriften*. Leipzig 1993, S. 58–80.

21 Robert Musil: „Türen und Tore", in: ders., *Gesammelte Werke*. Bd. II: *Prosa und Stücke, Kleine Prosa, Aphorismen, Autobiographisches, Essays und Reden, Kritik*, hg. v. Adolf Frisé. Hamburg 1978, S. 504–506, hier S. 504.

22 Jacques Lacan: „Das Drängen des Buchstabens im Unbewußten oder die Vernunft seit Freud", in: ders., *Schriften II*, hg. v. Norbert Haas. Olten/Freiburg i. Brsg. 1975, S. 15–59, hier S. 53.

23 Musil 1978 (s. Anm. 21), S. 504.

24 Vgl. James Clerk Maxwell: „Letter to Peter Guthrie Tait" (11. Dezember 1867), in: *The Scientific Letters and Papers of James Clerk Maxwell*, Bd. II, hg. v. Peter Michael Harman. Cambridge 1995, S. 331 f.

25 Musil 1978 (s. Anm. 21), S. 505.

26 Vgl. James Buzard: „Perpetual Revolution", in: *Modernism/modernity* 8, 4/2001, S. 559–581, hier S. 560.

27 Zit. n. ebd., S. 561.

28 Vgl. hierzu – vor allem zur Interpretation von Architektur als einem thermodynamischen System und zu den Vorläufern der Drehtür – Moritz Gleich: „Vom Speichern zum Übertragen. Architektur und die Kommunikation der Wärme", in: *Zeitschrift für Medienwissenschaft* 7, 1/2015: „Medien/Architekturen", S. 19–32, hier S. 27–31.

29 Adorno 2003 (s. Anm. 12), S. 44.

30 Jim Johnson (i. e. Bruno Latour): „Die Vermischung von Menschen und Nicht-Menschen: Die Soziologie eines Türschließers", in: Andréa Belliger und David J. Krieger (Hg.), *ANThology. Ein einführendes Handbuch zur Akteur-Netzwerk-Theorie*. Bielefeld 2006, S. 237–258.

31 Achim Pietzcker: „Schiebetür", in: *ARCH+* 191/192: „Schwellenatlas", 2009, S. 91.

32 Ebd.

33 „Fifty Years of Achievement: A History", in: *Electronics* 53, 9/1980, S. 36–442, S. 106.

34 Terence Riley: „Das un-private Haus", in: *ARCH+* 148, 1999, S. 92–102, hier S. 96.

35 Ebd., S. 98.

36 Thiis-Evensen 1987 (s. Anm. 1), S. 283.

37 Vgl. Terence Riley, *The Un-Private House*, Ausstellungskatalog Museum of Modern Art. New York 1999, S. 56.

38 Riley 1999 (s. Anm. 34), S. 92.

39 Vgl. Jacques Lacan: *Das Seminar, Buch III: Die Psychosen*, übers. v. Michael Turnheim. Weinheim/Berlin 1997, S. 202.

40 Vgl. Manfred Riepe: *Bildgeschwüre. Körper und Fremdkörper im Kino David Cronenbergs*. Bielefeld 2002, S. 109.

41 Roman Jakobson: „Shifters, Verbal Categories, and the Russian Verb", in: ders., *Selected Writings*,

Bd. II. Den Haag/Paris 1971, S. 130–147, hier S. 133.

Komfortable Verhältnisse. „Das Projekt für neue Häuser" und die Technisierung des Wohnens um 1800[1]

Moritz Gleich

Auf der Ebene des Wohnens dürfte kaum ein Konzept so emblematisch für die Produktion moderner Raumverhältnisse sein wie das des Komforts. Seine Karriere beginnt dieses Konzept nicht zufällig mehr oder weniger genau zu dem Zeitpunkt, als die Architektur erstmals umfassend von technischen und medialen Infrastrukturen durchdrungen wird. Als im Laufe des 18. Jahrhunderts zahlreiche neue Haustechniken Anwendung und Verbreitung finden, manifestiert sich ein neuer Gebrauch des Wortes Komfort. War dessen Bedeutung, die sich etymologisch als „in besonderem Masse stärken" wiedergeben lässt, bis dahin vor allem emotional-geistig konnotiert, werden nun auch Erleichterungen und Ermutigungen durch materielle Dinge und insbesondere die häusliche Umgebung zu den Tröstungen des Komforts gezählt.[2] Der Komfort beschreibt das Wohlbefinden anhand der räumlichen Verhältnisse, die mit der Technisierung des Wohnens einhergehen: Neben neuen Formen der Isolation und neuen Formen der Verbindung sind dies vor allem neue Formen der Kontrolle zwischen diesen beiden Aspekten. Die Erfindung des modernen Wohnkomforts verweist damit zugleich auf den Moment, an dem die Architektur mit vernetzten, medialen Systemen zu interagieren beginnt, sowie auf den Moment, an dem sie anfängt, selbst in den Qualitäten eines Mediums verhandelt zu werden.

Obwohl sowohl der Begriff als auch die Techniken des Komforts bis in die Mitte des 19. Jahrhunderts hinein eine vornehmlich englische Angelegenheit bleiben, ist es ein französischsprachiges Dokument, das wie kaum ein anderes über ihre architektonischen Implikationen informiert. 1802, im Jahr XI der Republik, beantragt der Projektemacher Jean-Frédéric Marquis de Chabannes gemeinsam mit dem englischen Ingenieur James Henderson in Frankreich das Patent für eine Erfindung, die er kurz darauf öffentlich durch einen Prospekt bewirbt. Der Prospekt richtet sich an wohlhabende Privatpersonen und offeriert ihnen den Erwerb von Mietrechten in völlig neuartigen Häusern. Bei gleichzeitiger Kostenersparnis sollen die in Paris geplanten Gebäude einen noch nicht da gewesenen Wohngenuss bieten: „Eine völlig neue Konstruktionsweise, einfacher, schneller, vorteilhafter für alle Arten der Distribution, insbesondere für grosse Standorte, und vor allem solider, aber auch unendlich ökonomischer durch die vielfache Verbindung aller zugehörigen

Details, wird die größten Vorteile bringen."[3] Allfällige Interessenten sind aufgerufen, unter Angabe ihres bevorzugten Stadtviertels bei einem von fünf genannten Notaren zu subskribieren.

Inhalt und Entstehungszusammenhang machen das „Projekt für neue Häuser" zu einem einzigartigen architektur- und technikhistorischen Fall, der nicht nur die haustechnischen Innovationen im postrevolutionären Frankreich detailreich aufzeigt, sondern die Innovationen, die sich verstreut und kaum dokumentiert über die vorangehenden Jahrzehnte hinweg entwickelt haben, auch darüber hinaus in bis dahin unbekannter Dichte vorführt. Der größte Teil des 1803 veröffentlichten Prospekts ist in Form eines fiktiven Briefs gehalten, einer Textgattung, die im 18. Jahrhundert zu einem bevorzugten Mittel der Authentizitätsverbürgung geworden war.[4] Auf rund 40 Seiten berichtet darin ein Paris-Besucher seinem Freund vom Aufenthalt in einem der von Chabannes projektierten Häuser. Dem Überschwang dieser Schilderung steht die nüchterne Darstellung des 1804 erteilten Patents gegenüber, das rund 50 Textseiten und 16 Abbildungen zu einer präzisen technischen Beschreibung vereint.[5] In Kombination ergeben die beiden Dokumente ein umfassendes Bild der Versprechungen, Ziele und Folgen, die sich um 1800 mit dem Einzug neuer technischer Elemente und Systeme in den häuslichen Raum verbinden.

Der vorliegende Beitrag führt die Inhalte von Chabannes' Schriften in einer Textmontage mit ihrer historischen Analyse zusammen. Dabei wird besondere Aufmerksamkeit auf die autodiegetische, intern fokalisierte Erzählung des fiktiven Briefs gelegt, die es erlaubt, nicht nur die Vielschichtigkeit des Projekts für neue Häuser, sondern auch die Auswirkungen auf das tägliche Leben der künftigen Bewohnerinnen und Bewohner besonders plastisch darzustellen. Die kursiv gesetzten Zitate geben die Schilderung des anonymen Mannes, den Chabannes von seinem Projekt berichten lässt, in möglichst wortgetreuer deutscher Übersetzung wieder und ergeben zusammengenommen eine gekürzte Version des gesamten Briefs.

Mein lieber Freund,

in meinen vorangehenden Briefen habe ich Ihnen all die Sehenswürdigkeiten der französischen Hauptstadt geschildert; heute werde ich Ihnen von einer neuen und überaus interessanten Einrichtung berichten.

Während eines Spaziergangs habe ich von Weitem die lange Kolonnade eines prachtvollen Bauwerks bemerkt. Neugierig, den Zweck dieses Gebäudes zu erfahren, klopfte ich an die nächstliegende Pforte: Überrascht hörte ich eine Glocke, obwohl ich den Klopfer kaum bewegt hatte. Sofort öffnete sich die Pforte und ich fand mich in einem Vestibül wieder, von dem eine Doppeltür in das Treppenhaus führte, die zweite Tür ließ sich jedoch erst öffnen, nachdem die erste wieder verschlossen war. Links und rechts lagen Türen zu Antichambre und Küche. Die Köchin kam und fragte, was ich wünsche – wissen, was die Bestimmung dieses großen Gebäudes ist, sagte ich. – Es wird von mehreren Personen genutzt, antwortete sie, es handelt sich um verschiedene Wohnhäuser; wenn Sie Näheres erfahren möchten, bequemen Sie sich mir zu folgen. – Sehr gerne, sagte ich. – Also gut! Betreten wir zuerst die Küche, die, wie Sie sehen, sauber ist wie eine Milchhandlung. Dieser Tisch aus weißer Tanne, der fast rundherum läuft, dient dazu, so viele Töpfe zu erhitzen, wie man braucht, und zwar mithilfe von Dampf, dessen Wirkung ich Ihnen erklären werde.

Ein erster bemerkenswerter Aspekt von Chabannes' Prospekt ist die Klientel, die er anspricht. Sein Angebot scheint sich weniger an das erstarkende Bürgertum als an eine durch Enteignungen und Teuerungen in ihren gewohnten Möglichkeiten beschnittene Oberschicht zu richten. Gleich im ersten Satz verspricht der Prospekt, auch angesichts reduzierter Vermögen und steigender Preise respektable Wohnverhältnisse sichern zu können. Obwohl Chabannes mit dem englischen Wort *comfort* vertraut ist,[6] passt sich der Text seiner Leserschaft an und verwendet stattdessen die zu dieser Zeit in Frankreich gebräuchlichen Begriffe *aisé, commodité* und vor allem *jouissance*. Die Verfahren und Mechanismen, die Chabannes beschreibt, sind jedoch von genau jener Art, die man im Laufe der folgenden Jahrzehnte eng mit dem Konzept des Komforts in Verbindung bringen wird. Chabannes' fiktiver Briefschreiber ist dabei alles andere als zufällig Engländer, stellt sich die Grundlage der Unternehmung doch als transnationaler Ideentransfer zwischen England und Frankreich dar.

Chabannes selbst ist erst im Vorjahr der Veröffentlichung seines Projekts aus einem mehrjährigen englischen Exil zurückgekehrt. Als Kopf einer alteingesessenen Adelsfamilie war er im Herbst 1789 auf Umwegen nach London geflohen und kann erst sieben Jahre später nach Frankreich zurückkehren, worauf er sich um die Wiederherstellung des familiären Vermögens bemüht – einerseits durch die Restitution ehemaliger Besitzungen, andererseits durch die Vermarktung technischer Innovationen.[7] Mit seinem Projekt zur Konstruktion neuer Häuser versucht Chabannes offensichtlich, in England erlangte Kenntnisse auf dem französischen Immobilienmarkt profitabel zu machen. Immer wieder beruft er sich in Patent und Prospekt auf englische Vorbilder, später wird er von der prägenden Erfahrung seines Auslandsaufenthalts überhaupt berichten: „Ich war, wie natürlich jeder Ausländer, beeindruckt von der generellen Art, Häuser zu bauen, und von der Ähnlichkeit zwischen den Wohnungen der Mittelklasse und sogar denen der ärmsten Personen mit denen der Großen, was die Vielfalt erstrangiger Annehmlichkeiten des häuslichen Komforts betrifft."[8] In seinem fiktiven Brief kehrt Chabannes die Perspektive um und lässt einen Engländer – beziehungsweise die Köchin, die diesen empfangen hat – beeindruckt von den komfortablen architektonischen Errungenschaften der Franzosen berichten.

Wenn ich diesen Hahn öffne, zirkuliert der Dampf in diesem Rohr um die ganze Küche herum; und wenn ich diese anderen Hähne öffne, die Sie bei den Töpfen sehen, bringt er das Wasser darin schneller zum Kochen, als es ein Feuer tun könnte. [...] Wenn ich das Essen serviert habe, schließe ich den Hahn und öffne diesen anderen; dann gelangt der Dampf in einen Brunnen unter dem Haus und bewegt eine Pumpe, die Wasser in einen Tank auf dem Dach hebt, von wo es überall hinkommt, wo wir es brauchen. [...] Wenn der Hahn noch geschlossen ist und meine Herrin baden will, steigt derselbe Dampf in ihr Bad auf, wenn ich diesen anderen Hahn drehe, und heizt es in weniger als einer Viertelstunde auf; er heizt auch in mehreren Zimmern des Hauses Gefäße, in denen meine Herrin ihren Tee oder ihre Schokolade zubereitet und ihr Zimmermädchen Kaffee macht, ohne dass sie hinabsteigen müssen. [...] – Oh! Sie haben keine Vorstellung von all den Diensten, welche diese Küche leistet.

[...] Auf dieser Seite ist ein gewöhnliches Holzfeuer, und wenn Sie nach oben schauen, sehen Sie einen Bratspieß, der sich von selbst dreht und nur auf meine Befehle wartet. [...] Alles hier ist so einfach, dass ich keine Hilfe brauche, so wie mein Mann alleine für die gesamte Bedienung des Hauses ausreicht. – Da wir ein langes Gespräch führten und sie gelegentlich Töpfe öffnete, die den Geruch exzellenter Gerichte verströmten, sagte ich ihr, dass ich einen großen Fehler an ihrer Küche entdecke. Alles, was Sie anrichten, dürfte keinen sehr angenehmen Geruch in den Gemächern verbreiten. – Das ist eine Unannehmlichkeit, die man hier nie erlebt, antwortete sie; und der Grund ist diese kleine Tür oben an der Decke, die mit dem Kaminrohr verbunden ist und durch die sich jeder Geruch und der Dampf verflüchtigt. [...] Aber es klingelt, entschuldigen Sie, ich finde heraus, was gewünscht wird. – Wozu dient dieser Zeiger, den Sie verschieben? – Um meinem Herrn zu antworten, sagte sie. – Wie, um ihm zu antworten? – Ja, sagte sie, kommen Sie näher und Sie werden sehen: Als es läutete, schaute ich auf diese Scheibe und sah den Zeiger auf der Zeile: „Sie können eintreten lassen". Und ich habe dieselbe Nadel auf die Zeile daneben gesetzt: „Hier ist ein Monsieur, der Sie gerne sprechen würde". – Während sie dies sagte, bewegte sich der Zeiger von selbst auf die Zeile: „Lassen Sie ihn heraufkommen". Wie ist es möglich, fragte ich, dass er so befiehlt und versteht, ohne dass Sie jedes Mal hoch- und runtersteigen müssen? Sie haben es gerade gesehen, antwortete sie: Er hat in seinem Arbeitszimmer, wie die Dame in ihrem Schlafzimmer, und im Salon ähnliche Scheiben, auf denen die gleichen Fragen und Antworten stehen. Da der Zeiger in seinem Zimmer mit diesem hier durch einen Kupferdraht verbunden ist, stellt er sich auf die gleiche Zeile wie oben. Die vielen Fragen und Antworten hier beziehen sich auf alles, was für die Bedienung am gebräuchlichsten ist, und nur in unvorhergesehenen Fällen muss ich hinaufgehen, sodass wir nicht dutzendmal am Tag gestört werden: Das ist fast so viel wert wie ein Diener. Aber mein Herr weiß nun, dass Sie hier sind, also folgen Sie mir bitte, und ich werde Ihnen noch etwas erklären.

Der mit Abstand wichtigste Aspekt des Projekts für neue Häuser ist fraglos die massenhafte Implementierung haustechnischer Mechanismen. Geräte und

Installationen dieser Art fanden bereits im 18. Jahrhundert individuelle Anwendung. Die Technik der Kommunikation mittels Klingelsignalen etwa entwickelte sich im Laufe des Jahrhunderts von einzelnen Glocken über kurze Seilzüge bis hin zu komplizierten Systemen, die mithilfe von Kabeln Herrschaft und Dienerschaft in weit voneinander entfernten Räumen miteinander verbanden. Obwohl einzelne Geräte, wie zum Beispiel der Michelangelo zugeschriebene Windbräter, bei dem ein im Kamin installiertes Windrad einen Drehspieß antreibt, über eine teils lange Vorgeschichte verfügen, sind sie vor 1800 kaum schriftlich dokumentiert.[9] Chabannes dürfte als Aristokrat, dem in England wie in Frankreich die Türen der besten Häuser offen standen, allerdings nicht wenige davon aus persönlicher Erfahrung gekannt haben. Mit einiger Sicherheit wusste er um das vielbesuchte Londoner Wohnhaus Benjamin Thompsons, Graf Rumford, das zahlreiche haustechnische Innovationen beherbergte und möglicherweise ein direktes Vorbild für das Pariser Projekt darstellt. Anfang des Jahres 1802, kurz bevor Chabannes sein Projekt lancierte, hatte der Schweizer Naturwissenschaftler Marc-Auguste Pictet einen Brief publiziert, in dem er die Annehmlichkeiten in Thompsons Haus beschreibt, für die er die Verwendung des neuen Wortes *confortable* empfiehlt.[10]

Die Leistung von Chabannes' Projekt besteht darin, zahlreiche dieser verschiedenen Mechanismen aufzunehmen, sie ins Zentrum der häuslichen Architektur zu rücken und in einem einzigen, zumindest auf dem Papier schlüsselfertigen Gebäude zu vereinen (Abb. 1–2). „All diese Maschinen", schreibt er im Anschluss an die Schilderung des Aufbaus der geplanten Häuser, „vereinen sich mit anderen wichtigen Erfindungen und Verbindungen."[11] Die Gebäudekonstruktion soll sich mit zahlreichen weiteren Mechanismen zu einem Ganzen verbinden, das die Vorzüge des gehobenen Wohnens mit ökonomischer Rationalität verbindet, „mit einem Wort, alles, was man sich vorstellen könnte, um die Kosten zu senken und zur Ökonomie und Eleganz in der Konstruktion, der Distribution oder dem Arrangement des Interieurs eines Hauses beizutragen".[12] Im Bemühen um diese Ziele kommt eine Reihe tiefgreifender Konvergenz- oder Integrationsprozesse von Architektur und Technik zum Tragen – zwischen den einzelnen Techniken wie zwischen diesen

Nouvelles manières économiques de construire des maisons, des édi

Pag. 69.

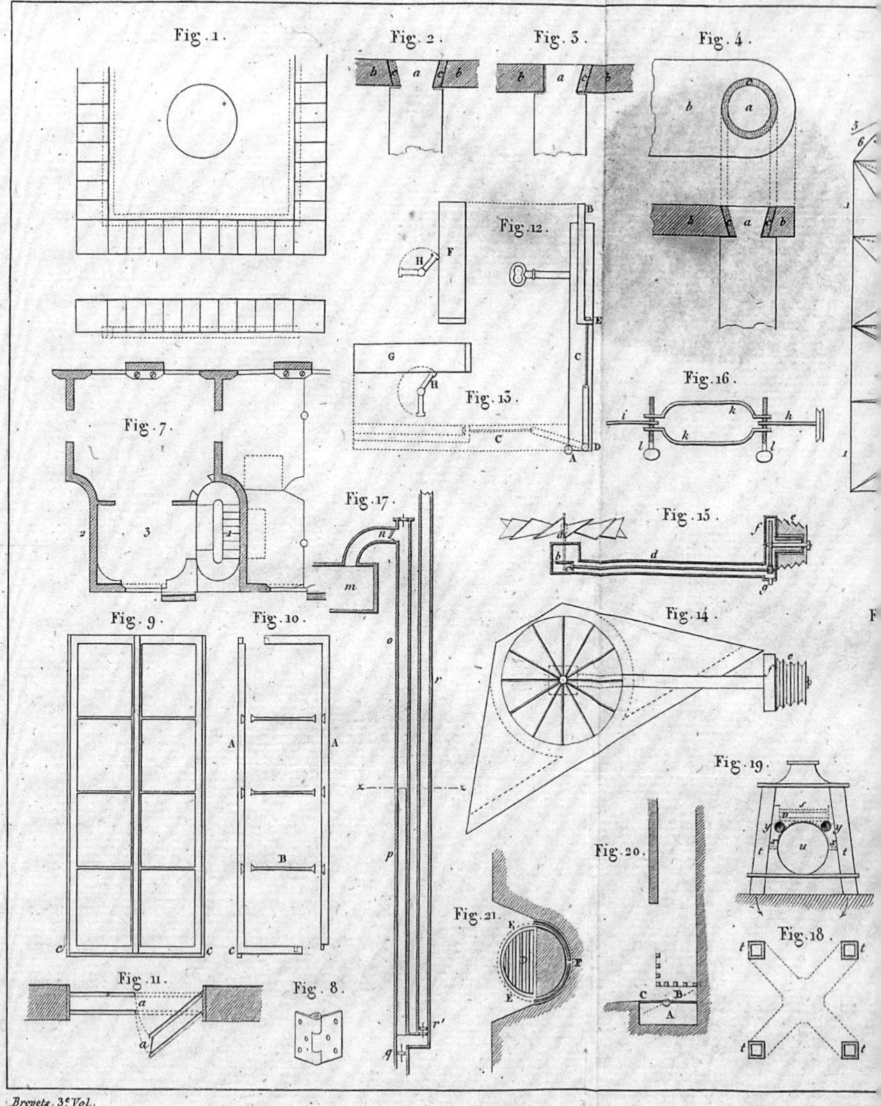

Fig. 1.
Fig. 2.
Fig. 3.
Fig. 4.
Fig. 7.
Fig. 9.
Fig. 10.
Fig. 11.
Fig. 8.
Fig. 12.
Fig. 13.
Fig. 16.
Fig. 17.
Fig. 15.
Fig. 14.
Fig. 19.
Fig. 20.
Fig. 21.
Fig. 18.

Brevets. 3e Vol.

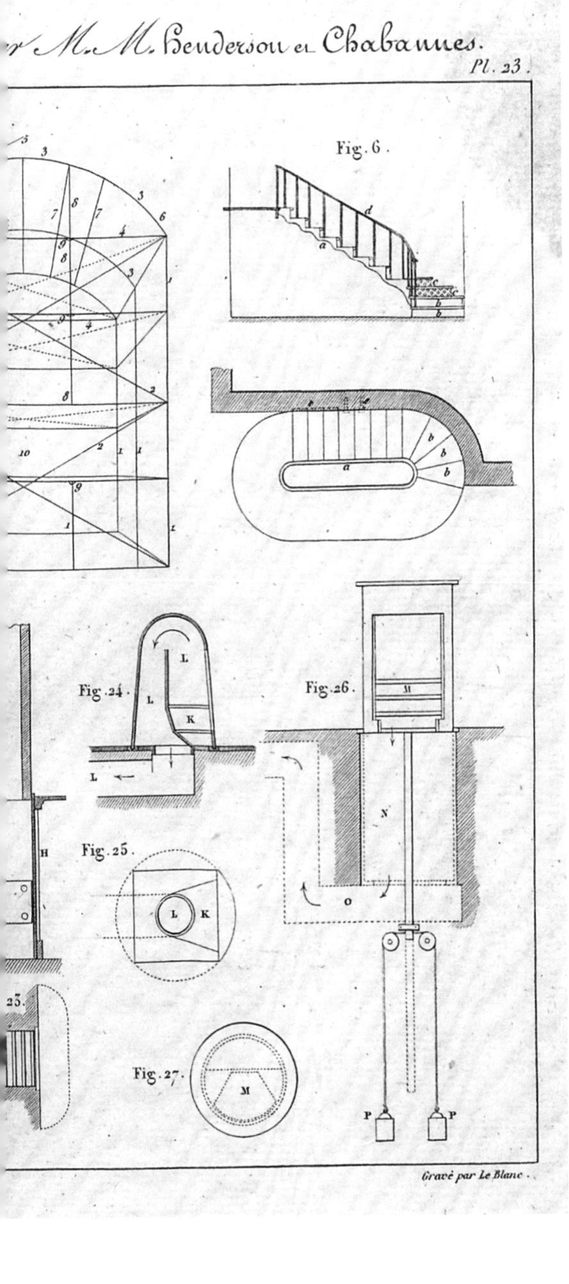

Abb. 1: Technische und
konstruktive Details zum
Projekt für neue Häuser,
1804

r M. M. Henderson et Chabannes.

Pl. 23.

Fig. 6.

Fig. 24.

Fig. 25.

Fig. 26.

Fig. 27.

Gravé par Le Blanc.

Abb. 2: Technische und
konstruktive Details zum
Projekt für neue Häuser,
1804

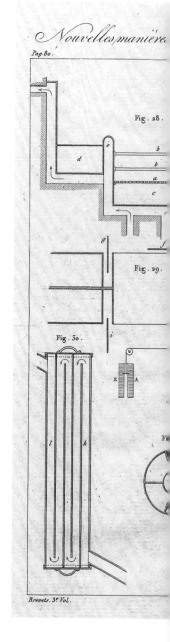

82

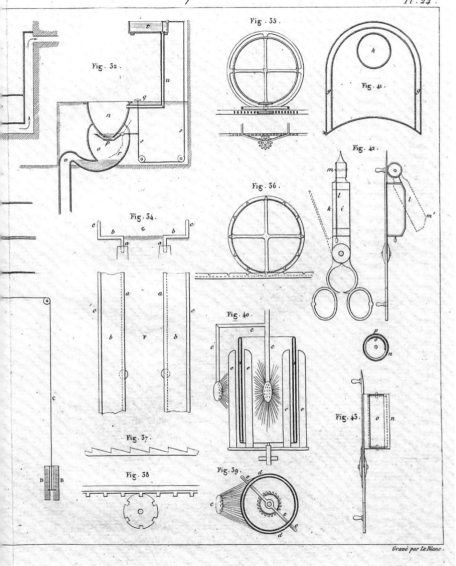

ues de construire des maisons &.ª par M. M. Benderson et Chabannes.

Pl. 24.

Fig. 32.

Fig. 33.

Fig. 41.

Fig. 42.

Fig. 34.

Fig. 36.

Fig. 40.

Fig. 43.

Fig. 37.

Fig. 38.

Fig. 39.

Gravé par Le Blanc.

83

und dem Gebäude. Die Auswirkungen dieses architektonisch-technischen Ensembles lassen sich grob in zwei Zusammenhänge einteilen: Sie betreffen entweder die Atmosphäre des Hauses oder die darin ausgeführten Aktivitäten.

Sowohl in Bezug auf die häusliche Atmosphäre als auch in Bezug auf die häuslichen Aktivitäten kommen in Chabannes' Häusern zahlreiche Vorrichtungen zum Einsatz. Auf dem Feld der Atmosphäre gehören dazu die Doppeltür im Eingang, die das Eintreten von Schmutz und kalter Luft verhindert, oder die Kamine und teils mobilen Öfen (Abb. 1–2: 18–29), die eine flexible Wärmeregulierung erlauben. Mit Installationen wie dem Dunstabzug und einem Wasserklosett (Abb. 2: 32) wird dieser klimatische Aspekt um eine olfaktorische, mit dem in den Böden verbauten Schallschutz um eine akustische Dimension erweitert. Auf dem Feld der Aktivitäten zählen dazu Geräte wie der automatische Bratenwender (Abb. 1: 14–15), Bauelemente wie die Essensdurchreiche oder Möbel wie ein zerlegbarer Tisch, die alle dazu dienen, Handlungen des täglichen Lebens zu erleichtern oder vollständig zu ersetzen.

Diesen einzelnen Vorrichtungen, die durch ihren Einsatz an ganz bestimmten Orten einen kumulativen Effekt auf den Wohnalltag erzeugen, steht eine Reihe von Distributionssystemen gegenüber, die ihre Effekte gerade dadurch entfalten, dass sie an mindestens zwei Orten zugleich wirksam sind. Sie verändern die Zustände und Handlungen innerhalb des Hauses nicht punktuell, sondern indem sie Wände und Etagen durchqueren, entfernte Zimmer miteinander verbinden, Substanzen oder Kräfte übertragen und die Räume des Hauses in ein neues Verhältnis zueinander setzen. Auch hinsichtlich dieser Systeme ist Chabannes auf der Höhe der Zeit. Mithilfe von Pumpen, Reservoirs und Rohrleitungen (Abb. 1: 17) sollen in seinen Gebäuden Luft, Wasser und Dampf zirkulieren, Letzterer, um sowohl Wärme- als auch Bewegungsenergie zu entfalten. So können bei zentraler Kontrolle – Ausgangs- und Steuerungspunkt des größten Teils dieser Systeme ist die Küche – unterschiedlichste häusliche Operationen dezentralisiert und automatisiert werden. Das Resultat schildert Chabannes als Steigerung der Verfügbarkeit von Diensten bei gleichzeitiger Verminderung des Arbeits- und Wegaufwands durch die Bediensteten.

Indem sie wie territoriale Infrastrukturen und Kommunikationssysteme bisherige Praktiken zeitlich beschleunigen und räumlich verdichten, haben die häuslichen Distributionssysteme einen tiefgreifenden Einfluss auf die Konzeptionen von Raum, Zeit und Distanz. Ihr Effekt wäre allerdings begrenzt, käme zu den Luft-, Wasser- und Dampfleitungen mit einem System zur Übertragung von Informationen nicht eine entscheidende weitere Technik hinzu. Die im Prospekt geschilderte Anlage aus Zeigern, Scheiben und Drähten – in der Patentschrift als „Télégraphe domestique" bezeichnet (Abb. 2: 33) – ermöglicht es, zwischen getrennten Räumen des Hauses zu kommunizieren.[13] Anders als herkömmliche Klingelsysteme, die lediglich die Übermittlung eines allgemeinen Bedienungsbedürfnisses zulassen, verfügt das Chabannes'sche System über einen diskreten Nachrichtenvorrat und ist dadurch in der Lage, differenzierte Botschaften zu senden. Die Stoff- und Energieflüsse werden so um Informationsflüsse ergänzt, die steuernd auf die innerhäuslichen Bewegungen einwirken und weitere Wege erübrigen.[14] Chabannes' fiktive Köchin kann plötzlich, ohne sich zu bewegen, an mehreren Orten zugleich wirksam sein und der fiktiver Hausherr weiß vom Anliegen seines Besuchers, noch bevor er diesen zu Gesicht bekommen hat.

Wir gingen durch das kleine Vestibül zurück und betraten ein kleines Vorzimmer. – Dieses Antichambre ist für die Diener von Besuchern, sagte sie; diese gehen nie nach oben, auch nicht die Arbeiter, die stets schmutzige Füße haben. Sie werden sehen, wie sauber die Treppe ist. – Aber welchen Weg gehen die Herrschaften? – Durch jene Doppeltür, die das Vestibül in zwei Hälften teilt und gleichzeitig verhindert, dass die Kälte von draußen ins Treppenhaus eindringt. […] Mit diesen Worten öffnete sie eine kleine Tür, und wir betraten einen Raum, der vom oberen Ende der leichtesten Treppe beleuchtet wurde, die ich je gesehen habe. […] – Ich würde nie wagen, diese Treppe hinaufzusteigen, sagte ich, sie würde mich nicht tragen. – Keine Angst, sie würde fünfhundert Personen tragen, die schwerer sind als Sie; sie ist vollständig aus Gusseisen. – Wie, Gusseisen! Diese Stufen, die wie edles Holz aussehen, dieses bronzene Geländer ist aus Gusseisen? – Ja, Monsieur, und schön bemalt, nicht wahr? […] – Tatsächlich entzückt mich Ihre Treppe, ich dachte, es gäbe keine besseren als unsere englischen, aber diese ist unendlich viel sauberer und eleganter [...].

Ich betrat den ersten Stock über ein Art Vorzimmer: Die Köchin öffnete die Tür eines sehr schönen Salons und verließ mich, um ihren Herrn zu benachrichtigen und an ihren Arbeitsplatz zurückzukehren. Der Salon hatte zwei Fenster auf einen schönen Garten. Ich öffnete eines davon, um vom Balkon aus die hofseitige Fassade zu bewundern, die umso schöner war, als sie ein perfektes Karree darstellte, das auf allen Seiten mit Säulen verziert war; und da der Garten, der mit Einfachheit und Geschmack angelegt war, eine Mischung aus Blumen und fremden Sträuchern bot, angenehm für das Auge wie für die Nase. Ich ging zurück in den Salon, um den Hausherrn zu erwarten; aber als ich das Fenster schließen wollte, stellte ich fest, dass es zwei Fenster waren und das eine der Bewegung des anderen folgte [...]. Während ich diese Arbeit bewunderte, trat der Hausherr ein. – Sie scheinen überrascht von der Leichtigkeit dieser Fenster, sagte er. Meine Köchin hat mir gesagt, dass Sie Ausländer sind und die Neugier Sie zu mir geführt hat; ich werde diese gerne stillen und mich als Cicerone meines Hauses zur Verfügung stellen. Zunächst mal sind diese Fenster aus Gusseisen [...]. Das scheint Sie zu überraschen, aber ich werde Ihnen viel kleinere und feinere Arbeiten zeigen, wie Türscharniere, Riegel, Schlösser, Zylinder und tausend andere Gegenstände aus dem gleichen Metall, in Gussformen hergestellt, und so solide und zwanzig Mal billiger als aus der Hand eines Arbeiters. Das Gusseisen ist eine neue Erfindung, mit der man sich erst seit rund 30 Jahren mit großem Erfolg in England beschäftigt, die aber sozusagen noch in den Kinderschuhen steckt, weil sie so viele Fortschritte macht: Sein kluger Einsatz ist eine der Hauptgrundlagen dieses Hauses und wird unendlich zur Verbesserung der Bequemlichkeit unserer Interieurs beitragen. Sie bewundern diese Fenster, Sie haben die Treppe bewundert; nun, ein Teil der Böden, des Dachs, der Stützen dieses Hauses, die Balustraden, Statuen und Vasen, die es schmücken, sind aus dem gleichen Metall; die Toiletten; die Wasserpumpe; mit einem Wort, fast alles ist aus Gusseisen, bis hin zu diesem Kamin, von dem Sie vielleicht gedacht hätten, er sei aus Bronze und Marmor, wenn ich es Ihnen nicht gesagt hätte. Er ist zwischen den beiden Fenstern platziert; wenn es drei gäbe, hätte ich ihn unter dem mittleren platziert. Man könnte ihn auch an jedem anderen Ort aufstellen: Der Rauch würde unter den Böden hindurchziehen [...]. – Verzeihen Sie die Unterbrechung, Monsieur, aber was meinen Sie damit? Warum lassen Sie den Rauch nicht durch Kaminrohre in den Wänden aufsteigen, wie üblich. – Aus dem sehr guten Grund, antwortete er, dass es keinen Grund dafür gibt. – Aber wo bringen Sie diese dann an? – In denselben Säulen, die die Schönheit und Zierde dieser Häuser ausmachen, die lediglich ihr eigenes Gewicht tragen und nichts weiter sind als einfache Schornsteine. Der Rauch wird ihnen durch ein kleines Rohr in der Wand des Kamins zugeführt und tritt durch jene Vasen und Statuen aus, welche die Balustrade schmücken und nichts als einfache Schornsteinköpfe sind. Auf diese Weise laufen wir keiner Brandgefahr, müssen nicht befürchten, dass ein unwissender oder nachlässiger Handwerker einen Balken in der Nähe nicht mehr vorhandener Rohre platziert hat, noch unsere Teppiche und Böden durch die Schornsteinfeger verschmutzt sehen. [...]

Ein zweiter Aspekt, auf dem Chabannes' Projekt seinen Anspruch auf Novität generiert, ist der umfassende Einsatz von Gusseisen. Die dekorative Verwendung dieses Materials war bereits im Laufe des 18. Jahrhunderts verbreitet, und auch für den strukturellen Einsatz von gegossenem oder geschmiedetem Eisen gab es sowohl in England als auch in Frankreich erste Vorläufer.[15] Kurz vor der Jahrhundertwende hatte in den Textilfabriken der englischen Midlands eine konzentrierte Verwendung von Gusseisen zu baulichen Zwecken eingesetzt.[16] Mit seinem Plan, ein komplettes Wohnhaus vom Keller bis zum Dach aus Eisen zu konstruieren, geht Chabannes allerdings einen deutlichen Schritt weiter. Abgesehen von einzelnen apokryphen Ausnahmen, wie den Memoiren des venezianischen Schriftstellers Giacomo Casanova, dürfte ein solcher Vorschlag zu Beginn des 19. Jahrhunderts auf beiden Seiten des Ärmelkanals unerhört gewesen sein.[17]

Am deutlichsten betont der Marquis die Folgen, die sich aus dem Eisenguss als einer Fertigungstechnik für die Kombination architektonischer und technischer Bauteile ergeben. Die besondere Fügbarkeit gegossener Metallteile (Abb. 1: 2–4) spielt sowohl für den Bau als auch für die Nutzung und Wartung seiner neuen Häuser eine entscheidende Rolle. Mithilfe dieses

Formgebungsverfahrens lassen sich, wie Chabannes ausführlich erläutert, in großem Maßstab und zu vergleichsweise geringen Kosten aus vorgefertigten Teilen zusammengesetzte Gebilde schaffen, ganz gleich ob es sich um das grundlegende Tragwerk (Abb. 1: 5) oder einzelne Elemente wie Treppenhäuser oder Fensterkonstruktionen (Abb. 1: 6, 8–11) handelt.[18] Außerdem kommen bei Chabannes die zentralen zeitgenössischen Argumente für die Eisenbauweise zum Tragen. Neben den allgemeinen ökonomischen und ästhetischen Vorzügen der deutlich leichteren Eisenkonstruktionen sind dies Auswirkungen auf die Feuersicherheit und die Raumnutzung. Einer der Hauptgründe für die Entwicklung des Eisenskelettbaus in der Industriearchitektur war das Bestreben, dem Platzbedarf der Produktionsmaschinen mit einem möglichst freien Grundriss zu begegnen. Bei Chabannes dienen die disponiblen Geschossflächen dagegen der Wohnraumgestaltung. Sie erlauben einerseits die Planung repräsentativer stützenfreier Räume und ermöglichen andererseits eine individuelle Raumaufteilung (Abb. 1: 5, 7).

Dieser Salon ist von ziemlich guten Dimensionen; aber heute Abend, wenn wir Gesellschaft haben, werden diese beiden Türen geöffnet: Und da sie doppelt sind und sich falten lassen, wird er sich mit dem Nachbarzimmer zu einem großen Raum vereinen. Das Schlafzimmer erreicht man über einen Durchgang zwischen dem Treppenhaus und der Wand; aber da meine Frau sich gerade anzieht, gehen wir den Weg zurück, den Sie gekommen sind. [...] Alle Häuser dieses Karrees variieren mehr oder weniger, je nach Geschmack oder Größe der Familien der Bewohner; denn es wurde uns überlassen, das Innere nach unseren Wünschen aufzuteilen. Der zweite Stock meines Hauses gliedert sich in zwei Schlafzimmer, zwei Bäder und zwei Garderoben. [...] Über diesen Räumen, in denen meine Kinder wohnen, befinden sich auf dem Dachboden drei oder vier Zimmer, die von unseren Bediensteten genutzt werden [...]. Unten ist das Speisezimmer; gehen wir dorthin, wenn Sie mögen.
Die Wärme im Treppenhaus scheint Sie zu stören? Lassen wir die Tür des Salons offen und sie wird sich schnell der Temperatur anpassen, die das ganze Jahr über im gesamten Haus herrscht und nie um mehr als zwei oder drei Grad schwankt. Allein das Feuer in der Küche und der Rauch, der in den Säulen

zirkuliert, die das Treppenhaus verzieren, leisten uns diesen wichtigen Dienst und sparen uns mehr als drei Viertel des Brennstoffverbrauchs in unseren Räumen. Außer für das Vergnügen, es anzusehen, brauchen wir sonst fast kein Feuer; denn da weder durch die Fenster noch durch die Haustür kalte Luft eindringen kann und das Treppenhaus der wärmste Teil des Hauses ist, heizen wir jedes Mal, wenn wir eine Tür öffnen, den Raum, anstatt ihn zu kühlen.

Dieses Speisezimmer hat eine gute Größe; es bietet Platz für 24 Personen und das ist mehr, als wir brauchen; denn wenn wir große Bälle oder Feste geben, haben wir dafür einen Raum, in den ich Sie gleich bringen werde. Das Zimmer wird durch diesen Kamin geheizt sowie einen Wärmeabzug, der vom Küchenfeuer kommt. Der gesamte Service erfolgt über diese Durchreiche, die als Anrichte dient und zugleich das Geschirr erwärmt. Ein einziger Bediensteter reicht uns, und wir werden nie durch Zugluft gestört, wenn wir bei Tisch sind.

Der dritte Aspekt, mit dem Chabannes für sein Projekt wirbt, sind ebensolche neuartigen Formen der Raumgliederung. Dieser Aspekt steht bestehenden Konzepten des Komforts am nächsten, zu den gewohnten Verfahren kommen nun jedoch Optionen der individuellen Gestaltung und Nutzung hinzu. Chabannes' fiktiver Hausherr ist aufgrund der Konstruktion seines Hauses nicht nur in der Lage, selbstständig über die grundsätzliche Anordnung der Zimmer zu entscheiden, sondern kann auch kurzerhand den Salon verdoppeln, wenn es die Umstände oder die Zahl der Gäste verlangen. Diese Flexibilität des Grundrisses ermöglicht es, das im vorangehenden Jahrhundert unter dem Schlagwort der Distribution entstandene Ideal der Anpassung des häuslichen Raums an die Gepflogenheiten und Bedürfnisse der Bewohnerinnen und Bewohner noch persönlicher und situativer zu formulieren. Nicht zuletzt gelingt es Chabannes dadurch auch, die standesgemäßen Raumbedürfnisse einer adligen oder großbürgerlichen Familie auf dem begrenzten Platz eines dreigeschossigen Reihenhauses zu komprimieren. Ein weiteres Mittel in dieser Hinsicht – als vielleicht utopischster Aspekt des Projekts – ist die Einführung kollektiver Einrichtungen, verbunden mit einer strikten Zugangsbeschränkung. Chabannes erläutert mehrfach, wie der blockrandartige Aufbau seines Ensembles in Kombination mit einem exklusiven Erschließungssystem den Zutritt Unbefugter unterbindet und dadurch soziale Durchmischung verhindert. Er plant dafür eine auf der Hofseite umlaufende Galerie, wie sie wenig später in ganz ähnlicher Funktion zu einem elementaren Bestandteil von Charles Fouriers bekanntem Phalanstère werden sollte (Abb. 1: 1). Das Resultat gleicht den zur selben Zeit in London und ab der Mitte des Jahrhunderts tatsächlich auch in Paris entstehenden, heute als *gated communities* bekannten geschlossenen Wohnkomplexen.[19]

Wenn Sie möchten, öffnen wir das Fenster und machen eine Tour durch den Garten. – Sehr gerne, sagte ich: Und ich kann Ihnen gar nicht sagen, wie reizvoll ich diesen Spaziergang fand. – Jedes Haus ist wie das gerade beschriebene, zumindest von außen, und das Ganze bildet eines der schönsten Palais, die je gebaut wurden. Vor jedem Haus befindet sich ein kleines, kaum wahrnehmbares Eisengitter, das verhindert, dass Spaziergänger sich zu sehr nähern, und das einen kleinen Privatgarten bildet. Der Rest des Gartens ist allen Eigentümern zugänglich; aber es gibt strengste Regeln gegen möglichen Missbrauch. [...] Nachdem wir noch eine Runde gedreht haben, gehen wir zurück, und ich bringe Sie in den Saal, wo ich heute Abend einen Ball und ein großes Abendessen gebe.

Wir gingen wieder durch das Speisezimmer, wo wir den für 24 Personen gedeckten Tisch fanden. – Ich kann es kaum glauben, sagte ich, was für ein schöner Tisch! Wie konnte er so schnell gebaut werden? – Es wurde nichts gebaut, antwortete er, all dies war schon da, als wir vorbeikamen. Haben Sie diese Blumenkörbe nicht bemerkt? Nun, es sind dieselben; sie schmücken das Speisezimmer während des Tages und verbreiten Vergnügen während des Essens. Um diese Körbe herum bringt man diese leichten Bretter an, die breit genug für das Geschirr sind und die sich tagsüber unter den Körben verbergen; auf diese Weise hat man nicht das Problem der großen Tische, die immer so viel Platz in einem Esszimmer einnehmen. [...] Gehen wir weiter: Ich muss Ihnen noch den Ballsaal, den Festsaal, den Musiksaal, den Theatersaal und die Schulräume zeigen.

Ich bitte Sie, wie meinen Sie das? Sie haben mir Ihr ganzes reizendes kleines Haus gezeigt, von oben bis unten; wo sollen all diese zusätzlichen Räume sein, die nicht zum Rest Ihres Hauses passen? – Folgen Sie mir hinunter; ich werde Ihnen die Details auf dem Weg erzählen. […] – Auf dieser Seite sind meine Wein- und Holzkeller, fuhr er fort, und der Ort, wo meine Wäsche gewaschen wird; ich brauche Ihnen nicht zu sagen, dass es an heißem Wasser nicht mangelt; und im selben Bottich können wir auch Bier brauen […]. Gehen wir durch diese andere Tür hinaus. Ich fand mich plötzlich in einer sehr schönen Galerie wieder, gut beleuchtet durch kleine Fenster auf der Gartenseite. – Sie scheinen überrascht; ich werde Ihnen gleich des Rätsels Lösung geben: Diese Galerie läuft um das ganze Karree herum, und jeder von uns hat einen Zugang; sie ist weder mit dem Garten noch mit der Straße verbunden; am Abend ist sie ausreichend beleuchtet und wir besuchen unsere Nachbarn, ohne dass wir eine Kutsche brauchen oder den Schikanen des Wetters ausgesetzt sind. […] Die vier Häuser an den vier Ecken haben keine Verbindung mit dem Garten; das Erdgeschoss des ersten, zu dem ich sie führe, ist an einen Mann vermietet, der sich zu einem Fixpreis um die Beleuchtung, die Musik, die Abendessen kümmert; und so können wir Festessen oder Bälle ohne Lärm und Belästigung ausrichten, wenn wir sie nicht in unseren Häusern haben wollen. […] Durch dieses Vestibül und diese schöne Treppe kommen Sie ins Obergeschoss; darüber ist ein weiterer Saal gleicher Größe; im einen wird getanzt, im anderen wird gespeist. […] Genauso funktioniert ein kleiner Theatersaal an der gegenüberliegenden Ecke, der bis zu 200 Personen fasst […]. An der dritten Ecke befindet sich ein sehr schöner Konzertsaal, der demselben Reglement unterliegt; und in der vierten Ecke befindet sich ein Haus der Bildung oder des Unterrichts, dessen Vorteile wir exklusiv genießen. […] Außerdem haben wir separate Höfe, Stallungen und Schuppen. […]

Die drei Aspekte, in denen sich die Besonderheiten von Chabannes' Projekt entfalten – der Einsatz von Haustechnik, die Verwendung von Gusseisen und die Raumgliederung –, bauen nicht nur wechselseitig aufeinander auf, um neue Raumverhältnisse zu realisieren, sondern zielen dabei letztlich auf ein und dasselbe grundlegende Problem komfortablen Wohnens: die Tätigkeiten und Abläufe des Dienens. Chabannes' fiktiver Hausherr betont gegenüber seinem ebenso fiktiven Besucher immer wieder, wie die technischen und architektonischen Vorrichtungen seines Hauses Aufgaben erledigen, für die zuvor eigens Personal aufgeboten werden musste. „[D]as ist fast so viel wert wie ein Diener", lässt Chabannes die Köchin etwa über den Haustelegrafen sagen.[20] Die Arbeit der teuren und mitunter als störend empfundenen Domestiken soll in den neuen Häusern so weit als möglich durch günstige und verlässliche Artefakte übernommen werden.

Der Wechsel von der Aufwartung durch menschliche zu der durch nichtmenschliche Akteure vollzieht sich jedoch nur selten so reibungslos, wie es auf den ersten Blick erscheinen mag. Denn mit der Transformation menschlicher in technische Helfer ist ein neues Paradigma der Bedienung verbunden, in dem die Herrschaften aufgefordert sind, sich ihre Wünsche und Bedürfnisse selbst zu erfüllen. Dieser Einzug des *self service* verkehrt das traditionelle Kräfteverhältnis des Dienens ins Gegenteil: Anstelle des Hausherrn durch eine Schar von Bediensteten will nun eine Schar von Geräten durch den Hausherrn bedient werden. Zieht man außerdem die eingeschränkten Funktionen und präzisen Vorgaben spezialisierter Geräte in Betracht, können sich die Abhängigkeiten mit dem Anwachsen der Haustechnik sogar verschärfen.[21] Chabannes' Projekt zeigt allerdings, dass diese Kräfteverschiebung nicht nur eine unerwünschte Nebenwirkung der Technisierung des Wohnens darstellt, sondern mitunter ganz im Interesse der Benutzer und Benutzerinnen liegt. Besonders deutlich wird dieser Sachverhalt anhand einer haustechnischen Innovation, die der fiktive Besucher am Schluss seines Briefs beschreibt.

– Ich wäre neugierig, sagte ich, denjenigen, der all diese Häuser gebaut hat, nach den Einzelheiten seines Vorrechts zu fragen, und möchte unbedingt eines kaufen; wären Sie so freundlich, mir seine Adresse zu geben? – Sehr gerne, ich werde Sie Ihnen aufschreiben: gehen wir zu mir, denn ich kann Sie nur durch die Eingangstür hinauslassen. – Ah!, sagte er, ich habe meine Tür offen gelassen. [–] Woher wissen Sie das, fragte ich, Sie können sie von hier aus ja nicht sehen? – Ich werde es Ihnen gleich erklären; würden Sie bitte die Tür offen lassen, sagte er beim Hineingehen, und mir den Schlüssel geben? – Sehr gerne, sagte ich, aber egal wie stark ich ihn drehte, er kam nicht heraus. – Jetzt sehen Sie, warum ich wusste, dass ich die Tür offen gelassen hatte; ein Geheimnis

in diesem Schloss verhindert, dass der Schlüssel herauskommt, wenn die Tür
nicht verschlossen ist, und als ich bemerkte, dass ich den Schlüssel nicht in
meiner Tasche hatte, war ich sicher, dass ich sie offen gelassen hatte. Schlie-
ßen Sie ab, und der Schlüssel wird problemlos herauskommen. Weder wir noch
einer unserer Leute können so mit einem solchen Schloss aus Versehen, aus
Nachlässigkeit oder böser Absicht eine Tür offen lassen. [...]
Hier ist die Adresse, die Sie wünschen und wo Sie alle Konstruktionsdetails er-
halten können sowie die Bedingungen usw., usw. – Monsieur, ich bin Ihnen un-
endlich dankbar für all die Freundlichkeit, die Sie mir erwiesen haben, und
bin entschlossen, heute noch Besitzer eines Hauses, wie es das Ihrige ist, zu
werden.[22]

Ein Schließmechanismus, bei dem der Schlüssel nur in geschlossenem Zustand abgezogen werden kann, soll in Chabannes' Häusern die Untugend offener Haustüren unterbinden (Abb. 1: 12–13).[23] Dieser Mechanismus genießt
noch mehr als 200 Jahre später einige Berühmtheit, weniger jedoch aufgrund
seiner fortgesetzten Anwendung als der Rolle, die er in einem einflussreichen
Text des Techniksoziologen Bruno Latour einnimmt. Unter dem Namen *Berliner Schlüssel* hat Latour eine ganz ähnliche Schließvorrichtung zum Titel eines
seiner Bücher gemacht und ins Zentrum der Beschreibung des Verhältnisses
von Mensch und Technik gerückt. Der eigenartige, weil zweibärtige Berliner
Schlüssel, der bei Erscheinen des Buches nur noch in den Mietshäusern der
deutschen Hauptstadt eine gewisse Verbreitung aufwies, repräsentiert auf geradezu idealtypische Weise Latours Konzept der symmetrischen Anthropologie,
demzufolge Menschen und Dingen gleichermaßen Handlungsmacht zukommt.
Indem der Schlüssel zusammen mit dem zugehörigen Schloss einen Schließ-
zwang erzeugt, übersetzt er die Aufforderung „Bitte verriegeln Sie die Tür"
in einen verlässlichen Mechanismus und vermittelt dadurch erfolgreich zwischen der Haustür, den besorgten Hausbesitzern und vergesslichen oder un-
gehorsamen Mietern und Mieterinnen. Dem ominösen preußischen Schlosser,
dem Latour diese Erfindung zuschreibt, gelingt es also mittels eines technischen Artefakts, die Hausbewohner und -bewohnerinnen der kollektiven Disziplin des Türenschließens zu unterwerfen, zumindest so lange – mit dieser

Einschränkung will Latour sich explizit von Michel Foucaults Konzept der Disziplin absetzen –, bis diese sich ein Gegenmittel einfallen lassen.[24] Der Prospekt von Chabannes weist als historisches Dokument nicht nur darauf hin, dass die von Latour geschilderte Technik vermutlich eher einem georgianischen oder napoleonischen als einem preußischen Schlosser zuzuschreiben ist, sondern auch darauf, dass ihre Behandlung als Instrument der Fremddisziplinierung ohnehin zu kurz greift. Chabannes' fiktiver Hausherr preist den patentierten Schließmechanismus ausdrücklich als Errungenschaft in eigener Sache. Er hilft gegen nachlässige Domestiken, er gibt aber vor allem auch seinem Besitzer selbst Gewissheit über den Zustand einer Tür. Statt der Gegenüberstellung von harter Disziplin und flexiblem Gegenprogramm lässt sich in Bezug auf die zwingenden Schlösser daher auch ein anderes Foucault'sches Konzept in Anschlag bringen: das der Techniken des Selbst. Dabei handelt es sich um Verfahren, die es Individuen im Kontext einer „Sorge um sich" gestatten, das eigene Verhalten zu befragen, zu überwachen und auszubilden. Die Geschichte der Hygiene, die als Lehre und Praxis der Körperpflege eine nicht geringe Schnittmenge mit dem Konzept des Komforts hat, ist in dem Sinne wiederholt als Geschichte der Selbsttechniken gefasst worden.[25] Vor diesem Hintergrund lässt sich Chabannes' Sicherheitsschloss als Element einer entstehenden (Selbst-)Technologie verstehen, die auf das allgemeine häusliche Leben zielt. Ob als Berliner, Pariser oder Londoner Schlüssel dient es der selbst auferlegten Kontrolle einer so alltäglichen Handlung wie dem Türenschließen. Der unscheinbare Mechanismus verdeutlicht somit, dass und wie die Technisierung des Wohnens nicht nur architektonische Räume, sondern vielmehr auch den Wohnraum und seine Bewohnerinnen und Bewohner in ein neues Verhältnis setzt.

Der Fokus, den Projekte wie das von Chabannes um 1800 auf den Komfort und mithin neue technische wie architektonische Formen des Verknüpfens und Abschirmens legen, bleibt nicht ohne Folgen für das Verständnis des architektonischen Objekts. Die tiefgreifenden räumlichen und lebensweltlichen Auswirkungen des neuen Wohnkomforts äußern sich vielmehr von Anfang an auch auf diskursiver Ebene. Insbesondere im Zusammenhang mit Distributionssystemen wie der Dampfheizung oder dem Haustelegrafen entstehen auch neue Formen der Rede und Darstellung von Architektur. Ein zentraler Aspekt dieser Entwicklung ist das Aufkommen einer Begrifflichkeit, die als medial beschrieben werden kann. Neben dem Wort Medium selbst sind es Ausdrücke wie Kommunikation oder Übertragung, die im Kontext der Haustechnik Anwendung finden – einerseits bezogen auf die eigentlichen Technologien, andererseits bezogen auf die Bauelemente und Bauten, mit denen diese verknüpft sind. Obgleich diese Rede nicht unbedingt im Sinne heutiger Medien zur Verbreitung von Nachrichten und Informationen zu verstehen ist, sondern vor dem Hintergrund des zeitgenössischen, auf Newton zurückgehenden physikalisch-mechanischen Verständnisses von Medien als einem „Dazwischen", das in der Lage ist, Verbindungen herzustellen und Kräfte oder Wirkungen zu vermitteln, offenbart sie dennoch ein neues architektonisches Denken der Relationen und Übertragungsprozesse. Der gebaute Raum wird darin nicht mehr nur als Ort der Versammlung und des Austauschs seiner Bewohnerinnen und Bewohner, sondern auch als Gefüge zur Verteilung von Einflussgrößen verstanden.[26]

Bei Chabannes sind es vor allem zahlreiche Varianten des Wortes Kommunikation, die dazu dienen, Funktionsweisen und Auswirkungen in seinen neuen Häusern zu beschreiben. Der französische Kommunikationsbegriff deckt wie der englische zur damaligen Zeit ein breites Spektrum materieller und immaterieller Prozesse des Transports, der Verbindung, des Austauschs und der Übertragung ab.[27] Die entsprechenden Wendungen durchziehen Chabannes' Prospekt wie seine Patentschrift und finden sowohl im Zusammenhang mit dem Aspekt der Raumaufteilung als auch dem der Konstruktion und der Haustechnik Verwendung. Dabei stehen die einzelnen Innovationen nicht nur im Auftrag einer ausdrücklichen Gewährleistung von „Kommunikation" – indem sie Bewegungen und Energien übertragen oder Räume und Bauteile verbinden –, sondern auch in dem einer expliziten Verhinderung von „Kommunikation", so wie etwa im Fall des Küchenabzugs, der die Verbreitung von unangenehmen Gerüchen unterbinden soll.[28] Mitunter überlagern sich die Bemühungen des Förderns und Hemmens kommunikativer Prozesse sogar in ein und demselben Objekt. Ein Beispiel dafür ist die Doppeltür im Eingang des Hauses, die aufgrund ihrer Konstruktion Innen und Außen verbindet und gleichzeitig das Eintreten von kalter Luft verhindert.[29] Die Genüsse und Bequemlichkeiten, die das Chabannes'sche Projekt seinen Bewohnern und Bewohnerinnen verspricht, basieren demnach in gleichem Maße auf Verfahren der Kommunikation wie solchen der Anti-Kommunikation. Ebenso gezielt, wie der Wohnraum für bestimmte Einflüsse geöffnet wird, wird er für andere Einflüsse geschlossen. Diese relationale Natur modernen Komforts wird der fiktive englische Besucher am Ende seines Rundgangs intuitiv verstanden haben, wenn er sein abschließendes Lob als eine Reihung von Oxymora formuliert: „Fast kein Feuer und immer warm; weniger Diener und unendlich besser bedient; heißes Wasser, kaltes Wasser nach Belieben; eine Menge nützlicher und angenehmer Verbindungen; alle Vorteile eines großen Hauses und die ganze Ökonomie und Annehmlichkeit eines kleinen [...]: Das ist all das, was Sie mir gezeigt haben und was ich, von heute an, mit Ihnen teilen möchte."[30]

Es ist nicht bekannt, ob sich infolge der Publikation des *Prospectus d'un projet pour la construction de nouvelles maisons* tatsächlich Subskribenten für Chabannes' Häuser gefunden haben und ob seine Pläne jemals den Projektstatus verlassen haben. Gut zehn Jahre nach der Lancierung seines Unternehmens muss der Marquis erneut nach England fliehen – diesmal vor seinen Gläubigern, was gegen eine erfolgreiche Geschäftsentwicklung spricht.[31] Ungeachtet dessen stellt der Prospekt eine durchweg praktikable Synthese diverser zeitgenössischer Entwicklungen vor. Die technischen Innovationen, von denen Chabannes den fiktiven Besucher berichten lässt, stecken um 1800 zwar meist noch in Kinderschuhen und sind nur wenig bekannt, haben jedoch fast alle reale Vorbilder und finden in den folgenden Jahrzehnten konkrete Verbreitung in der westlichen Welt. Gleichermaßen sollte die mediale Architekturauffassung, die sich mit diesen Technologien verknüpft, im Laufe des 19. Jahrhunderts sukzessive zu einem integralen Bestandteil des Bauens werden.[32] Als eine Art *house of the future* avant la lettre bündelt das Projekt für neue Häuser die technologischen Möglichkeiten und Verheißungen seiner Zeit auf exemplarische Weise unter einem Dach und präfiguriert ein modernes Leben in komfortablen Verhältnissen.

Anmerkungen

1 Dieser Text basiert auf dem Kapitel „The Project for the Construction of New Houses" in Moritz Gleich: *Inhabited Machines. Genealogy of an Architectural Concept*. Basel 2023, S. 256–279.

2 Zur Kultur-, Technik- und Begriffsgeschichte des Komforts vgl. John E. Crowley: *The Invention of Comfort. Sensibilities and Design in Early Modern Britain and Early America*. Baltimore 2010; Renzo Dubbini: „Birth of the Idea of Comfort", in: Enrico Castelnuovo (Hg.), *History of Industrial Design. 1750–1850: The Age of the Industrial Revolution*. Mailand 1990, S. 86–107; Horst Mühlmann: *Luxus und Komfort. Wortgeschichte und Wortvergleich*. Bonn 1975.

3 Jean-Frédéric de Chabannes: *Prospectus d'un projet pour la construction de nouvelles maisons, dont tous les calculs de détails procureront une très-grande economie et beaucoup de jouissances. Par brevet d'invention*. Paris 1803, S. viii. Chabannes bietet seine Häuser zur Miete oder zur langfristigen Pacht an, scheint aber – in der damaligen Zeit ungewöhnlich für die Kundschaft, an die er sich richtet – im Besitz des für den Bau zu erwerbenden Bodens bleiben zu wollen. Ebd., S. 43–46.

4 Vgl. etwa Hans Rudolf Picard: *Die Illusion der Wirklichkeit im Briefroman des achtzehnten Jahrhunderts*. Heidelberg 1971, S. 9–14.

5 Jean-Frédéric de Chabannes und James Henderson: „Nouvelles manières économiques de construire des maisons, des édifices, etc.", INPI, 1BA1584, 1804. Das Patent ist publiziert als dies.: „Brevet d'invention de cinq ans, pour de nouvelles manières économiques de construire des maisons, des édifices, etc.", in: Gérard-Joseph Christian (Hg.), *Description des machines et procédés consignés dans les brevets d'invention, de perfectionnement et d'importation*, Bd. 3. Paris 1820, S. 69–86.

6 Vgl. etwa Jean-Frédéric de Chabannes: *A Short Essay on the Composition of Oeconomical Fuel, and of Various Mixtures that May be Used with Coal, [...]*. Lambeth 1801, S. iv, vi, 36.

7 Vgl. Jean-Charles Roman d'Amat: „Chabannes (Jean-Baptiste-Marie-Frédéric de)", in: *Dictionnaire de biographie française*, Bd. 8. Paris 1959, Sp. 104–105, sowie Martin Meade und Andrew Saint: „The Marquis de Chabannes, Pioneer of Central Heating and Inventor", in: *Transactions of the Newcomen Society* 66, 1994–95, S. 193–213. Siehe außerdem Emanuelle Gallo: „La Contribution du Marquis de Chabannes (1762–1836) à l'innovation en matière de construction de chauffage et d'urbanisme", in: Robert Carvais u. a. (Hg.), *Edifice et artifice. Histoires constructives*. Paris 2010, S. 1117–1126.

8 Jean-Frédéric de Chabannes: *On Conducting Air by Forced Ventilation, and Regulating the Temperature in Dwellings, [...]*. London 1818, S. iii.

9 Vgl. Mark Girouard: *Life in the English Country House. A Social and Architectural History*. New Haven/London 1978, S. 262–266. Für Frankreich siehe Michèlle Perrot: *Les Premières Sonnettes à domestiques*, in: *L'Histoire* 49, 1982, S. 98–99. Zum Windbräter und anderen frühen Küchengeräten siehe Gertrud Benker: *In alten Küchen. Einrichtung, Gerät, Kochkunst*. München 1987, S. 39–41.

10 Marc-Auguste Pictet: „Neuvième lettre de M. A. Pictet", in: *Bibliothèque britannique* 19, 1802, S. 372–400, hier S. 386–392. Siehe dazu auch George E. Ellis: *Memoir of Sir Benjamin Thompson, Count Rumford, with Notices of His Daughter*. Philadelphia 1871, S. 426–429.

11 Chabannes 1803 (s. Anm. 3), S. xiii–xiv.

12 Ebd.

13 Vgl. Chabannes und Henderson 1804 (s. Anm. 5), S. 83.

14 Siehe dazu anhand des Beispiels der in den 1830er-Jahren aufkommenden elektrischen Klingel auch Florian Sprenger: „Elektrifizierte Schwellen. Zur Kulturtechnik der Klingel", in: Susanne Hauser und Julia Weber (Hg.), *Architektur in transdisziplinärer Perspektive. Von Philosophie bis Tanz. Aktuelle Zugänge und Positionen*. Bielefeld 2015, S. 196–220.

15 Zur dekorativen Verwendung von Gusseisen siehe John Gloag und Derek Bridgwater: *A History of Cast Iron in Architecture*. London 1948, S. 53–156, zur allgemeinen Verbreitung von Eisen als Baumaterial Pedro Guedes: *Iron in Building, 1750–1855. Innovation and Cultural Resistance*. Diss. University of Queensland 2010, und Christian Schädlich: *Das Eisen in der Architektur des 19. Jahrhunderts*. Aachen/Berlin 2015.

16 Vgl. Turpin Bannister: „The First Iron-Framed Buildings", in: *Architectural Review* 107, 1950, S. 231–246.

17 Casanova etwa schreibt in seinen in den 1790er-Jahren verfassten Memoiren, dass er 1765 während eines Aufenthalts in St. Petersburg ein Haus des Industriellen Pawel Grigoryevich Demidow besucht habe, das bis auf die Möbel vollständig aus Eisen gewesen sei, vgl. Giacomo Girolamo Casanova: *Mémoires de J. Casanova de Seingalt, écrits par lui-mème*, Bd. 10. Paris 1933, S. 119.

18 Vgl. dazu vor allem Chabannes und Henderson 1804 (s. Anm. 5), S. 69–72.

19 Vgl. überblickend Georg Glasze: „Bewachte Wohnkomplexe und ‚die europäische Stadt' – eine Einführung", in: *Geographica Helvetica* 58, 4/2003, S. 286–292, hier S. 286.

20 Chabannes 1803 (s. Anm. 3), S. 10.

21 Vgl. grundlegend Markus Krajewski: *Der Diener. Mediengeschichte einer Figur zwischen König und Klient*. Frankfurt a. M. 2010; ders.: „Vom Servant zum Server. Die Herrschaft der stummen Diener und elektronischen Gehilfen", in: *ARCH+* 205, 2012, S. 20–25.

22 Chabannes 1803 (s. Anm. 3), S. 1–42.

23 Chabannes und Henderson 1804 (s. Anm. 5), S. 13–14.

24 Bruno Latour: *Der Berliner Schlüssel. Erkundungen eines Liebhabers der Wissenschaften*. Berlin 1996, S. 46–51.

25 Vgl. Michel Foucault: „Gebrauch der Lüste und Techniken des Selbst", in: ders., *Schriften in vier Bänden. Dits et Ecrits*, Bd. 4: *1980–1988*, hg. v. Daniel Defert und François Ewald. Frankfurt a. M. 2005, S. 658–686; und zur Hygiene als Selbsttechnik Roselyne Rey: „Hygiène et souci de soi", in: *Communications* 56, 1993, S. 25–39, sowie Philipp Sarasin: *Reizbare Maschinen. Eine Geschichte des Köpers 1765–1914*. Frankfurt a. M. 2001.

26 Siehe dazu Moritz Gleich: „Vom Speichern zum Übertragen. Architektur und die Kommunikation der Wärme", in: *Zeitschrift für Medienwissenschaft* 12, 2015, S. 19–32.

27 „Er bezieht sich manchmal auf die *Idee des Teilens* oder *der Übertragung*, wie in *Kommunikation von Bewegung*; die der *Kontiguität*, der *Gemeinsamkeit* & der *Kontinuität*, wie in *Kommunikation von zwei Kanälen*, *Kommunikationstüren*; die des *Zurschaustellens von einer Person für eine andere*, wie in *Kommunikation von Werken* &c.", „Communication", in: *Encyclopédie ou Dictionnaire raisonné des*

sciences, des arts et des métiers, Bd. 3. Paris 1753, S. 727–729, hier S. 727.

28 Chabannes 1803 (s. Anm. 3), S. xiv.

29 Ebd., S. 2, 10.

30 Ebd., S. 41–42.

31 Vgl. Roman d'Amat 1959 (s. Anm. 7), Sp. 104.

32 Siehe, am Beispiel des Zweckbaus, Susanne Jany: *Prozessarchitekturen. Medien der Betriebsorganisation (1880–1936)*. Konstanz 2019.

Regale, Magazine, Copyright. Der Neubau der Library of Congress[1]

Zeynep Çelik Alexander

Am 10. Januar 1876 klagte Ainsworth Rand Spofford, Chefbibliothekar der Library of Congress, in einem Bericht an den zuständigen Ausschuss des US-Kongresses, seine Arbeit sei darauf reduziert worden, „das größte Chaos in Amerika zu leiten".[2] Nach Spoffords Darstellung war die Situation in der Bibliothek katastrophal:

> Dies ist das vierte Jahr, in dem der Kongress auf die Notwendigkeit aufmerksam gemacht wurde, zusätzlichen Raum für die rasch anwachsenden Bestände dieser Bibliothek zu schaffen. In derselben Zeit wurden 60 000 Bände in die Sammlung aufgenommen. Die beiden 1866 errichteten Flügel, die den gesamten Raum des Kapitols einnehmen, der für die Bibliothek zur Verfügung gestellt werden konnte, sind mehr als voll. Die provisorischen Lösungen, Bücher in Doppelreihen auf die Regale zu stellen und Hunderte neue hölzerne Regale aufzubauen, um den Überlauf aus den Alkoven aufzufangen, sind erschöpft, und die Bücher werden nun aus reiner Notwendigkeit überall auf dem Boden gestapelt.[3]

Die Unordnung beschränkte sich nicht allein auf Bücher: Der Boden war mit Bergen von Landkarten, Broschüren, Zeitungen, Stichen, Partituren und anderem mehr übersät. Bilder der alten Library of Congress bestätigen Spoffords Darstellung (Abb. 1). Tatsächlich war es jedoch niemand anderer als Spofford selbst, der die Library of Congress in dieses Chaos gestürzt hatte – und das nicht nur, weil er 1865 den Umzug von etwa 40 000 Bänden aus der Smithsonian Institution vorangetrieben hatte, als ersten Schritt eines ambitionierten Plans, die Library of Congress von einer bescheidenen Parlamentsbibliothek in eine Nationalbibliothek zu verwandeln, die es mit den konkurrierenden Nationalbibliotheken Europas aufnehmen konnte. Während die Papierflut auch mit der zunehmenden Alphabetisierung und der Einführung von Technologien wie der Rotationspresse zu tun gehabt haben mag, so war der wichtigere Faktor eine Gesetzesänderung, die Spofford mitverantwortete. Im Jahr 1870, also nur sechs Jahre vor dem Bericht, hatte Spofford den Kongress erfolgreich davon überzeugt, ein Gesetz zu verabschieden, das jeden Autor, der ein Copyright für sein Werk beantragt, dazu verpflichtet, zwei Exemplare bei der Library of Congress zu hinterlegen.[4] Allein im Jahr

1871 hatte die Bibliothek 19826 Werke erhalten.[5] Kein Wunder also, dass nun jeder Winkel des Raums mit Papier gefüllt war.

Der Copyright Act von 1870 war nicht der erste Versuch in den Vereinigten Staaten, geistiges Eigentum rechtlich zu schützen, aber wohl der erste, der Urheberrechtsansprüche durchsetzbar machte.[6] Die Rechtsgeschichte führt die Entstehung der Idee des Schutzes von Autorschaft in der Regel auf die frühe Neuzeit zurück, als die maschinelle Vervielfältigung von Texten möglich wurde, und verortet sie in Gesetzen wie dem englischen Statute of Anne aus dem 18. Jahrhundert.[7] Letzterem zufolge sollten die Gesetze das „Drucken, Nachdrucken und Veröffentlichen von Büchern ohne die Zustimmung der Autoren und Eigentümer" einschränken, um „gelehrte Männer" nicht zu entmutigen, „nützliche Bücher zu verfassen".[8] Die US-Verfassung vertrat eine ähnliche Logik in einer Bestimmung, die dem Kongress die Aufgabe zuwies, „den Fortschritt der Wissenschaft und der nützlichen Künste zu fördern, indem er den Autoren und Erfindern für begrenzte Zeit das ausschließliche Recht an ihren jeweiligen Schriften und Entdeckungen sichert".[9] Allerdings verlief diese Geschichte in den Vereinigten Staaten alles andere als geradlinig:

Zahlreiche Gesetze und Novellierungen wurden im Laufe des 19. Jahrhunderts verabschiedet, während mal die Kanzleien der Bundesbezirksgerichte, mal das Büro des Außenministers, die Smithsonian Institution, das Patentamt im Innenministerium oder die Library of Congress als Hinterlegungsstelle für das Copyright eingesetzt wurden. Es besteht jedoch Konsens darüber, dass diese Urheberrechtsgesetze in den Vereinigten Staaten erst ab 1865, als das Copyright von der Hinterlegung eines Pflichtexemplars abhängig gemacht wurde, bzw. ab 1870, seitdem die Library of Congress alle Pflichtexemplare verwahrt, durchsetzbar wurden.[10] Die Rechnung war einfach: Durch die Zahlung einer geringen Antragsgebühr und die Hinterlegung zweier Belegexemplare bei der Library of Congress sollte der Autor oder die Autorin für eine begrenzte Anzahl von Jahren ein Copyright erhalten, während die Bibliothek den Papierkram erledigen und im Gegenzug zwei kostenlose Exemplare und – was noch wichtiger war – die Gewissheit erhalten sollte, dass ihre Sammlungen auf zuverlässige wie systematische Weise wuchsen. Die Auswirkungen dieser simplen rechtlichen Vereinbarung waren tiefgreifend. Wie der Historiker John Cole formuliert hat, veränderte die Zentralisierung aller Urheberrechtsangelegenheiten in der Library of Congress „dauerhaft das Wesen des Urheberrechtsgeschäfts ebenso wie das Wesen der Bibliothek".[11]

Woher kam die Schlagkraft des neuen Gesetzes? Welche Mechanismen sorgten im Amerika des späten neunzehnten Jahrhunderts dafür, dass geistiges Eigentum, das zuvor nur de jure bestand, zum faktischen Recht wurde? Debatten über die Geschichte des geistigen Eigentums wurden in der Vergangenheit von der sogenannten „persönlichkeitsbasierten Rechtfertigung" beherrscht. Diese Theorie beruht auf einer Vorstellung von „Selbsteigentum", die gelegentlich auch als „possessiver Individualismus" bezeichnet wird – d.h. auf jener Idee der Aufklärung, dass der Einzelne[12] Eigentümer seiner körperlichen und geistigen Fähigkeiten ist.[13] Es ist die vermeintliche Zeitlosigkeit der Kategorie des Individuums, die dieser Theorie gemäß Autorschaft und Anspruch auf geistige Souveränität über ein Werk untermauert.[14] In diesem Aufsatz schließe ich an Positionen an, die diese Naturalisierung von Autorschaft und die Transformation des Urheberrechts in eine vereindeutigte Kategorie kritisiert haben, aber ich tue das, indem ich einen weniger philosophischen und eher alltäglichen Sachverhalt untersuche: die Ausstattung des Neubaus der Library of Congress, der von 1886 bis 1897 östlich des Kapitols errichtet wurde. Einem solch ehrgeizigen Wissensspeicher eine Architektur zu verleihen, machte es nicht nur möglich, „die Eintragung jedes einzelnen Copyright zu verfolgen und so Fragen des literarischen Eigentums nachzugehen",[15] die Einrichtung einer Datenbank zu dieser beeindruckenden Sammlung hatte vielmehr eine transformative Wirkung auf die Autorschaft selbst: Durch die Registrierung, Strukturierung, Zusammenfassung und Verbreitung einschlägiger Informationen wurde ein Nutzwert für etwas geschaffen, das ansonsten wertlos gewesen wäre.[16] Das neue Gebäude, das dank Spoffords Lobbyarbeit entstand, spielte eine entscheidende Rolle in diesem Prozess. Dasselbe gilt für die Büchermagazine, die im Herzen des neoklassizistischen Bauwerks eingerichtet wurden, für die Zettelkataloge, die bald darauf aufgebaut wurden, wie für die Regale und Karteikästen, die diese Einrichtungen beherbergten.

In diesem Sinne stimmt mein Ansatz mit dem in diesem Band thematisierten Befund überein, dass das breite Spektrum menschlicher Aktivitäten im Bereich der „Kultur" nur durch eine genaue Untersuchung jener materiellen Bedingungen verständlich wird, die Kultur überhaupt erst ermöglichen. Dieser Denkansatz lässt sich vor allem in der Arbeit von Bernhard Siegert finden, der, indem er auf den Ursprung des Kulturbegriffs in der „Kultivierung" zurückgeht, zu jenen deutschen Medienwissenschaftlern und -wissenschaftlerinnen zählt, die das Konzept der *Kulturtechnik* als einen überzeugenden Ansatz für die Geisteswissenschaften vorgeschlagen haben.[17] Eine zentrale Erkenntnis der Kulturtechnikforschung ist, so Siegert, dass sie sich „vehement gegen jede Ontologisierung philosophischer Begriffe wendet". Das bedeutet, dass selbst jene Begriffe, die in der westlichen Philosophie als apriorisch gelten, von Kulturtechniken abhängig sind: „Es gibt nicht *den Menschen* unabhängig von Kulturtechniken der Hominisierung, es gibt nicht *die Zeit* unabhängig von Kulturtechniken der Zeitrechnung und Zeitmessung, es gibt nicht *den Raum* unabhängig von Kulturtechniken der Raumbeherrschung und so weiter."[18] Im Anschluss daran fokussiere ich hier darauf, dass räumliche und materielle Bedingungen – auch so scheinbar unbedeutende wie die Ausstattung eines Gebäudes – eine entscheidende Rolle bei der Konstitution einiger der erhabensten Konzepte unseres Rechts wie unserer Kultur überhaupt spielen. In diesem Sinne ist die Architekturgeschichte nicht nur ein Fachgebiet unter anderen, das sich mit der Rolle der Technik bei der Entstehung von Kultur befasst; aufgrund ihrer Konzentration auf die Art und Weise, wie Gegenstände im Raum angeordnet werden, ist sie vielmehr in der Lage, eine Schlüsselrolle in diesem intellektuellen Projekt zu spielen.

•

Der neoklassizistische Entwurf für das heutige Thomas-Jefferson-Gebäude der Library of Congress stammt von den Washingtoner Architekten John L. Smithmeyer und Paul J. Pelz, die zwar 1873 den Architekturwettbewerb gewonnen hatten, aber dreizehn Jahre lang warten mussten, bis der Kongress ein Gesetz verabschiedete, das den Bau genehmigte (Abb. 2). Sie wurden schließlich durch Edward Pierce Casey ersetzt, der zusammen mit dem Army Corps of Engineers für die Fertigstellung des Baus noch vor Zeitplan und unter Budget verantwortlich war. Der nach zahlreichen Fehlanläufen verwirklichte Entwurf war von den Vorgaben Spoffords geprägt, dem der berühmte Lesesaal der Bibliothek des British Museum vorschwebte, mit seinem zentralen Auskunftsschalter und den strahlenförmig davon ausgehenden Schreibtischreihen. Für Spofford ging es dabei nicht einfach darum, einem bekannten Modell nachzueifern. Er vertrat die Ansicht, dass ein kreisförmiger Grundriss die rationellste Anlage einer modernen Bibliothek sei, weil er eine „erweiterbare Lösung" biete, die es einer Bibliothek erlaube, „in alle Richtungen zu wachsen, wobei die Einheit des Grundrisses gewahrt und jene Hindernisse vermieden werden, durch die die meisten großen Sammlungen in mehrere Bibliotheken aufgeteilt werden".[19] Der Grundriss der neuen Library of Congress folgte dem Vorbild der Bibliothek des British Museum in groben Zügen: Sie bestand aus vier Flügeln, die um einen Hof herum angeordnet waren, in dessen Mitte sich ein achteckiger Lesesaal befand (Abb. 3). Während in der Bibliothek des British Museum die Magazine die Resträume ausfüllten, die zwischen der kreisförmigen Geometrie des Lesesaals und der rechteckigen Geometrie des Hofes, in den der Saal eingefügt war, entstanden, verbanden die Magazine der neuen Library of Congress den Hauptlesesaal mit

Abb. 2: Die neue Library of Congress (Thomas-Jefferson-Gebäude), Washington DC,
fertiggestellt 1897, Architekten: John L. Smithmeyer, Paul J. Pelz und Edward Pearce Casey

dem Ost-, Nord- und Südflügel des Gebäudes und wurden in den folgenden
Jahrzehnten in die südöstlichen und nordöstlichen Höfe der Bibliothek hinein erweitert. Die konzentrische Logik des kreisförmigen Lesesaals wurde
in der Library of Congress so mit der geradlinigen Logik moderner Magazine gekreuzt.

Zeitgenössischen Berichten zufolge stellten die von Snead and Company Iron
Works konstruierten Magazine die wichtigste Neuerung des Gebäudes dar.[20]
Snead and Company hatte den zugrundeliegenden Entwurf 1890 patentieren lassen und dafür 1893 auf der Weltausstellung in Chicago eine Goldme-
daille erhalten, doch erst mit dem Bau der Magazine der Library of Congress
wurde die Herstellung von Bibliotheksregalen zum Kerngeschäft des Unternehmens.[21] Das Innovative an den Snead-Regalen bestand darin, dass sie

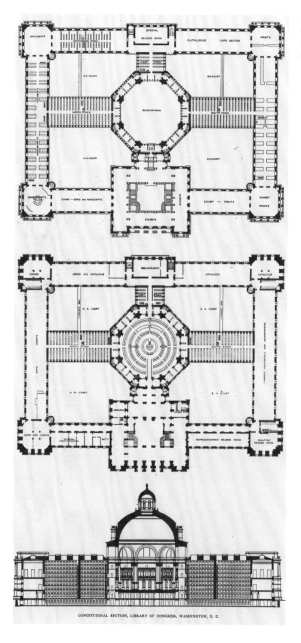

LONGITUDINAL SECTION, LIBRARY OF CONGRESS, WASHINGTON, D. C.

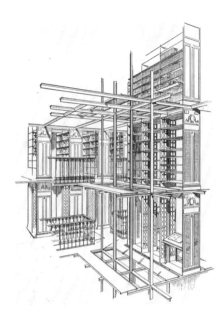

tragende Konstruktionen waren, d.h., die Regale „ruhten nicht auf dem Fuß-
boden, sondern vielmehr ruhten die Böden auf dem Regalsystem".[22] Der Kern
der Konstruktion bestand aus einem System von Stahlstützen, die durch einen
horizontalen Rahmen aus Stahlträgern verbunden waren, der auch die dünnen Bodenplatten trug (Abb. 4). Während die Magazine ursprünglich als
selbsttragendes System konstruiert waren, das von gemauerten Wänden umgeben war, konnten sie durch die Verstärkung mit diagonalen Verstrebun-
gen vollkommen von der Gebäudestruktur unabhängig gemacht werden.[23]
Ein „richtiges Büchermagazin" wurde, wie es der zuständige Ingenieur Bernard R. Green ausdrückte, zwar „innerhalb eines Gebäudes" gebaut, war aber
„nicht notwendigerweise ein Teil davon".[24] Das System sollte 1915 in der Widener Library in Harvard eine Höhe von zehn Etagen erreichen, 1930 in Yale von
16 und 1934 an der Columbia von 19 Etagen.[25] Im Vergleich zu diesen Universi-
tätsbibliotheken waren die Magazine der Library of Congress bescheiden: Sie
bestanden aus neun Etagen von jeweils sieben Fuß Höhe (Abb. 5). Ein ausge-
klügeltes System der Beleuchtung, Belüftung und Kommunikation (inklusive

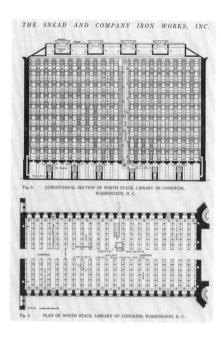

THE SNEAD AND COMPANY IRON WORKS, INC.

Fig. 4.   LONGITUDINAL SECTION OF NORTH STACK, LIBRARY OF CONGRESS, WASHINGTON, D. C.

Fig. 5.   PLAN OF NORTH STACK, LIBRARY OF CONGRESS, WASHINGTON, D. C.

Abb. 5: Schnitt und Grundriss des nördlichen Magazins der neuen Library of Congress

Rohrpost sowie später auch Sprechrohren und Telefonen) wurde sorgfältig in die Regale integriert, was es dem Bibliothekspersonal erlaubte, wie Green provokant bemerkte, selbst „im Dunkeln" auf die Bücherregale zuzugreifen.[26] Förderbänder brachten die Bücher von oben und unten aus den Magazinen in den Hauptlesesaal und durch einen Tunnel zum Kongress – ein System, das Berichten zufolge so effizient war, dass ein Buch innerhalb von acht bis zwölf Minuten nach der Bestellung am Schreibtisch der Lesenden eintraf.[27] Als „Bau innerhalb eines Gebäudes" erfüllten die Magazine der Library of Congress Spoffords Fantasie von einer „expansiven", konzentrisch wachsenden Bibliothek – zumindest, wenn man davon absieht, dass die Regale linear wuchsen. Auch für Green lag der größte Vorteil des Snead-Systems in seiner Flexibilität und Wachstumsfähigkeit. Obwohl das Unternehmen die Rhetorik der Standardisierung erst ab den 1930er-Jahren einsetzte, waren die Elemente des Systems von Beginn an so gestaltet und konstruiert, dass sie austauschbar waren.[28] Das System ließ sich nicht nur problemlos für monumentale

108

Bibliotheken wie die Library of Congress, die New York Public Library oder die Widener Library in Harvard adaptieren, sondern wurde auch in zahlreichen kleineren Carnegie- und College-Bibliotheken eingesetzt; laut den Katalogen des Unternehmens bot es noch weitere Anpassungsmöglichkeiten, insofern Komponenten aus den oberen Teilen mit denen weiter unten ausgetauscht werden konnten, obwohl letztere mehr Last zu tragen hatten.[29] Diese Flexibilität hatte enorme Auswirkungen auf die Erschließung und Katalogisierung einer Sammlung. Da „die Anpassungsfähigkeit eines gut konzipierten Bücherregals ebenso universell [war] wie die Möglichkeit, darin beliebige Mengen an Büchern in einer geordneten und zugänglichen Aufstellung zu lagern", so Green, „[war] der *Standort* keine ernsthafte architektonische oder administrative Frage mehr".[30] Während Regalnischen oder Alkoven – ein Erbe des frühneuzeitlichen Bibliotheksbaus – den Standort eines Buchs in der Bibliothek fixierten (in der alten Library of Congress sollten beispielsweise die Philosophiebücher in einer eigens dafür vorgesehenen Regalnische untergebracht werden), konnten die Bücher in den Snead-Regalen je nach Bedarf in andere Regale, Abteilungen oder Stockwerke wandern.

Letztlich konnten die Snead-Regale allein jedoch wenig dazu beitragen, das Chaos einzudämmen, das Spofford veranlasst hatte, sich für einen Neubau einzusetzen. Im Jahr 1897 wurden innerhalb von zwölf Wochen 800 Tonnen Drucksachen – 787715 Bücher und 218340 Zeitschriften – von der alten Bibliothek im Kapitol in das neu errichtete Gebäude gebracht.[31] Am Ende konnten nur 400000 dieser Bände den Besucherinnen und Besuchern wieder zur Verfügung gestellt werden.[32] Allen Berichten zufolge war die Bibliothek nun noch unordentlicher, als sie es im Kapitol unter Spoffords Aufsicht gewesen war. Das Problem stellte sich, wie es der neue Kongressbibliothekar John Russell Young in seinem Bericht in jenem Jahr treffend formulierte, als „ein Schiff ohne Ruder" dar – womit er meinte, dass die Bibliothek keinen richtigen Katalog besaß.[33]

●

Spofford hatte sich dem Problem der Katalogisierung gegenüber gleichgültig gezeigt. Er lehnte alle Versuche ab, „ein universelles Gesetz für Anlage und

Einrichtung von Bibliotheken" aufzustellen, und bot stattdessen sein Gedächtnis als ultimativen Katalog an.[34] Die frühesten Kataloge der Bibliothek waren nach Bandgröße – Folio, Oktav und Duodez – eingeteilt, wobei die Einträge für jede Größe in der Reihenfolge des Zugangs nummeriert wurden.[35] Nach dem Erwerb von Thomas Jeffersons Bibliothek im Jahr 1815 folgte die Sammlung Jeffersons Ordnung, die sich wiederum Francis Bacons Einteilung der Wissenschaften nach den Seelenvermögen verdankte: Geschichte entsprach dabei dem Gedächtnis, Poesie der Fantasie und Philosophie der Vernunft. Im Laufe des neunzehnten Jahrhunderts bemühte sich ein Bibliothekar nach dem anderen, die weitläufige Sammlung in diese dreiteilige Struktur einzupassen. Der 1815 vom Kongressbibliothekar George Watterston veröffentlichte Katalog beispielsweise behielt Jeffersons Bacon'sches System bei, modifizierte es jedoch, indem er die Zahl der Unterkategorien von vierzig auf vierundvierzig erhöhte.[36] Jeffersons Gliederungsschema wurde auch dann noch beibehalten, als es notwendig wurde, Begriffe wie Eisenbahn, Sport, Fotografie, Tischtennis, Kühlhaus usw. in das Sachregister aufzunehmen.[37] Ein Kongressbibliothekar, John S. Meehan, versuchte sogar, die vierundvierzig Klassen von Watterston wieder auf die ursprünglichen vierzig von Jefferson zu reduzieren.[38] Wenn also in den Vereinigten Staaten um die Jahrhundertmitte so etwas wie eine umfassende bibliografische Datenbank erstellt wurde, dann nicht in der Library of Congress.[39] Der Katalog der Bibliothek wurde eine Zeit lang tatsächlich als eine Art Sammelalbum geführt: eine Collage von ausgeschnittenen und in einen Band eingeklebten Texten, die im Laufe der Zeit immer weiter wuchs.[40] Im Jahr 1864 – also einige Jahre vor Einführung des Copyright Act – veröffentlichte Spofford den letzten umfassenden Bibliothekskatalog in Buchform.[41] Dieser Katalog wurde „nach dem Prinzip aufgebaut, dass der Leser alle Werke zu einem beliebigen Thema in der entsprechenden Rubrik findet, und das mit einem einzigen Verweis". Spofford skizzierte hier eine Katalogisierungsstrategie, die von der seiner Vorgänger abwich:

> Der Zweck dieses Katalogs ist es, den direktesten Schlüssel zu den Büchern jedes Themas zu bieten, das von der Library of Congress erfasst wird. Sein Ziel ist es nicht, ein bibliografisches System zu liefern oder den zahlreichen

bestehenden Versuchen zur Klassifizierung des menschlichen Wissens ein weiteres hinzuzufügen. Bei einer solchen Klassifizierung wäre, von der Natur der Sache her, jede andere Anordnung außer der alphabetischen eine bloß willkürliche.[42]

Die Bacon'sche Organisation der Bibliothek war, wie zahllose neuzeitliche Systeme zur Einteilung und Klassifikation des Wissens, eine Art Kosmogramm gewesen.[43] Das heißt, sie behandelte die Bibliothek als *Abbild* des menschlichen Geistes – ja des Universums überhaupt – und versuchte, die Prinzipien, von denen man annahm, dass sie Letztere beherrschten, auf die Ordnung des Ersteren anzuwenden. Spoffords alphabetische Organisation der Sammlung war, wie die vieler Enzyklopädisten, ein Versuch, die Verbindung zwischen der Ordnung des Kosmos und der Ordnung des Wissens aufzulösen.[44] Doch trotz seiner Tiraden gegen die Bacon'sche Wissensorganisation kehrte Spofford schließlich zu Watterstons System mit seinen vierundvierzig Unterklassen zurück, um sie jedoch in zehn Hauptkategorien zu gruppieren. „Die verschiedenen Abteilungen der Theologie, des Rechts und der Medizin", so schrieb er, „lassen sich so in alphabetischer Ordnung unter diesen allgemeinen Rubriken auffinden, statt über den ganzen Katalog verstreut zu sein."[45] Sein System beseitigte Jeffersons Bacon'sche Ordnung also weniger, als dass es sie mit pragmatischen Lösungen verband.

Dass die neue Bibliothek einen Index gebrauchen könnte, der etwas anderes war als ein Buch, hätte Spofford vielleicht in den Sinn kommen können, wenn ihm die Bemühungen liberal gesinnter Sozialreformer wie Charles A. Cutter und Melvil Dewey nicht völlig gleichgültig gewesen wären.[46] Cutter, Chefbibliothekar des Boston Athenæum, und Dewey, zunächst Chefbibliothekar am Amherst College, dann an der Columbia University und schließlich an der New York State Library in Albany, spielten eine zentrale Rolle bei der Gründung der American Library Association auf der Centennial International Exhibition 1876 in Philadelphia; und für beide hielt das aufkommende Feld der Bibliothekswirtschaft (einer Disziplin, die später als Bibliothekswissenschaft bekannt werden sollte) nicht nur eine Blaupause für die Organisation von Büchern bereit, sondern für die Gestaltung der modernen Gesellschaft im Allgemeinen.[47] „Früher glich eine Bibliothek einem Museum und ein Bibliothekar einem Mäusefänger zwischen verstaubten Büchern, und die Besucher betrachteten mit neugierigen Augen alte Bände und Manuskripte", wie Dewey in der ersten Ausgabe der offiziellen Zeitschrift der American Library Association schrieb; „heute ist eine Bibliothek eine Schule, der Bibliothekar ein Lehrer im besten Sinne und der Besucher ein Leser inmitten von Büchern, so wie ein Handwerker inmitten seiner Werkzeuge."[48] Für Reformer wie Cutter und Dewey war die Bibliothek also nicht irgendeine moderne Institution: Sie war die Institution der Moderne selbst.

Cutter und Dewey entwickelten jeweils unterschiedliche, aber letztlich ähnliche Systeme zur Organisation ihrer Bibliotheken. Deweys absichtlich falsch – ohne „e" – geschriebene *relativ*-Klassifikation, die in provokantem Gegensatz zu dem stand, was er als die „absoluten" Klassifizierungssysteme der Vergangenheit ansah, ordnete die Bücher nach einer den Gegenstand bezeichnenden Zahl von 0 bis 9 und fügte Dezimalpunkte für jede Unterabteilung an.[49] Cutters „expansive" Klassifikation wiederum, die schließlich zum Klassifikationssystem der Library of Congress werden sollte, zeichnete jedes Buch nach Thema, Autor und Erscheinungsdatum aus.[50] Ein Werk über die französische Geschichte war beispielsweise unter „F 39" zu finden: „F" für Geschichte und „39" für Frankreich. Cutter argumentierte, dass einer der Vorzüge des Systems in seiner Flexibilität lag: Die Sachgebiete und ihre Unterabteilungen konnten nach Bedarf erweitert und das Klassifikationsschema an die Größe der Bibliothek angepasst werden.[51] Wie Markus Krajewski gezeigt hat, bestand der Vorteil dieser Systeme tatsächlich darin, dass sie durch das bloße Hinzufügen eines zusätzlichen Buchstabens oder einer Zahl unendlich variiert werden konnten.[52] Dewey war sich wie Spofford darüber im Klaren, dass die Einteilung der Bibliothek in neun Klassen willkürlich war, vertrat aber die Meinung, dass ein gewisses „Prokrustesbett" notwendig sei, damit das System effizient funktioniere.[53] Dies bedeutete jedoch nicht, dass die praktischen Anforderungen der Bibliothek „theoretischer Harmonie und Genauigkeit" zum Opfer fallen sollten.[54]

In gewissem Sinne waren Cutters „expansives" und Deweys „relatives" Klassifikationssystem die logische Ergänzung zu Sneads erweiterungsfähigen

und austauschbaren Bibliotheksregalen. Ein relatives Klassifizierungssystem katalogisierte die Bücher nicht nach dem ihnen zugewiesenen Platz in einem Alkoven oder einem idealisierten kreisförmigen Grundriss; es war daher in einem Snead-Bücherregal besser aufgehoben, da es dort nur darauf ankam, wo die Bücher im Verhältnis zu ihren Nachbarn standen. Da diese Systeme den „relativen" und nicht den „absoluten" Standort eines Buches festhielten, musste der Katalog nicht überarbeitet werden, wenn die Sammlung im Laufe der Zeit wuchs oder neue Unterkategorien eingeführt wurden.[55] Magazine, die nach einem relativen Klassifizierungssystem geordnet waren, waren gegen die Abstraktionen einer metaphysischen Ordnung ebenso immun wie gegen die Begrenztheit der Regale, auf denen die Bücher standen.

Dass Dewey sein Dezimalsystem mit einem „Kasten mit neun Fächern" vergleichen sollte, ist insofern bezeichnend.[56] Er bezog sich damit auf ein Büromöbel des neunzehnten Jahrhunderts, das ein Raster von Öffnungen aufwies, deren Funktion absichtlich unterbestimmt blieb, damit Schriftstücke darin nach Bedarf an- und umgeordnet werden konnten. Deweys Äußerung war jedoch nicht nur metaphorisch gemeint. 1876, im selben Jahr, in dem die American Library Association ins Leben gerufen wurde, gründete er in Boston ein Unternehmen, das Bibliotheken mit spezieller Ausstattung – inklusive seines eigenen Regalsystems – versorgte. Das Erstellen eines Katalogs aus losen

Blättern anstatt in Form gebundener Bände war eine Technik, die von Bibliophilen seit der frühen Neuzeit angewandt wurde, aber erst als Deweys Firma, das Library Bureau, begann, Katalogkästen und die dazugehörigen Papierwaren anzubieten, wurde der Zettelkatalog zum festen Bestandteil der modernen Bibliothek (Abb. 6).[57] Diese Entwicklung wies direkte Parallelen zu Veränderungen in den Büros auf. Während das wichtigste Ordnungsmittel im Büro des neunzehnten Jahrhunderts Verteilerschränke waren, die der Aufbewahrung von geöffneten und gefalteten Briefen dienten, kamen in den 1860er-Jahren auf beiden Seiten des Atlantiks verschiedene horizontale und vertikale Ablagetechniken auf, die nicht nur für Briefe, sondern alle Arten von Dokumenten geeignet waren.[58] Um 1900 konnte das Library Bureau daher nicht nur Bibliotheken zu seinen Kunden zählen, sondern auch Eisenbahngesellschaften, Banken, Krankenhäuser, Fabriken, Versandhäuser und andere mehr.

Der vom Unternehmen vermarktete Zettelkatalog war im Wesentlichen ein vertikal befüllter Karteischrank für standardisierte Karten, die für neu aufgenommene Titel hinzugefügt, für aussortierte Titel entfernt und innerhalb der Karteikästen je nach Bedarf neu sortiert werden konnten. Querverweise wurden dadurch einfacher: Ein und dieselbe Karte konnte einfach kopiert und unter verschiedenen Rubriken – Autor, Thema, Titel usw. – in separaten

Abb. 8: Die Karteikarten-
abteilung der Library of
Congress, ca. 1919

Schränken abgelegt werden. „Das Hauptmerkmal des Zettelkatalogs, das Bibliothekare in aller Welt veranlasst hat, diesen als die größte bibliothekarische Errungenschaft zu betrachten", erklärte der Produktkatalog von 1890, „ist die Mühelosigkeit, ihn auf dem neuesten Stand und in perfekter Ordnung zu halten."[59] Eine in Form von Karteikarten aufgebaute bibliografische Datenbank versprach, niemals zu veralten oder unbrauchbar zu werden (zumindest nicht, bis sie durch eine komplett andere Technologie ersetzt wurde). Unter der Leitung von George Herbert Putnam (dem früheren Leiter der Boston Public Library) entschloss sich die Library of Congress daher schließlich, ein Klassifizierungssystem zu übernehmen, das sich an Cutters „expansivem" System orientierte; und um die Jahrhundertwende hatten Zettelkataloge, wie sie vom Library Bureau angeboten wurden, die gebundenen Kataloge im achteckigen Lesesaal der Bibliothek fast vollständig ersetzt (Abb. 7).[60]

Die Einführung eines Zettelkatalogs in der Library of Congress führte jedoch nicht nur zur effizienteren Speicherung und Abfrage von Informationen in der Bibliothek. Es geschah vielmehr etwas Unerwartetes, insbesondere nachdem in der Regierungsdruckerei im Untergeschoss eine eigene Karteikartenabteilung eingerichtet worden war. Ab Juli 1898 druckte die Abteilung mithilfe von Linotype-Setzmaschinen für jeden Titel, der im Copyright-Büro der

Bibliothek einging, Kopien des Eintrags auf standardisierte Karten.[61] Gleichzeitig wurde versucht, die älteren Bestände aufzuarbeiten, indem die bibliografischen Angaben, die zuvor in Büchern oder auf losen Zetteln standen, auf Karteikarten übertragen wurden. Jede Karte erhielt eine Seriennummer, die der Reihenfolge der im Copyright-Büro registrierten Werke entsprach, und schließlich eine Identifikationsnummer der Library of Congress. Bis 1919 war die Karteikartenabteilung so groß geworden, dass sie über ein eigenes Magazin verfügte (Abb. 8)

Die wohl wichtigste Arbeit der Karteikartenabteilung fand jedoch nicht innerhalb, sondern außerhalb der Bibliothek statt. Zunächst druckte die Abteilung zusätzliche Katalogkarten nur für den internen Gebrauch der Library of Congress, aber im Oktober 1901 wurde bestimmt, dass diese Kopien zu einem fairen Preis an andere Bibliotheken verkauft werden sollten, um so „den Fortschritt der Bibliographie und der Bibliothekswirtschaft zu unterstützen".[62] Die American Library Association hatte ein vergleichbares Projekt bereits im Zeichen der „Kooperation" in Angriff genommen, wenngleich in bescheidenerem Umfang.[63] Zwar blieb der Dienst zunächst auf Bibliotheken beschränkt, doch nach nur wenigen Jahren konnte jeder und jede bei der Karteikartenabteilung Bestellungen aufgeben. Ab 1902 war die Druckerei in der Lage, Karten mit einer Geschwindigkeit von 175 Titeln pro Tag bzw. 50000 Titeln pro Jahr zu drucken.[64] Im Jahr 1904 wurden etwa drei Fünftel der Katalogkarten über „Wanderkataloge" verkauft, die es kleineren Bibliotheken ermöglichten, den gesamten Katalogbestand der Library of Congress einzusehen; die übrigen Karten wurden im Abonnement und gegen Leihgebühren bereitgestellt.[65] Im Jahr 1965 – also sechs Jahre, bevor Zettelkataloge durch den maschinenlesbaren Katalog MARC ersetzt wurden, auf den heute über das Internet zugegriffen werden kann – erreichte die Karteikartenabteilung der Library of Congress ihren Höhepunkt: Sie hatte 17000 Abonnenten und verkaufte über 61,5 Millionen Karten.[66]

Die Entscheidung, Katalogkarten zu vertreiben, war ein bedeutender Schritt. Wie Putnam in der ersten Ausgabe des *Handbook of Card Distribution* erläuterte, waren die Kosten für die Erstellung auch nur eines einzigen Katalogeintrags beträchtlich: Da war die Arbeit der fachkundigen Katalogisiererin und die Arbeit der Schreibkraft, des Druckers oder der Sortiererin, ganz zu schweigen von den Kosten für Satz, Druck, Papier, Farbe und Porto.[67] Warum sollte man diesen Aufwand und diese Kosten in allen Bibliotheken der Vereinigten Staaten duplizieren? „Amerikanischer Instinkt und Gewohnheit revoltieren gegen die Vervielfachung von Kopfarbeit und Kosten, wo Maschinen für die Vervielfältigung der Ergebnisse sorgen können."[68] Es war daher für die Library of Congress sinnvoll, Katalogkarten für das ganze Land herzustellen: nicht nur, weil sie nun die größte Bibliothek der westlichen Hemisphäre war, sondern auch, weil sie dank des Copyright Act von 1870 von jedem Werk kurz nach – und manchmal sogar vor – der Veröffentlichung zwei Exemplare erhielt. Nach Putnams Ansicht war es die Verpflichtung der Library of Congress, „von Washington aus ‚die Hand auszustrecken'", so wie es auch der Rest der Bundesregierung tat.

Putnam verwies häufig auf einen Geist der „kooperativen Katalogisierung", den die American Library Association seit Jahrzehnten propagiert hatte.[69] Damit meinte er, dass das System einer Genossenschaft ähneln sollte, in der die kleineren Institutionen ihre Mittel zusammenlegen, um den Kartendienst zu einem geringeren Preis zu beziehen. 1902 kostete die Herstellung von Katalogkarten die Library of Congress 25 bis 35 Cent pro Titel.[70] Im selben Jahr verrechnete die Karteikartenabteilung zwei Cent für jede Erstbestellung und einen halben Cent für jede weitere Bestellung.[71] Für eine kleine Bibliothek, so Putnam, bedeutete dies eine beträchtliche Geld- und Zeitersparnis. Nach der Einrichtung der Abteilung wurden im ganzen Land Bibliothekskommissionen gebildet, die die Kartenbestellungen der kleinen Bibliotheken entgegennahmen, sie an die Library of Congress weiterleiteten und die Karteikarten dann nach Erhalt verteilten.[72] Die Einnahmen aus dem Kartenverkauf stiegen dramatisch, von fast 4000 Dollar im Finanzjahr 1901/02 auf über 24000 Dollar im Jahr 1908/09, dennoch verdiente die Library of Congress, wie Charles Harris Hastings, der Leiter der Karteikartenabteilung, betonte, kein Geld mit diesem Unternehmen.[73] Ab 1901 wurden die Aktivitäten der Abteilung durch den National Union Catalog (NUC) ergänzt, einen konsolidierten Katalog, der wichtige Publikationen enthielt, die nicht im Bestand der Library of Congress enthalten waren, sowie durch einen im Aufbau begriffenen Fernleihdienst.

Putnam zufolge waren die Auswirkungen folgenschwer: Diese Dienste stellten „jedem lokalen Forschungszentrum eine möglichst vollständige Aufstellung der Inhalte der nationalen Sammlungen in Washington zur Verfügung".[74] Ob nun *real* wie im Fall des Katalogs der Library of Congress oder bloß *imaginär* wie im Fall des National Union Catalog: Diese Katalogisierungsbemühungen brachten das Zentrum an die Peripherie.

Doch nicht jeder Ort an der Peripherie hatte den gleichen Anteil am Zentrum. Die Ökonomie des Gebens und Nehmens zwischen den Bibliotheken war komplizierter als von Putnam beschrieben. Erstens war nicht jede Institution in diesem System gleichwertig. Die Library of Congress hatte eigene Vereinbarungen mit Bibliotheken, die in die Kategorie der „Depotbibliotheken" fielen;[75] diese Bibliotheken waren so ausgewählt, dass das ganze Land geografisch abgedeckt war, jedoch wurden Standorte bevorzugt, die als „Zentren der Bildungs-" oder der „Bibliotheksaktivität" galten.[76] Anstatt Katalogkarten an diese Institutionen zu verkaufen, „deponierte" sie die Library of Congress kostenlos bei diesen Bibliotheken, oder besser gesagt, sie tauschte sie gegen die von diesen Bibliotheken gedruckten Karteikarten – und das, obwohl sie selbst ihre Karten in einer Geschwindigkeit produzierte, mit der kaum eine andere Institution mithalten konnte. Beispielsweise ging eine Kopie jeder von der Library of Congress gedruckten Karte, wie Putnam erklärte, an die New York Public Library und umgekehrt eine Kopie jeder von der New York Public Library gedruckten Karte an die Library of Congress.[77]

Zweitens beklagten sich die Bibliothekare der kleineren Einrichtungen, dass der Kartendienst ihnen nicht so viel Zeitersparnis brachte, wie Putnam behauptet hatte.[78] Der mit der Bestellung bei der Library of Congress verbundene Papierkram war erheblich. Die Bibliothekare mussten die gedruckten Kataloge der Karteikartenabteilung lesen und komplizierte Abläufe beherrschen, bevor sie die von ihren Einrichtungen benötigten Katalogkarten bestellen konnten. Die mit dem Ausfüllen der Bestellscheine verbundene Arbeit war kaum geringer als jene, die beim Eintrag von Informationen auf Blankokarten anfiel, insbesondere weil die Library of Congress nur „Haupteintragskarten" zur Verfügung stellte, die unter Autorennamen rubriziert wurden. Für andere Rubriken – Thema, Titel usw. – mussten die Katalogkarten von der anfordernden Bibliothek für jedes Werk umgeschrieben werden, was die Ressourcen kleinerer Bibliotheken gehörig strapazierte.[79] Häufig wird behauptet, dass Datenbanken die Effizienz der Speicherung und des Abrufs von Informationen verbessern. Das führt jedoch nicht notwendig zu Effizienzsteigerungen außerhalb der Datenbank. Der Zettelkatalog der Library of Congress, der als Proto-Datenbank angesehen werden kann, sparte nicht unbedingt Zeit und Arbeit ein, vielmehr rekonfigurierte er deren Verteilung über ein Netzwerk, das er selbst geschaffen hatte. Die Arbeit der Library of Congress subventionierte den Betrieb von Bibliotheken überall in den Vereinigten Staaten und unterstützte damit die Leserinnen und Forscher; ebenso unterstützte sie den Betrieb des Verlagswesens. So hat die Historikerin Jane Rosenberg darauf hingewiesen, dass die Karteikartenabteilung durch die Bereitstellung bibliografischer Informationen, häufig noch vor dem Erscheinen einer Publikation, den Erwerbungen der Bibliotheken im ganzen Land zuvorkam und damit eine Marktorientierung des Verlagswesens förderte.[80] Wie alle Datenbanken war auch der Katalog der Library of Congress nicht neutral; er verteilte die Karten ganz eindeutig zugunsten der einen und zuungunsten der anderen.

•

Heute ist die Vorstellung verbreitet, dass Daten einfach gesammelt oder wie eine natürliche Ressource aus der Welt extrahiert werden, dass Computertechnologien sie organisieren und reorganisieren und Visualisierungsverfahren sie für menschliche Wesen lesbar machen.[81] Eine Datenbank ist dieser Logik zufolge eine Repräsentation der Welt. Wenn man die Geschichte der Library of Congress betrachtet, dann ist eine Datenbank jedoch weniger eine Repräsentation als vielmehr eine Rekonstruktion der Welt. Die Library of Congress hat die Welt der Information in den Vereinigten Staaten Ende des 19. Jahrhunderts völlig neu geordnet, indem sie sowohl den Betrieb von Bibliotheken unterstützt als auch die wachsende Verlagsindustrie gefördert hat – allerdings in einer Art und Weise, die bestimmte Abläufe und Verfahren, Personen wie Institutionen gegenüber anderen begünstigt hat. Wenn das Copyright zu genau diesem Zeitpunkt in den Vereinigten Staaten durchsetzbar wurde, dann nicht zuletzt aufgrund dieser Entwicklungen. Anders gesagt ist das Copyright keine natürliche Kategorie, die sich früher oder später automatisch durchgesetzt hätte, sondern eine, die die Datenbank der Library of Congress hervorgebracht hat. Erst das Werk einer Armee von Sachbearbeiterinnen und Sachbearbeitern, die mit einem ausgeklügelten Instrumentarium ausgestattet war, stabilisierte geistiges Eigentum: Angestellte, die Urheberrechtsansprüche in Aktenschränken ablegten, Bibliothekarinnen, die bibliografische Angaben auf Karteikarten eintrugen und sie in Zettelkatalogen organisierten, Mitarbeiter, die die entsprechenden Werke in die Regale der Snead-Bücherregale stellten, Schreibkräfte, die die Einträge auf weitere Karten kopierten, Drucker, die diese Karten, zusammen mit den Broschüren, die sie bewarben, vervielfältigten, sowie ein landesweites Netzwerk von Bibliothekarinnen und Bibliothekaren, die diese Daten bestellten, überarbeiteten und in ihren eigenen Regalen, Schränken und Schubladen ablegten.

Aus dem Englischen übersetzt von Moritz Gleich und Christa Kamleithner

Anmerkungen

1   Dieser Übersetzung liegt eine kondensierte Version von Zeynep Çelik Alexanders Essay „Stacks, Shelves, and the Law: Restructuring the Library of Congress" zugrunde, erschienen in *Grey Room 82*, 2021, S. 6–29.

2   Ainsworth Rand Spofford: *Annual Report of the Librarian of Congress for the Year 1875*, 44. Kongress, Dok. Nr. 31. Washington, DC 1876, S. 7.

3   Ebd., S. 4.

4   Deutsches Urheberrecht und amerikanisches Copyright sind nicht deckungsgleich, weshalb im Folgenden der Begriff „Copyright" immer da verwendet wird, wo es um amerikanisches Recht geht. Anders als der deutsche Urheberschutz, der automatisch mit der Schöpfung eines Werks entsteht, war das amerikanische Copyright, das primär ein Verwertungsrecht ist, lange an eine Registrierung geknüpft und ist es in Teilen immer noch (Anm. d. Übers.).

5   John Y. Cole: „Struggle for a Structure. Ainsworth Rand Spofford and a New Building for the Library of Congress", in: ders. und Henry Hope Reed (Hg.), *The Library of Congress. The Art and Architecture of the Thomas Jefferson Building*. New York/London 1997, S. 30–63, hier S. 40.

6   In der anglo-amerikanischen Tradition umfasst geistiges Eigentum die Bereiche Urheberrecht, Patentrecht und Geschäftsgeheimnis.

7   Die ersten gesetzlichen Regelungen zum Schutz geistigen Eigentums lassen sich sogar noch weiter zurückverfolgen, nämlich bis zum florentinischen Patentstatut aus dem Jahr 1421 und einem Statut der Republik Venedig aus dem Jahr 1474. Vgl. Bruce W. Bugbee: *Genesis of American Patent and Copyright Law*. Washington, DC 1967, S. 12–27.

8   The British Statute of Anne, 10. April 1710.

9   United States Constitution, Art. I, Abs. 8, Satz 8. Als erstes Copyright-Gesetz der Vereinigten Staaten wird gewöhnlich das vom 31. Mai 1790 zitiert. Das Gesetz sah einen Schutz von bis zu 28 Jahren vor und verlangte, dass ein Exemplar des Werks bei der Kanzlei des örtlichen Bundesbezirksgerichts und ein weiteres beim Außenministerium hinterlegt wurde.

10   Spofford versuchte, ein ähnliches Austauschabkommen mit anderen Ländern zu schließen, allerdings ohne größeren Erfolg. Vgl. David Mearns: *The Story Up to Now. The Library of Congress, 1800–1946*. Washington, DC 1947, S. 105 f.

11   Cole 1997 (s. Anm. 5), S. 35.

12   Da sich diese Vorstellung historisch exklusiv auf – weiße – Männer bezog, wird hier bewusst die männliche Form verwendet (Anm. d. Übers.).

13   Für das berühmteste Beispiel dieser Denkweise vgl. John Locke: „Of Ideas and Their Origin" (1689), in: ders., *An Essay Concerning Human Understanding*, Bd. 2: *Of Ideas*. New York 1959, S. 121–143, und ders.: „Of Property" (1690), in: ders., *Two Treatises of Government*, hg. v. Peter Laslett. Cambridge 1988, S. 285–302. Siehe auch C. B. Macpherson: *The Political Theory of Possessive Individualism. From Hobbes to Locke*. Oxford 1962.

14   Siehe als jüngere Beiträge zu dieser Frage beispielsweise L. Becker: „Deserving to Own Intellectual Property", in: *The Chicago-Kent Law Review* 68, 1993, S. 609–629; Wendy J. Gordon: „Property Right in Self Expression. Equality and Individualism in the Natural Law of Intellectual Property", in: *Yale Law Journal* 102, 1993, S. 1533–1609; Adam D. Moore: „A Lockean Theory of Intellectual Property", in: *The Hamline Law Review* 21, 1998, S. 65–108, und Kenneth Einar Himma: „Justifying Intellectual Property Protection. Why the Interests of Content-Creators Usually Wins Over Everyone Else's", in: Emma Rooksby und John Weckert (Hg.), *Information Technology and Social Justice*. Hershey, PA 2006, S. 47–68. Ein anderer Ansatz besagt, dass Autoren und Erfinder ohne Garantien für geistiges Eigentum keinen Anreiz hätten, neue Werke zu schaffen: Patrick Croskery: „Institutional Utilitarianism and Intellectual Property", in: *The Chicago-Kent Law Review* 68, 1993, S. 631–657; Adam D. Moore: *Intellectual Property and Information Control. Philosophic Foundations and Contemporary Issues*. New Brunswick, NJ 2001.

15   Herbert Small: *Handbook of the New Library of Congress in Washington*, with Essays on the Architecture, Sculpture, and Painting by Charles Caffin, and on the Function of a National Library by Ainsworth R. Spofford. Boston 1897, S. 128.

16   Erst so wurde aus bloßer Urheberschaft ein nachverfolgbares Copyright, also ein Verwertungsrecht geistigen Eigentums. Eben darauf zielt das amerikanische Copyright, das als buchstäbliches Recht zur Vervielfältigung primär die wirtschaftlichen Interessen des Rechteinhabers schützt (Anm. der Übers.).

17 Vgl. bspw. Bernhard Siegert: „Cacography or Communication? Cultural Techniques in German Media Studies", übers. v. Geoffrey Winthrop-Young, in: *Grey Room* 29, 2007, S. 26–47, hier S. 30. Die Zeitschriftenausgabe, die der „New German Media Theory" gewidmet ist, hat sich in den Vereinigten Staaten zu einem Standardwerk entwickelt.

18 Lorenz Engell und Bernhard Siegert: „Editorial", in: *Zeitschrift für Medien- und Kulturforschung* 1, 1/2010: „Kulturtechnik", S. 5–9, hier S. 7.

19 Ainsworth Rand Spofford: „A ‚Wholly Distinct' Library Building" (1872), in: John Y. Cole (Hg.), *Ainsworth Rand Spofford. Bookman and Librarian.* Littleton, CO 1975, S. 74–79, hier S. 78.

20 Theodore W. Koch: „Planning a Library Building with Special Reference to Bookstacks" (1912), in: Snead and Company Iron Works, *Library Planning. Bookstacks and Shelving.* Jersey City, NJ 1915, S. 109–112.

21 Small 1897 (s. Anm. 15), S. 80.

22 Ebd., S. 81.

23 Ebd., S. 75.

24 Bernard R. Green: *Book Stack and Shelving for Libraries.* Jersey City, NJ 1908, S. 15.

25 Charles Henry Baumann: „The Influence of Angus Snead MacDonald and the Snead Bookstack on Library Architecture". Dissertation University of Illinois 1969, S. 122.

26 Bernard R. Green: „A Library Bookstack in the Dark. Read at the Baltimore Meeting of the American Association for the Advancement of Science in 1909", in: Snead and Company 1915 (s. Anm. 20), S. 118 f.

27 John Russell Young: *Report of the Librarian of Congress,* 55. Kongress, 2. Sektion, Dok. Nr. 13. Washington, DC 1897, S. 7.

28 Snead and Company Iron Works: *Bookstacks and Stack Room Equipment.* Jersey City, NJ 1930, S. 12.

29 Snead and Company 1915 (s. Anm. 20), S. 75.

30 Green 1908 (s. Anm. 24), S. 15 f.

31 Young 1897 (s. Anm. 27), S. 4.

32 Ebd., S. 7.

33 Ebd., S. 17.

34 Ainsworth Rand Spofford: „The Problem with Classification" (1900), in: Cole 1975 (s. Anm. 19), S. 172–178, hier S. 174.

35 Library of Congress: *The Exhibit of the Catalog Division,* Notes for the Louisiana Purchase Exposition. St. Louis, MO 1904, Nr 3. Washington, DC 1904, S. 8.

36 Vgl. bspw. Mearns 1947 (s. Anm. 10), S. 28 f. Im Katalog von 1815 wurden die Bücher in jeder Jefferson'schen Klasse alphabetisch geordnet und eine alphabetische Liste von Autorennamen bereitgestellt. Jeffersons Klassifizierung wurde in den Katalogen von 1830, 1839, 1849 und 1861 beibehalten.

37 John Y. Cole: „The Library of Congress in the Nineteenth Century. An Informal Account", in: *Journal of Library History* 9, 3/1974, S. 222–240, hier S. 236.

38 Ebd., S. 224.

39 Die Smithsonian Institution beispielsweise verfügte über ein ausgefeilteres Katalogisierungssystem. Vgl. Mearns 1947 (s. Anm. 10), S. 58.

40 Library of Congress 1904 (s. Anm. 35), S. 9 f.

41 Für eine Geschichte der Bibliothek bis zu diesem Zeitpunkt siehe William Dawson Johnston: *History of the Library of Congress, 1800–1864,* Bd. 1. Washington, DC 1904.

42 Ainsworth Rand Spofford: „Preface", in: *Catalogue of the Library of Congress. Index of Subjects,* Bd. 1. Washington, DC 1869, S. iii–iv, hier S. iii (Herv. v. Verf.).

43 Vgl. John Tresch: „Technological World-Pictures. Cosmic Things and Cosmograms", in: *Isis* 98, 1/2007, S. 84–99. Zu solchen Kosmogrammen in der frühen Neuzeit siehe Frances A. Yates: *The Art of Memory* (1966), *Selected Works of Frances Yates,* Bd. 3. London/New York 2001, und Paolo Rossi: *Logic and the Art of Memory. The Quest for a Universal Language,* übers. v. Stephen Clucas. London/New York 2006.

44 Zum Enzyklopädismus der Aufklärung siehe Michel Foucault: *Die Ordnung der Dinge. Eine Archäologie der Humanwissenschaften* (1966). Frankfurt a. M. 1974, und Richard Yeo: *Encyclopaedic Visions: Scientific Dictionaries and Enlightenment Culture.* Cambridge 2001.

45 Spofford 1869 (s. Anm. 42), S. iv.

46 Zu Cutter siehe Francis L. Miksa: *Charles Ammi Cutter, Library Systematizer.* Littleton, CO 1977; zu Dewey siehe Wayne A. Wiegend: *Irrepressible Reformer. A Biography of Melvil Dewey.* Chicago 1996.

47 Neben seinem Engagement als Bibliothekar setzte sich Dewey für die Vereinfachung der englischen Rechtschreibung ein und warb unter anderem für die Abstinenzbewegung, das metrische System und die Haushaltswissenschaften.

48 Melvil Dewey: „The Profession", in: *Library Journal* 1, 1/1876, S. 5–6, hier S. 5. Dewey war der leitende Redakteur der Zeitschrift.

49 Melvil Dewey: *A Classification and Subject Index for Cataloguing and Arranging the Books and Pamphlets of a Library*. Amherst, MA 1876.

50 Charles Ammi Cutter: *Expansive Classification*, 2 Bde. Boston 1891/93.

51 Cutters System wurde nicht so bekannt wie das von Dewey, obwohl neben der Library of Congress die meisten wissenschaftlichen Bibliotheken sein Klassifikationsschema übernahmen.

52 Markus Krajewski: *Zettelwirtschaft. Die Geburt der Kartei aus dem Geiste der Bibliothek*. Berlin 2002, S. 99–144.

53 Melvil Dewey: *Decimal Classification and Relativ Index for Arranging and Indexing Public and Private Libraries and for Pamflets, Clippings, Notes, Scraps, Books, Index, Rerums, Etc*. Boston 1885, S. 28.

54 Dewey 1876 (s. Anm. 49), S. 4.

55 Ebd., S. 6f.

56 Dewey 1885 (s. Anm. 53), S. 28.

57 Vgl. bspw. Ann Blair: „Information Management", in: dies., *Too Much to Know. Managing Scholarly Information before the Modern Age*. New Haven 2010, S. 11–61, und Krajewski 2002 (s. Anm. 52), S. 16–31.

58 JoAnne Yates: *Control Through Communication*. Baltimore 1993, S. 21–64. Siehe auch Cornelia Vismann: *Akten. Medientechnik und Recht*. Frankfurt a. M. 2008, S. 127–266.

59 *Classified Illustrated Catalog of the Library Bureau. A Handbook of Library and Office Fittings and Supplies*. Boston 1890, S. 13.

60 Selbst nach Einführung der „relativen" Listen führte die Bibliothek weiterhin „Regallisten" in alphabetischer oder chronologischer Reihenfolge mit großzügigen Zwischenräumen, um sie bei Bedarf überarbeiten zu können. Für eine Geschichte dieser Umstellung siehe Library of Congress: *The Card Catalog. Books, Cards, and Literary Treasures*. San Francisco 2017.

61 Library of Congress 1904 (s. Anm. 35), S. 10.

62 Ebd., S. 18.

63 Die American Library Association sprach sich schnell für eine Unterstützung der Karteikartenabteilung der Library of Congress aus – vgl. *The Library Journal* 26, 26/1901, S. 805. Die Größe und Dicke der Karten sowie das Format der

bibliografischen Angaben wurden nach vielen Diskussionen und Verhandlungen, insbesondere mit der American Library Association, festgelegt.

64 Herbert Putnam: „The Printed Catalogue Cards of the Library of Congress", in: Library of Congress: *Handbook of Card Distribution*. Washington, DC 1902, S. 7–10, hier S. 9.

65 Library of Congress 1904 (s. Anm. 35), S. 19.

66 Gene Gurney: *The Library of Congress. A Picture Story of the World's Largest Library*. New York 1966, S. 105.

67 Putnam 1902 (s. Anm. 64), S. 2.

68 Ebd. S. 9.

69 Die Hauptaufgabe des Kooperationskomitees der American Library Association bestand darin, die Regeln für die Katalogisierung zu standardisieren – vgl. Jane Aikin Rosenberg: *The Nation's Great Library. Herbert Putnam and the Library of Congress, 1899–1939*. Urbana/Chicago 1993, S. 45 f.

70 Putnam 1902 (s. Anm. 64), S. 2.

71 Library of Congress 1902 (s. Anm. 64), S. 32.

72 Rosenberg 1993 (s. Anm. 69), S. 185, Anm. 31.

73 Charles Harris Hastings: *L.C. Printed Cards. How to Order and Use Them*. Washington, DC 1909, S. 23.

74 Herbert Putnam: „What May Be Done for Libraries by the Nation", in: *Library Journal* 26, 8/1910, S. 9–15, hier S. 14.

75 Im Jahr 1902 gehörten zu diesen Bibliotheken unter anderem die Brooklyn Public Library, die Johns Hopkins University Library, die McGill University Library, die Massachusetts State Library, die Minnesota University Library, die Nebraska University Library, die New York Public Library und die Pennsylvania University Library – vgl. Library of Congress 1902 (s. Anm. 64), S. 48.

76 Ebd.

77 Putnam 1910 (s. Anm. 74), S. 14.

78 Rosenberg 1993 (s. Anm. 69), S. 52.

79 Library of Congress: *Handbook of Card Distribution*. 2. Aufl. Washington, DC 1907, S. 11.

80 Rosenberg 1993 (s. Anm. 69), S. 50–59.

81 Zu den wenigen Schriften, die diese Sichtweise kritisieren, gehört Lisa Gitelman (Hg.): „*Raw Data" Is an Oxymoron*. Cambridge, MA 2014.

Dem Rauch folgen. Architektur, Totalität und fossiler Kapitalismus

Mark Crinson

Ein bedeutendes Rathaus wurde gerade fertiggestellt, doch der Stich, der diesen Moment festhält, wendet sich von dem ab, was er feiert, und nutzt das Gebäude stattdessen als Aussichtspunkt, um von ihm aus die umliegende Stadt in den Blick zu nehmen (Abb. 1). Das allermeiste von dem, was wir sehen, wurde im halben Jahrhundert zuvor erbaut: ein Panorama von Institutionen und neuen städtischen Räumen, das erkennbar der Sorge bedarf. Direkt vor uns weist eine Statue der Caritas in die Ferne und deutet auf die anstehenden Aufgaben hin. Jenseits der Gebäude und Straßenschluchten ist keine Landschaft zu sehen, kein sonniger Horizont und keine umliegenden Hügel. Stattdessen steigt im Mittelgrund eine beachtliche Barriere aus bleifarbenem Rauch auf – Rauch, der sich wie ein Ausfluss auf ungeschützte Oberflächen legt und der als widersprüchliches Medium die Wahrnehmung vernebelt, die Stadt und ihre Körper formt, die einen erniedrigt und die anderen bereichert.

Was würde es bedeuten, diesem Rauch zu folgen, sich seiner Führung anzuvertrauen? Rauch und seine Verbreitung spielen eine wichtige Rolle für umfassendere ökologische Analysen der fossilen Wirtschaft, sie stellen aber auch Verbindungen zwischen scheinbar unverbundenen Dingen her. Dem Rauch zu folgen erlaubt uns, eine Form der Darstellung zu entwerfen, die die Kohlenmine und den Fabrikschornstein ebenso einschließt wie, in diesem Fall, die Bibliothek, deren philanthropische Stiftung erst durch die Ausbeutung der Ersteren möglich wurde. (Eine vollständigere Kartierung würde überdies wesentliche Überschneidungen mit der kolonialen Welt der Baumwollplantagen und -börsen aufweisen.) Es versetzt uns in die Lage, die räumlichen und sinnlichen Verbindungen nachzuzeichnen, die das Funktionieren der industriellen Stadt gewährleisten und unterschiedliche Räume, Energiesysteme und Formen menschlicher Arbeit mit den kulturellen Ansprüchen der Architektur verknüpfen.

Im Folgenden sollen zwei Formen der Kartierung von sehr unterschiedlicher Herkunft eine Methode anregen: erstens ein literarisches Genre als Möglichkeit, anders darüber nachzudenken, wie sich alternative Passagen oder „Fluchtlinien" beschreiben lassen: eine Deterritorialisierung, die zugleich eine Reterritorialisierung bedeutet; zweitens etwas, das scheinbar eine Kulturtheorie darstellt, in Wirklichkeit aber eine Ermahnung oder Herausforderung ist, Totalität erneut ernst zu nehmen. Diese Formen der Kartierung

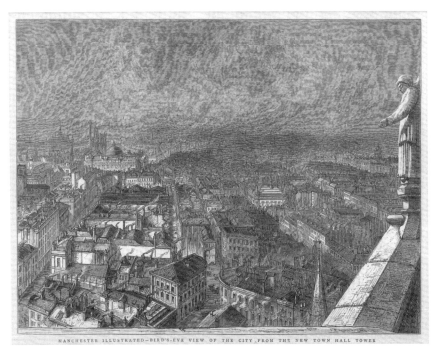

Abb. 1: Blick auf Manchester vom Turm des neuen Rathauses, 1876

werden dann im Hauptteil des Essays aufgegriffen, der dem Rauch selbst nachgeht, von der Kohle bis zum luftverschmutzenden Schadstoff, um ihn anschließend in seinen unterschwelligeren und symbolischeren Formen aufzuspüren, nämlich im Versuch, den Rauch von den Toren der Kultur fernzuhalten. Zuletzt dann: die Schlussfolgerungen.[1]

Dinge, die zirkulieren

Sogenannte *it-narratives* oder Zirkulationsromane waren im 18. Jahrhundert ein verbreitetes literarische Genre. Sie werfen ein erhellendes Licht auf die Frage, wie sich Architektur- und Stadtgeschichten schreiben lassen, die widersprüchliche Erzählungen aufnehmen und in Beziehung setzen, statt bloß fragmentarische Aufzeichnungen zu einem „imaginären Museum" der Stadt zusammenzufügen. Die *it-narratives* – Romane über eine Uhr, eine Puppe oder eine Teetasse, häufig auch über Geld (eine goldene Guinee, eine Rupie, ein Schilling, eine Banknote) – folgen einem Objekt, als ob es eine menschliche Romanfigur wäre, die verschiedene soziale Schichten und physische Schauplätze durchquert: höhere wie niedere, vulgäre wie exotische. Diese Reisen sind nicht die der typischen Helden des Schelmenromans, des naiven Tors oder des verwegenen Glücksritters, vielmehr eröffnen sie Perspektiven, die zwar von Menschen nachvollzogen werden können, aber nicht für diese bestimmt sind. Die Autoren der *it-narratives* wählten einfache Artefakte oder Güter, Objekte, die Tauschwert repräsentieren, aber auch wert- und körperlose „Augen" wie das Atom in Tobias Smolletts *The History and Adventures of an Atom* von 1769, das diverse Prozesse der Abfallentsorgung ebenso durchquert wie die höchsten Ränge des Staates und weit entfernte Länder. Die Mobilität dieser Objekte wie ihr vermeintlicher Mangel an Handlungsmacht werden dazu genutzt, Grenzen des Anstands zu überwinden, menschliche Torheit zu versinnbildlichen, Hierarchien aufs Korn zu nehmen und Konventionen außer Kraft zu setzen. Und was dabei oft hervorgebracht wird, ist eine Art Imitation von Zirkulations- und Tauschwerten, die scheinbar dadurch erklärt werden, dass sie in ein anderes Licht gerückt werden und sich der Fokus dabei von Fragen des Eigentums auf die angeeigneten Objekte verschiebt.

It-narratives wurde kritische Aufmerksamkeit zuteil, weil die Beweglichkeit ihrer Objekte etwas über eine Reihe von Ängsten in einer gerade entstehenden Welt des Konsums zu erzählen scheint. Wenig überzeugend allerdings sind Interpretationen dieser Romane, die sie als Veranschaulichungen der „flachen Ontologien" aktueller Theoriebildung lesen[2] oder gar ihre angebliche Einebnung ontologischer Differenzen mit Theorien zum Klimawandel in Beziehung bringen.[3] Zwingender und historisch treffender scheint mir hingegen, wie die *it-narratives* die menschlichen Widersprüche des Begehrens nach Ausbeutung zeigen, und ebenso, wie dieses Begehren mit jener Sphäre verwoben ist, die wir Kultur nennen. Das Genre zeigt keine neue, nur die bereits vorhandene Landschaft, die der konventionelle Roman aber nicht darzustellen vermag. So erlangen an sich undarstellbare Abstraktionen, insbesondere die des Tausches und der Kapitalzirkulation, eine Form der Darstellbarkeit. (Marx' Analyse der Warenform, in der die Beziehungen zwischen Menschen die Form von Verhältnissen zwischen Dingen annehmen, ist hier unmittelbar relevant).[4] *It-narratives* unterlaufen jene binären Gegensätze, die sowohl für die Aufrechterhaltung der Idee der Stadt als auch für die Beziehung zwischen Industrie und Kultur als essenziell gelten. Eine solche Zusammenschau bietet daher auch eine Alternative zu den disziplinären Beschränkungen architektonischer und städtebaulicher Raumvorstellungen, die „Aufteilungen von Zeiten und Räumen, Orten und Funktionen" gleichkommen.[5]

Dinge, die verknüpfen

Den Räumen nachzugehen, die der Rauch von Manchester durchquert, bedeutet, sich auf das einzulassen, was Frederic Jameson *cognitive mapping*, „kognitive Kartierung", genannt hat. Es geht nicht darum, wie in einem *it-narrative* buchstäblich einem Rauch- oder Rußpartikel zu folgen, sondern darum, die notwendige Arbeit aufzuzeigen, die es bedeutet, die Verbindungen, Beziehungen und Routen jener Totalität aufzuspüren und nachzuzeichnen, die wir fossilen Kapitalismus nennen; darum, seine symbolische Ökonomie ebenso zu verstehen wie seine strukturellen Interdependenzen.[6] Dabei vermeidet das *cognitive mapping* die vertikalen episodischen Formen einer Foucault'schen Archäologie zugunsten eines horizontalen Modells grenzüberschreitender Verknüpfungen und historischer wie materieller Beziehungen. Ebenso vermeidet es die Netzwerk-Analogie von Bruno Latours Theorie der Verknüpfungen, die sich scheinbar auf alles ausweiten lässt und die „Versammlung des Sozialen" als unendlichen Prozess beschreibt, jedoch ohne klaren Bezug zur Macht.[7] Im Gegensatz dazu begreift das *cognitive mapping* die politisch-ökonomische Sphäre als eine lesbare, wenngleich widersprüchliche Welt, die sich beschreiben und erfassen lässt; zu behaupten, es dabei mit einer Totalität zu tun zu haben, macht sie unserem Erkenntnisvermögen zugänglich, und zwar als „ein Gesetz der aufeinander wirkenden ‚Zufälligkeiten' und nicht [als] das der wirklich rationellen Organisation".[8] Jameson interessierte sich insbesondere für die Verschleierungstaktiken des globalisierten Finanzkapitals, doch die globalen Verflechtungen von Baumwolle und fossiler Energie sowie deren spezifische räumliche wie materielle Zusammenhänge erscheinen nicht minder reif für ein *cognitive mapping*.[9] Ganzheit ist der Schlüssel: Es geht darum, wie soziökonomische Interessen fließend größere globale Räume gestalten; es geht um die Verbundenheit der Totalität. Um überhaupt an so etwas wie Raumgeschichte denken zu können, muss dieses Terrain darstellbar werden; und um es als kohärent zu begreifen, muss man die Grenzlinien überwinden, die das Feld zerschneiden und es so der Darstellbarkeit entziehen (dies ist insbesondere ein Problem bei Vorstellungen von „architektonischer Kultur", wie sie selbst manche an Medientheorie und neuem Materialismus angelehnte Varianten der Architekturgeschichte noch pflegen[10]). Das Totalitätsversprechen kognitiver Karten zielt darauf, etwas zur Sichtbarkeit gelangen zu lassen, bei Jameson typischerweise „die Sichtbarkeit einer Klasse für sich selbst",[11] oder auf die Darstellbarmachung von etwas zuvor Verborgenem: etwa die Sichtbarkeit des Kolonialismus für sich selbst, oder insbesondere von *race* als einem kolonialen Diskurs, der quer zu den Abteilungen der Architektur kartiert werden muss.[12] Die Verknüpfung von *it-narratives* und *cognitive mapping* eröffnet Ansätze oder Pfade, die sich mit der Zirkularität der „Warenketten" von Produktion und Konsum überschneiden, aber zugleich einbeziehen und anerkennen, was von diesen Ketten abgetrennt wird (in diesem Fall wäre das die hohe Kunst ebenso wie der Abfall).[13] Unweigerlich führt ein solches *mapping* dann auch dazu, dass Architektur als „Medium unter Medien" sichtbar wird – als etwas, das sich nur innerhalb einer Beziehung von Dingen und Praktiken als eine Form der Erfahrung und des Wissens konstituiert.

Rauch – ein Reisebericht

Die Hauptquelle eines Großteils des Industrierauchs über Manchester war das südliche Lancashire-Kohlenrevier. In den Räumen der unterirdischen

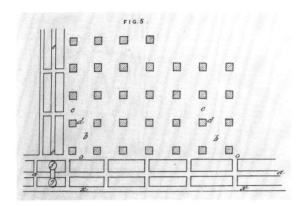

Abbaustellen, wo die Kohlenstoffspur beginnt, nimmt unsere Kartierung ihren Ausgang. In den Minen rund um Wigan ließ man, um die Grubendecke abzustützen, einzelne Kohlenpfeiler stehen, sodass dazwischen Hohlräume oder Kammern entstanden (Abb. 2), was als Kammerpfeilerbau bekannt ist (in Absetzung zum Strebbau, bei dem Einbauten aus Holz oder Stein die Decke abstützen).[14] Diese erste Architektur der Kohle wurde in den Boden hineingegraben, und ihre vermeintlich geordneten Räume entstanden – nachdem man zuvor unterirdische Versorgungswege angelegt hatte – durch den Abbau der Kohleflöze. Der Umfang der Pfeiler war dabei entscheidend: je größer, desto sicherer – je kleiner, desto produktiver.[15] Ihre extraktive Herstellung war eine Sache von Erfahrung und Glück. Die höhlenartigen Abbaustrecken waren rasterförmig angelegt oder in einer in den Minen von Lancashire häufig anzutreffenden Variante in Form von je paarweise angeordneten Kopf- und Fußstrecken, ansteigenden wie absteigenden Gängen, die zum Transport der Kohle bzw. zur Belüftung des Komplexes dienten.[16]

Wo es um unterirdische Anlagen geht, wird die Repräsentation von Bergwerken zu einem offensichtlichen Problem, das sich nicht allein im Mangel an Bildern bemerkbar macht. Das einschlägige Vokabular, das zur Beschreibung von Bergwerken verwendet wird – „Hallen", „Kammern", „Straßen", „Strecken", „Pfeiler", „Kreislauf" –, zeigt das Ringen darum an, das Risiko der gefährlichen Bedingungen untertags mit der Sicherheit vertrauter Formen der Stabilität und Vorhersehbarkeit zu versöhnen. Selbst das Raster ist eine verführerische Täuschung. Auf den wenigen Bildern, die wir haben, sehen wir ideale Grundrisse, verräumlichte Systeme des Abbaus und Transports, die lokale Variationen und Anpassungen ebenso wenig berücksichtigen wie konkrete Arbeitsbedingungen. Solche Diagramme gleichen eher Marketingbroschüren als Bauplänen: Sie entwerfen – in Anlehnung an die Abschnitte über Bergwerke in Diderots *Encyclopédie* – unterirdische Städte ohne Wohnungen und Sonnenlicht, durch deren schematische Räume Ströme von Kohle, Körpern und Luft fließen.

Die diagrammatischen Darstellungen der Bergbauingenieure dienten oft dem Hinweis auf Katastrophenursachen. Das Kohlenrevier von Lancashire war berüchtigt für gashaltige Flöze, die zu regelmäßigen Explosionen führten. Auch die Pfeiler konnten, wie ein Bergbauexperte es ausdrückte, aufgrund „schleichender Zerrüttung" auseinanderbrechen, sodass sich die Kammern mit aus der Decke bröckelnder Kohle füllten, oder sie stürzten ein, weil sie schlicht zu schwach waren (ein Phänomen, das als *thurst* bekannt ist). Ein Inspektor berechnete die Todesrate in den Bergwerken von Lancashire und Cheshire für die Jahre 1851 bis 1853 auf 215 Tote pro Jahr bei einer Gesamtbelegschaft von 38 000 Bergleuten.[17]

Im Raster der Minen war also ebenso wenig Sicherheit zu finden, wie es im wachsenden Raster der oberirdischen Stadt Schutz vor dem Rauch gab. Die viel beschworene Liebe der Moderne zum Raster erscheint hier bemerkenswert brüchig: Es geht dabei weniger um die „Mediatisierung des Raums",[18] und damit uneingeschränkte Ordnung und Kontrolle, sondern vielmehr um ein ungleiches Verhältnis zwischen Leben und Profit, eine unaufhörlich erodierende Idealität. In den Kreuzungspunkten und Doppelgängen des Grubenrasters kennzeichnet also eine katastrophale Instabilität – die Gefährdung der arbeitenden Körper, die dem Primat der Kohleförderung unterworfen wurden – von Anfang an das Leben des Rauchs.[19] Die Spezifikation der Gänge und Schächte bildete den Schlüssel zum Funktionieren des Ganzen: Die (Luft-) Zirkulation war ein wesentlicher Teil des Systems und mit dem Gesamtprozess der Förderung und des Abtransports der Kohle eng verbunden. Belüftungspläne, die ganze Topologien von Strömungen und Kreisläufen entwerfen, heben dies auf eine weitere Abstraktionsebene.[20] Doch ungeachtet des technischen Fortschritts im Bergbauwesen des vorangegangenen Jahrhunderts änderte sich (anders als bei der Textilherstellung) im 19. Jahrhundert nur wenig: Dampfbetriebene Pumpen und Ventilatoren hielten zwar bereits um die Jahrhundertmitte Einzug, aber an der Abbaufront arbeiteten die Bergleute weiterhin mit Schaufeln und Spitzhacken.[21]

Wigan, im Herzen des Kohlenreviers von Lancashire gelegen, gewann als eine der Satellitenstädte Manchesters zunehmend an Bedeutung. Seit den 1830er-Jahren befanden sich die drei Gidlow-Gruben nördlich von Wigan im Besitz des Textilunternehmens Rylands & Sons und versorgten deren Gidlow Mill mit Kohle für die Baumwollverarbeitung.[22] Wie Andreas Malm gezeigt hat, beruhte der Siegeszug der Dampfkraft nicht darauf, dass sie billiger war als die Wasserkraft (das war sie nicht), sondern darauf, dass sie es Industriellen wie Rylands ermöglichte, ihre Fabriken in die Städte zu verlegen, wo Arbeitskraft verfügbar und austauschbar war und die Arbeiter daher einfacher kontrolliert werden konnten.[23] Rylands & Sons war eines der erfolgreichsten Unternehmen des Viktorianischen Zeitalters, seit 1860 das größte Textilunternehmen der Welt, und sein Gründer John Rylands der erste Multimillionär Manchesters. Der Schlüssel zum Erfolg von Rylands & Sons lag weder im Managementstil noch in technologischen Innovationen, sondern in der Marketingstärke des Unternehmens, seinem Buchhaltungssystem, seinem durch ständige Übernahmen und umsichtige Diversifizierung – bei gleichzeitiger Konzentration auf den heimischen Markt – aufgebauten Portfolio und in seiner „vertikalen Integration" der verschiedenen Aspekte der Baumwollverarbeitung und ihrer Nebenprodukte in einer einheitlichen Unternehmensstruktur.[24] Rylands & Sons war zweifellos riesig in seiner Gesamtkapazität, aber zugleich bemerkenswert differenziert in seinen Geschäftsaktivitäten, wenngleich nur innerhalb einer Branche. Sich durch den Besitz von Bergwerken sowie der zugehörigen Bahnstrecken und Anschlüsse die Versorgung mit billigem, lokalem Brennstoff zu sichern, scheint dafür charakteristisch. Doch die Zechen von Gidlow waren genauso anfällig für die Gefahren unterirdischer Bauwerke wie alle anderen, und ganz so weit reichte Rylands' Umsicht nicht. Im Jahr 1859 stürzte in der Tiefe des

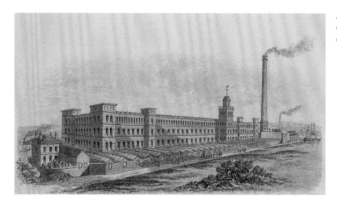

Bergwerks eine ältere Sohle unter dem Gewicht der darüberliegenden ein;
die Gebäude an der Oberfläche wurden dem Erdboden gleichgemacht und
das Raster ausgelöscht. Der Einsturz wurde auf eine Fehleinschätzung der
Pfeilerdicke zurückgeführt.[25]

Nachdem man sie abgebaut und an die Oberfläche verbracht hatte, wurde die
Kohle aus den Gidlow-Gruben auf Waggons verladen und mittels Dampfloko-
motiven zur nahe gelegenen Gidlow Mill transportiert. Entworfen hatte diese
nach ihrer Fertigstellung im Jahr 1865 in Fachkreisen hochgelobte Fabrik der
auf Spinnereien spezialisierte Architekt George Woodhouse.[26] Alles, was die
Zeitgenossen an ihr hervorhoben – ihre Größe, die hochmoderne Maschinerie, ihre Brandschutzvorrichtungen sowie die nach dem Vorbild neuerer, von
William Fairbairn entworfener indischer Werksanlagen hinzugefügten einstöckigen Schuppen (eine interessantes Beispiel dafür, wie technische Fortschritte aus den Kolonien nach Großbritannien zurückflossen) – zielte darauf,
die Beziehung von Kohle und Baumwolle in Hinblick auf Dimension und Geschwindigkeit zu optimieren (Abb. 3).[27]

Die Kohle war dabei essenziell, und doch blieb sie immer an den Rändern des
Werks. Das Ziel bestand darin, sie so direkt wie möglich in das Gebäude zu
bringen, dort zu verbrennen und die Abfälle rasch wieder abzutransportieren.
Ihr Weg hinein waren die Bahngleise; ihr Ausgang, nun in Form von Ruß und
Rauch, der hohe, aber schlichte Schornstein im italienisierenden Stil, der die

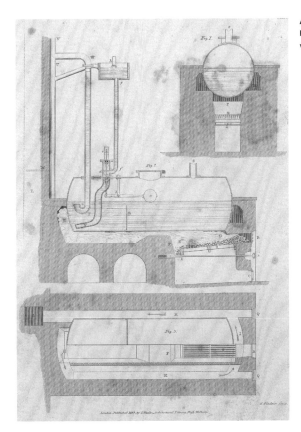

Gegend beherrschte und weit und breit als einzig akzeptables Zeugnis eines
konventionellen architektonischen Anspruchs gelten konnte.

Die Kohle aus Gidlow speiste acht Kessel, und es war der Kesselraum – an der
Werksfassade durch einen Turm erkennbar –, in dem die entscheidende Ener-
gieumwandlung stattfand. Dieser Prozess wird im Diagramm eines rechteckigen Dampfkessels aus Thomas Tredgolds damaligem Standardwerk
The Steam Engine: Its Invention and Progressive Development (1827) dargestellt (Abb. 4).[28] Tredgolds Abbildung zeigt Bewegungen zwischen Kammern
sowie an Durchlässen. Durch eine Feuertür wird die Kohle auf einen Rost
über einer Aschegrube geschaufelt. Einmal entzündet, strömt der Rauch der

glühenden Kohle um den Kessel herum und erhitzt das Wasser, bevor er den Schornstein hinaufzieht. Das Wasser selbst gelangt über ein Rohrsystem in den Kessel, und der Dampf wiederum verlässt den Kessel ebenfalls über ein Rohr, das ihn zu den Dampfmaschinen leitet. Das also ist die Bestimmung der Kohle: Sie hat den Dampf erzeugt, der die Motoren als Primärkräfte des industriellen Prozesses antreiben wird; sie hat sich in Rauch und Asche verwandelt; und nun, da ihre thermische Energie erschöpft ist, wird ihr Abfallprodukt mit einer architektonischen Fanfare aus der Fabrik ausgestoßen und, so scheint es, der Natur zurückgegeben.

Für Rylands & Sons hatten Kohle und Rauch damit ausgedient; die von ihnen freigesetzte Energie floss durch das Werk, um den „großen Automaten" anzutreiben,[29] wie es bei Marx heißt.[29] Und damit wird umso deutlicher, dass bei Fabrikanlagen – nicht anders als bei den Kesseln – eine Unterscheidung zwischen Architektur und Maschine oder Architektur und Ingenieurwesen mehr oder weniger gegenstandslos wird. Kohle und Dampf, arbeitende Körper wie mechanische Kraft, sie alle zirkulieren gleichermaßen durch das Werk und dienen demselben Zweck. So zumindest lautete die Theorie des zeitgenössischen Industriephilosophen Andrew Ure, der die „gütige Macht des Dampfes", die „Myriaden von willigen Arbeitsknechten" zusammenruft und jedem von ihnen seine „festgelegte Aufgabe" zuweist, ins Zentrum seiner blumigen Ausführungen stellte.[30] Der Abfall allerdings setzte, nachdem er seine Aufgabe erfüllt und den komplexen maschinell-architektonischen Organismus, der ihn hervorgebracht hat, wieder verlassen hatte, seinen Weg fort.

Der ungewöhnlich große Schornstein in Gidlow, der über 60 Meter hoch war und vom Hauptgebäude abgesetzt, leitete den Rauch weit weg von potenziellen Beschwerdeführern im Umkreis und signalisierte zugleich das gesellschaftliche Verantwortungsbewusstsein des Unternehmens. Diese architektonische Großzügigkeit, wie sie sich im Sockel und dem Kapitell mit seiner ausgeprägten Lippe knapp unterhalb der Schornsteinspitze manifestierte, war nicht unüblich. Solche Entwürfe zeugten vom Bürgersinn des Werksbesitzers, der damit der Überzeugung Ausdruck verleihen konnte, dass das Werk nicht allein dem Profit, sondern ebenso der Kultur diente, selbst noch im Moment des Abgasausstoßes. Hohe Schlote hatten aber noch einen weiteren, eher technischen und seltener hervorgehobenen Zweck: Sie verstärkten den Luftzug in den Kesseln, steigerten damit die Intensität der Verbrennung und erhöhten die Effizienz des gesamten Betriebsablaufs.[31]

Eine vom Rauch geformte Architektur

Bis zu diesem Punkt wurde Kohle entlang einer Folge von gestalteten Passagen, Technologien, Behältnissen und Transportmitteln abgebaut, aufbereitet und in Rauch umgewandelt. Man kann darin eine Art „Medienkomplex" erkennen: Ein Energiesystem wird geschaffen, Körper und Materialien zusammengeführt, die Welt umgestaltet.[32] Aber für ein *cognitive mapping* müssen ebenso die Dimensionen der Intransparenz, Verschwendung und Verdrängung – ganz zu schweigen vom Ausbeutungstrieb selbst – einbezogen und deren kognitive Aspekte freigelegt werden. Mit dem Austritt aus Gidlows Schornstein wurde der Rauch in Richtung der vorherrschenden Winde entlassen, wehte nach Osten und Norden, vermischte sich mit dem Rauch der zahllosen häuslichen Kamine von Wigan und Manchester und setzte sich in die Senke der Stadt ab. In den Worten eines Zeitgenossen: „Die Luftströme stoßen auf die gasförmigen, mit winzigen Materiepartikeln vermischten Verbrennungsprodukte, werden dadurch in ihrem Fluss gehemmt oder abgelenkt und bewegen sich nun verschmutzt, regellos und verstreut weiter."[33] Die Zahl der Industrieschlote betrug 1843 allein in Manchester weit über 500 und sollte sich bis 1890 verdoppeln, zugleich war der private Kohleverbrauch, im Verhältnis zur Einwohnerzahl, mehr als doppelt so hoch wie der in London.[34] Sobald der Rauch aus Gidlow und anderen Werken abgezogen war, ließ er seine Partikel und Schwefeldioxidgase fallen, die alles mit einer Art industriellem Melanismus bedeckten und überkrusteten, die Bäume schwärzten, die Pflanzen zerstörten und den Boden versauern ließen.

Die Architektur in Manchester – und das meint sowohl diejenigen, die bauten, entwarfen, arbeiteten, experimentierten und lehrten, wie die Materialien und Technologien, mit denen sie arbeiteten – war von einem Bewusstsein für Rauch durchdrungen. Kohlenstoff zog durch die Straßen, schwärzte, was zuvor hell war, legte sich auf Stein und Ziegel und griff die Ornamente an. Bereits drei Jahre nach seiner Fertigstellung im Jahr 1864 hatte das polychrome Gerichtsgebäude (Architekt: Alfred Waterhouse) seine gesamte äußere Farbigkeit verloren.[35] Dies war nur eines von vielen architektonischen Anzeichen für eine qualitativ neue Epoche der Umweltverschmutzung, die, wie wir heute wissen, mit der beschleunigten Verbreitung der Dampfkraft ihren Ausgang nahm, durch die Industrielle ihre Produktionsmittel sowohl vor Konkurrenz als auch vor den kollektiven Aktionen ihrer Arbeiterschaft zu sichern suchten.[36] Tatsächlich waren die Dampfkraft und ihre menschlichen Eigner nicht nur die Hauptantriebskräfte der raschen Zusammenballung von Gebäuden und Anlagen, die die industrielle Stadt ausmachten, sondern ebenso die Ursache für ihren schmutzigen Belag und die dreckige Luft.

Manchesters Architekten waren sich ebenso wie viele Wissenschaftler der negativen Effekte des Rauchs bewusst und suchten nach Möglichkeiten, sie zu entschärfen. Wo Stein und Ziegel zu bröckeln begannen, Mörtel aufquoll und porös wurde, mussten Alternativen gefunden werden.[37] Wände wurden durch größere Glasfronten lichtdurchlässiger gemacht, architektonische Farbigkeit verschwand aus dem Außenbereich, man vermied stark getöntes Glas, verwendete zunehmend Terrakotta und Ziegel als Fassadenverkleidung und propagierte selbstreinigende Materialien wie glasierte Ziegel, Mosaik und emailliertes Eisen.[38] Da Stein aus Caen oder Bath sowie Kalkstein allesamt zu empfindlich waren, untersuchte man alternative Natursteinsorten auf ihre Widerstandsfähigkeit gegen den Rauch, wobei die Wahl auf Granit, Porphyr sowie verschiedene Sandsteine fiel.[39] Ornamente wurden in gröberen Formen ausgeführt, sodass sie auch vom Ruß überzogen noch aus der Ferne lesbar blieben, und es gab ein Bewusstsein dafür, dass die wettergeschützten Teile der Fassade, an denen sich der Schmutz sammelte, stärker dem Verfall ausgesetzt waren.[40]

Der Ort der Wohltätigkeit

An einem Gebäude in Manchester zeigt sich die Obsession, mit der man den Rauch auszuschließen versuchte, in besonderem Maße. In mehrfacher

Hinsicht erscheint es als Gegenstück zum Werk und zu den Minen in Gidlow, und dies nicht nur, weil alle von derselben Familie erbaut wurden (Abb. 5). Es handelt sich um die Bibliothek, die John Rylands' Witwe Enriqueta zum Gedenken an ihren verstorbenen Mann stiftete und die sie mit den wertvollen Bücher- und Manuskriptsammlungen bestückte, mit denen sie die überwiegend theologischen Bestände ihres Mannes ergänzt hatte. Ihr Standort befindet sich in Deansgate, einem von Slums durchzogenen halbindustriellen Viertel, das häufig als eines der ungesündesten von ganz Manchester beschrieben wurde, „mit schmalen und abscheulichen Straßen und engen Höfen voller Schmutz und Unrat".[41] Oft war die Gegend so rauchgeschwängert, dass die „finstere Masse wie ein Leichentuch" über der Stadt hing.[42] (Im Jahr 1890 wurde die Lebenserwartung für Männer in Deansgate auf 28,78 Jahre geschätzt.[43]) Die Ansiedlung der Rylands Library an einem solchen Ort konnte in mindestens zweierlei Hinsicht als philanthropischer Akt verstanden werden: Erstens bedeutete sie die Reinigung und Säuberung der unmittelbaren Umgebung von Dreck und Armut und zweitens die Übergabe eines Geschenks, das, auch wenn es mit Mitteln aus der Welt der verschmutzenden Industrie bezahlt worden war, den Duft einer gänzlich anderen Welt verströmte – still und rein, prä-industriell, religiös, scholastisch.

Belüftung war für den Entwurf der Bibliothek zentral, so wie sie es schon bei den Minen von Gidlow und auch bei den Kesseln und Schornsteinen der Gidlow Mill gewesen war. Tatsächlich stellt die Bibliothek eine Art Inversion oder

Antithese eines Bergwerks dar. Die Abbaufront bildeten hier die Bücherregale, entweder vor die Wände platziert (statt aus dem Berg herausgeschlagen und zu Wänden geformt) oder frei im Raum stehend, ähnlich den Kohlenpfeilern mit den Kammern oder Abteilungen dazwischen.[44] Die Ablagerungen vergangener geistiger Arbeit sammelten sich hier an, an diesem Ort der Addition, wie man sagen könnte, während an jenem anderen Ort der Extraktion körperliche Arbeit verausgabt oder verbraucht wurde. Aus Sicht einer bestimmten Art von Architekturgeschichte erscheint es absurd, bestenfalls als Pseudo-Isomorphismus, dem Erdgeschossgrundriss der Rylands-Bibliothek das Schema eines Kohlefelds mit seinen paarweise angeordneten Gängen und seinem Raster aus Pfeilern und Kammern gegenüberzustellen. Aber wenn es etwas Erzwungenes an diesem Aufeinandertreffen gibt, dann nur als Resultat eines gewissen Bedürfnisses, beides getrennt zu halten. Letztlich sind sowohl Bibliothek wie Bergwerk Produkte desselben industriellen Komplexes; sein Anfang und sein Ende. (Schon Francis Bacon hatte bekanntlich die spekulativen Aspekte der Naturphilosophie metaphorisch mit der Bergbaukunst in Verbindung gebracht.)[45] Zusammen stehen sie für die Geburt und das Nachleben des Rauchs; seinen Eintritt ins Produktivleben in Form von Kohle, seine Verwandlung in Abfall und seinen Ausschluss – oder versuchten Ausschluss – aus einer anderen Art von Leben, das von ihm abhängig ist, sich aber von ihm distanzieren, ja ihn verleugnen will.

Die negative Präsenz des Rauchs verbindet die Bibliothek mit der Baumwollproduktion und wirft die Frage auf, was eine Bibliothek eigentlich ist. Bevor sie zum „Selektionsmechanismus" werden konnte, zur Sammlung und Anordnung von Inhalten,[46] musste sie zunächst ganz anders geartete Materialbestände ausschließen. Handelt es sich also um ein weiteres Nebenprodukt? Ein bloßes Anhängsel? Oder um einen Schlusspunkt, an dem die radikal instabilen Eigenschaften des Abfalls in den Hintergrund treten und jene der Kultur – Bildung, Tradition, Theologie – ihre Transzendenz entfalten können? „Der gesamte Entwurf", so der Architekt Basil Champneys, „gründet in dem Bestreben, die wertvollen Werke vor Schaden zu bewahren."[47] Dieser Schaden war die Bedrohung durch eben jenen Rauch, der den Reichtum miterschaffen hatte, aus dem die Bücher der Bibliothek bezahlt worden waren.

Champneys und seine diversen Berater rangen auf unterschiedlichen Ebenen mit dem Problem des Rauchschutzes und nahmen zugleich die Vorstellung eines schadstofffreien Gebäudes zum Ausgangspunkt, um die Bibliothek mit bemerkenswerter räumlicher Dramatik aufzuladen. Am meisten Planungszeit verschlang die Belüftung der Bibliothek, und die Lösung bestand letztendlich aus einer Kombination von maßgeschneiderten Technologien zur Filterung und Bewegung der Luft. Die von elektrischen Ventilatoren tief unten im Gebäude angesaugte Außenluft wurde mit Wasser besprüht, über Warmwasserrohre geleitet und durch Jutefilter gesogen, während die „verdorbene" Luft über Abluftrohre zu zwei Austrittskammern im Dach geführt wurde. Luftzirkulation war von entscheidender Bedeutung, um die Bücher vor Schimmelbefall zu schützen.[48] Der unvermeidliche Schwachpunkt jedoch bestand darin, dass sich das Gebäude selbst bei luftdichten Fenstern niemals vollständig abdichten ließ (Lieferanteneingänge zum Beispiel waren nur unzureichend geschützt), worin ein Grund für die kunstvoll gestalteten Raumfolgen zwischen Haupteingang und dem eigentlichen Lesesaal liegen mag. Wie wirkungslos diese Maßnahmen dennoch waren, zeigte sich nur allzu rasch. Bereits 1907, kaum acht Jahre nach seiner Fertigstellung, war das herrliche steinerne Gewölbe über dem Lesesaal rauchgeschwärzt.[49] Für die wertvollen Bücher selbst allerdings schuf man Behältnisse, die zu den am hermetischsten abgeschlossenen in der Geschichte des Bücherregalbaus zählen: präzisionsgefertigte Glasvitrinen, bei denen zwischen Tür und Rahmen eingefügte, mit Wolle gefüllte Samtrollen für eine luftdichte Versiegelung sorgten.[50]

Aber bei diesem Versuch, den Rauch auszuschließen, ging es um mehr als nur um Komfort und Konservierung, und bei diesen verschiedenen Türen um mehr als das, was Bernhard Siegert eine „ontische Operation" oder „Logik der Tür" genannt hat.[51] Hinter der Rauchbelästigung stand eine Rauchpolitik: Wer stellte ihn her, wer profitierte von ihm, wer hatte unter seinen Auswirkungen zu leiden? In der Bibliothek wurde diese Politik in eine Poetik des Rauchs überführt, zunächst durch die Bauwissenschaft, dann im Rahmen der angestammten Rolle der Architektur – in den Ornamenten und Raumfolgen, die den Eingangsbereich so einzigartig erscheinen lassen. Rauch

Abb. 6: John Rylands
Library, Eingangshalle

kultiviert: Wo er menschliche Kultur ermöglichte, da erforderte er auch eine
künstlerisch-kulturelle Antwort, um Bildung und Vergeistigung zur Geltung
kommen zu lassen. Dies begann mit der Platzierung des Eingangs direkt am
Bürgersteig, wo er von zwei niedrigen, von der Straßenzeile abgesetzten Tür-
men bewacht wurde. So thronte die Bibliothek unerbittlich in einer feindse-
ligen Welt, zugleich zinnenbewehrt und filigran, defensiv und kostbar. Nach
dem Eintreten wurde man durch eine gestaltete Folge von Erlebnissen geführt, durch die man den Schmutz der Stadt symbolisch abstreifen konnte,
um schließlich gereinigt und geläutert den eigentlichen Bereich der Bibliothek zu betreten. Durch relativ schmale Türen gelangt man in den Eingangs-
raum, eine Art Dekompressions- oder Entgiftungskammer, die sich plötzlich
wie ein hoch aufragender Wald nach oben ausdehnt, die Decke von hohen,

schlanken Säulen getragen, doch zugleich in kleine Gewölbejoche gedrängt
(Abb. 6). Es folgt eine Reihe von Empfangsräumen, die einen immer wieder
dazu nötigen, abzubiegen, sich umzudrehen und im Vorbeigehen diverse Git-
ter, Spaliere und Maßwerke zu sehen; eher symbolisch als funktional schaffen sie ein Ambiente des Aussiebens und Filterns, abgestufter Ebenen der
Zugänglichkeit. Links und wieder links geht es die Treppen hoch, hindurch
unter steinernen Baldachinen, Fächergewölben und einer unwirklich schei-
nenden Laterne hoch oben. Spiralförmig steigt der Weg nach oben an und
mündet dann jäh in den hohen Innenraum des Südturms, wo man die Außenwelt längst hinter sich gelassen hat. Schließlich gelangt man in den Lesesaal,
erhaben über dem Straßenniveau und allseitig von Arkadengängen umhüllt
(Abb. 7).

Enriqueta Rylands (deren eigene Familie durch Sklavenarbeit auf kubanischen Zuckerplantagen reich geworden war)[52] wollte die Bibliothek ungeachtet der beträchtlichen theologischen Schriftensammlung ihres Mannes nicht ausschließlich als evangelikale Stiftung oder gar als eine Art missionarischer Einrichtung verstanden wissen. Vielmehr sollte sie im Sinne Matthew Arnolds für „Süße und Licht" der Kultur stehen (und damit zugleich Arnold entkräften, der das Industriebürgertum des Philistertums beschuldigt hatte). Die Bibliothek wurde so als Sphäre des Nicht-Entfremdeten vorgestellt. Sie verkörperte den Übergang vom Industriellen zum Kulturellen, wobei die Kultur das Reich der Ware transzendierte, das Reich der Fabrik, des Arbeitstages, des Büros und der Buchhaltung, des „Glaubens an die Maschinerie",[53] Mine und Werk, sowie ihre diversen Überschüsse und Abfälle – kurzum all das, was Rylands & Sons geschaffen hatten und beherrschten.

Entlang des Aufstiegs zum Lesesaal stellen ausgedehnte Sandsteinflächen zur Schau, wie sichtbar sie der Luft ausgesetzt waren. Ein wiederholtes ornamentales Motiv sind vom Wind durchtoste organische Formen, die ebenso an Wellen wie an Blätter erinnern (Abb. 8). Pflanzen dienten oft als Gradmesser für die schädlichen Auswirkungen des Rauchs, ihre verkümmerten, „ausgeblichenen und kränklichen" Formen setzte man in Analogie zu den geschwächten Körpern, der verminderten Lebenserwartung und dem „rassischen Verfall" der Bewohnerinnen und Bewohner städtischer Elendsquartiere.[54] „Reizvolle Architektur", so hatte John Ruskin 1865 geschrieben, sei nur in „wolkenloser Luft" möglich, im Gegensatz zur „schwarzen Luft", die „alles Ornament aus der Ferne unsichtbar macht und seine Zwischenräume mit Ruß erstickt".[55] Die bloße Existenz des Ornaments – seine Lesbarkeit, seine Artikulation eines freien, „wilden" handwerklichen Ausdrucks, um es mit Ruskin zu sagen – zeugte von einer fortbestehenden Nichtmodernität, einem Widerstand gegen alles, wofür die industrielle Moderne stand und was sie hervorbrachte. Überdies veranschaulichen die Blattornamente der Bibliothek, wie mit dem Aufsteigen der Besucherinnen und Besucher auch die Luft frei und gereinigt durch das Gebäude zirkuliert. (Das ist wohlgemerkt weder als programmatische Darstellung der symbolischen Attribute von Rauch und Reinigung zu verstehen, noch ist es ein Vorgriff auf die Reinräume eines

gesundheitsbesessenen Modernismus.) Die Architekten des Gothic Revival
waren stets darauf bedacht, auf historische Motive anzuspielen, und zweifellos wollte Champneys die Besucher und Besucherinnen seiner Bibliothek an
die gotischen Krabben oder Kriechblumen auf den Giebeln von San Marco
erinnern – galt doch Venedig als Vorbild des britischen Imperialismus, war
aber zugleich mittelalterlich weit entfernt von der beunruhigenden Neuheit
industrieller Formen. Für Ruskin besaßen diese Krabben eine vorindustrielle
Vitalität: In seinen Worten schienen sie sich „noch größere Freiheiten als die
Kreuzblumen zu gestatten" und „sich in den zügellosesten Verdrehungen hin
und her [zu] schlingen".[56] Sie schmückten jene Bogenbekrönungen am oberen Teil der Markusdomfassade, die, wie Ruskin in einer seiner berühmtes-
ten Zeilen geschrieben hatte, „in marmornem Schaum sich brechen und weit
hinein in den blauen Himmel Ringel und Sprühregen marmornen Gischtes
schleudern".[57]
Die Gruben und das Werk von Gidlow sind hier weit weg, zumindest wenn
es nach Champneys und Enriqueta Rylands ginge, und die Ruskin'schen Motive würden ihnen konspirativ beipflichten. Doch vielleicht muss man es
so verstehen, dass die Kunstfertigkeit des Rylands-Ornaments, sein lufti-
ger Organismus, ein falsches Zeugnis ablegt: dass nämlich ungeachtet des
Verlusts manueller Fertigkeiten im industriellen Prozess und der Ersetzung

menschlicher durch fossile Energie die Produkte menschlicher Handwerks-
kunst weiterhin überleben würden; und dass jene, die ihren Niedergang ver-
antworten, zugleich diejenigen sind, die sie sicher bewahren würden. Das
Ornament verbindet sich auch mit viktorianischen Vorstellungen, die in der
Kultur, in der Bibliothek selbst, einen „Strom frischer und freier Gedanken"
sahen, ein „Streben nach Vollkommenheit", einen Ort, der sich vollkommen
von der Welt der Kohle, der Baumwolle und der Maschinen abhob, die, in
Matthew Arnolds Worten, zu jener nichtkulturellen Zone eines „riesigen Re-
siduums" gehörten.[58] Der Rauch scheint aus dieser anderen Welt der Bibliothek verbannt, in der eine reinere Luft ihre steinernen Pflanzen umweht,
während die Industrie ganz auf die Welt des Nützlichen und Alltäglichen, des
Gefühl- und Gedankenlosen beschränkt bleibt. Erneut sind wir bei den Trug-
bildern und Selbsttäuschungen des viktorianischen Humanismus angelangt:
der Transzendenz der Kultur, der Abwendung von der industriellen Maschinerie, von kommerziellen Spielereien wie von der allgemeinen Entsetzlichkeit
eines Großteils des Lebens.

Die Moral

Manchester war für Ruskin, wie er in einer Vorlesung von 1865 ausführte, ein
Ort, an dem sich Menschen in Dinge verwandelten (womit er die Ingredien-
zien der *it-narratives* gewissermaßen umkehrte): „[Eine Stadt, die] nur aus
dichtgedrängten Massen von Geschäften, Warenlagern und Theken besteht
[...] und in der alle Gebäude bedeutender Größenordnung Maschinen beher-
bergen; [eine Stadt], deren Straßen keine Boulevards für das Vorbeiziehen
oder Aufmarschieren eines glücklichen Volkes sind, sondern Abflussrinnen
für den geschundenen Pöbel, in denen jedes Ziel, das man ansteuert, nur dazu
dient, den nächsten Ort zu erreichen; in der die Existenz zum bloßen Durch-
lauf wird und jedes Geschöpf nur ein Atom in einem Gestöber menschlichen
Staubes ist, eines Stroms austauschbarer Partikel, die hier durch unterirdische Tunnel und dort durch Röhren in der Luft zirkulieren; für eine solche Stadt – oder solche Städte – ist keine Architektur möglich."[59] Ruskins

„glückliches Volk" ist selbst wie zu Rauch geworden, der ohne Zweck und Wert umhertreibt, durch die Gegend zieht und zirkuliert. Das Ironische an der Rylands-Bibliothek ist kaum zu übersehen; die Scheinheiligkeit des Versuchs, kulturelles Kapital anzuhäufen, offenkundig. Was immer hier die Moral sein mag – die Aufzeichnung dieser schmutzigen Geschichte (die kognitive Karte davon, wie der Rauch die Stadt durchquert und kontaminiert und wie die Bibliothek ihn zu leugnen versucht) zielt darauf, das Psychische an das Soziale und das Ökonomische rückzubinden. Es gibt weder eine bequem abgrenzbare Typologie, die wir als „Architektur des Rauchs (oder der Kohle)" bezeichnen könnten, noch eine schlichte Korrespondenz. Architektur ist hier vielmehr sowohl das unterirdische Raster wie das in den Sandstein geschnittene Ornament, die versiegelte Büchervitrine ebenso wie der aufstoßende Schornstein oder die feuchte Kohlengrube. Tatsächlich gibt es mehr als nur eine Analogiebeziehung zwischen den Kesseln, die im Rauch hängen und von ihm erhitzt werden, und der Bibliothek, die von denselben industriellen Abgasen abgeschottet wird, die sie am Leben halten. Dabei geht es keineswegs allein darum, die Spuren offenzulegen, mit denen sich Arbeit, Konflikt und Gewalt in die Bibliothek eingeschrieben haben, sondern ebenso darum, etwas über die Bibliothek als Technologie der Filterung und Mobilisierung (von Luft und Leuten) aufzuzeigen: sie nämlich als Komplex der Verleugnung kenntlich werden zu lassen.

Aus dem Englischen übersetzt von Roland Meyer

Anmerkungen

1 Für eine ausführlichere Diskussion dieser Themen siehe Mark Crinson: *Shock City. Image and Architecture in Industrial Manchester.* London 2022, Kap. 5.

2 Mark Blackwell (Hg.): *The Secret Life of Things in Eighteenth Century Fiction.* Lewisburg 2007; Jonathan Lamb: „The Implacability of Things", in: *The Public Domain Review*, 2012, https://publicdomainreview.org/2012/10/03/the-implacability-of-things/.

3 Vgl. Adam Trexler: „Integrating Agency with Climate Critique", in: *symploke* 21, 2013, S. 226–235. Kritisch dazu: Andreas Malm: *Der Fortschritt dieses Sturms. Natur und Gesellschaft in einer sich erwärmenden Welt.* Berlin 2021, S. 99–146.

4 Karl Marx: *Das Kapital. Kritik der politischen Ökonomie* (1867), MEW Bd. 23. Berlin 1962, S. 86 f.

5 Jacques Rancière: „Die ästhetische Revolution und ihre Folgen. Erzählungen von Autonomie und Heteronomie", in: Ilka Brombach, Dirk Setton und Cornelia Temesvári (Hg.), „*Ästhetisierung". Der Streit um das Ästhetische in Politik, Religion und Erkenntnis.* Berlin/Zürich 2010, S. 23–40, hier S. 27.

6 Fredric Jameson: *Postmodernism, or the Cultural Logic of Late Capitalism.* London 1991, S. 50–52.

7 Bruno Latour: *Science in Action. How to Follow Scientists and Engineers through Society.* Cambridge, MA 1987, S. 180; ders.: *Eine neue Soziologie für eine neue Gesellschaft.* Frankfurt a. M. 2007.

8 Georg Lukács: *Geschichte und Klassenbewusstsein* (1923). Bielefeld 2013, S. 278; vgl. dazu Fredric Jameson: *Allegory and Ideology.* London 2019, S. 194 f.

9 Zu Öl und Baumwolle siehe: Carola Hein (Hg.): *Oil Spaces: Exploring the Global Petroleumscape.* London 2021; Sven Beckert: *King Cotton. Eine Globalgeschichte des Kapitalismus.* München 2014.

10 Vgl. Maria Voyatzaki (Hg.): *Architectural Materialisms. Nonhuman Creativity.* Edinburgh 2018; Zeynep Çelik Alexander und John May (Hg.): *Design Technics. Archaeologies of Architectural Practice.* Minneapolis 2020.

11 Fredric Jameson: *Signatures of the Visible.* New York/London 1992, S. 37.

12 Mark Crinson: „,Compartmentalized World': Race, Architecture, and Colonial Crisis in Kenya and London", in: Irene Cheng, Charles L. Davis und Mabel O. Wilson (Hg.), *Race and Modern Architecture. A Critical History from the Enlightenment to the Present.* Pittsburgh 2020, S. 259–276.

13 Alberto Toscano und Jeff Kinkle: *Cartographies of the Absolute.* Winchester 2015, S. 191–192.

14 Roy Church: *The History of the British Coal Industry,* Bd. 3: *1830–1913: Victorian Pre-eminence.* Oxford 1986, S. 336.

15 Thomas Farrimond: „On the Working of Coal Mines, Drainage of Gases, and Their Effect on Under and Over-Lying Seams", in: *Transactions of the Manchester Geological Society* 2, 8/1860, S. 89–94.

16 Matthias Dunn: *A Treatise on the Winning and Working of Collieries.* Newcastle 1848, Tafel XII, Abb. 1.

17 Joseph Dickenson: „Statistics of the Collieries of Lancashire, Cheshire, and North Wales", in: *Memoirs of the Literary and Philosophical Society of Manchester* 12, 1855, S. 71–107, hier S. 75.

18 Bernhard Siegert: „(Nicht) Am Ort. Zum Raster als Kulturtechnik", in: *Thesis* 49, 3/2003: „9. Internationales Bauhaus-Kolloquium Weimar 2003: Medium Architektur", S. 92–104.

19 Zu den Feuern und tödlichen Unfällen in den Minen um Wigan allein in einem Jahr siehe: *Manchester Guardian*, 6. Jan. 1859, 24. Aug. 1859, 24. Sept. 1859, 28. Sept. 1859.

20 Dunn 1848 (s. Anm. 16), Tafel XIX, Abb. 1.

21 Raphael Samuel: „Workshop of the World: Steam Power and Hand Technology in Mid-Victorian Britain", in: *History Workshop Journal* 3, 1977, S. 6–72, hier S. 21.

22 John Rylands Library Special Collections, RYL/1/3/1.

23 Andreas Malm: *Fossil Capital. The Rise of Steam Power and the Roots of Global Warming.* London/New York 2016.

24 Douglas A. Farnie: *John Rylands of Manchester.* Manchester 1993, S. 14–17, 45.

25 Farrimond 1860 (s. Anm. 15), S. 91.

26 Evan Leigh: *The Science of Modern Cotton Spinning*, Bd. 1. Manchester/London 1873.

27 William Fairbairn: *Treatise on Mills and Millwork*, Bd. 2. London 1863, S. 172.

28 Thomas Tredgold: *The Steam Engine. Its Invention and Progressive Development*, überarb. Ausg., London 1838, Bd. 1, S. 328.

29 Marx, 1962 (s. Anm. 4), S. 401.

30 Andrew Ure: *The Philosophy of Manufactures.* London 1835, S. 18.

31 Stephen Mosley: *The Chimney of the World. A History of Smoke Pollution in Victorian and Edwardian Manchester.* London/New York 2008, S. 128.

32 Zum Begriff des „Medienkomplexes" vgl. Reinhold Martin: *Knowledge Worlds. Media, Materiality, and the Making of the Modern University.* New York 2021, S. 1–2, 12–13.

33 J. W. Graham, zit. n. Edward T. Cook: *The Life of John Ruskin,* Bd. 2: *1860–1900.* London 1911, S. 471.

34 Mosley 2008 (s. Anm. 31), S. 18–19.

35 *Manchester New Town Hall – General History and Detailed Description of the Building.* Manchester 1877, S. 5.

36 Timothy Morton: *Hyperobjects. Philosophy and Ecology After the End of the World.* Minneapolis 2013, S. 7; Malm 2016 (s. Anm. 23), S. 63.

37 Robert Angus Smith: „On the Air of Towns", in: *Journal of the Chemical Society* 11, 1859, S. 196–235, hier S. 232.

38 A. H. Davies-Colley: „Facing Materials for a Smoky Town", in: *British Architect,* 9. Feb. 1877, S. 87; *Manchester New Town Hall,* S. 7.

39 „Mr Brooke": „Stone as a Building Material for Manchester", in: *British Architect,* 2. März 1877, S. 129; Augustus Voelcker: „On the Injurious Effects of Smoke on Certain Building Stones and on Vegetation", in: *Journal of the Society of Arts* 12, 583/1864, S. 146–153.

40 Ebd., S. 149.

41 James Phillips Kay: *The Moral and Physical Condition of the Working Classes Employed in the Cotton Manufacture in Manchester.* London 1832, S. 36.

42 John Edward Morgan: *The Danger of Deterioration of Race from the too Rapid Increase of Great Cities.* London 1866, S. 29.

43 John W. Graham: *The Destruction of Daylight – A Study in the Smoke Problem.* London 1907, S. 5.

44 Ein zeitgenössischer Vergleich von Schreibern mit ihren Stiften und den Hauern in der Mine mit ihren Spitzhacken findet sich in John R. Leifchild: *Our Coal and our Coal-Pits. The People in Them, and the Scenes around Them. By a Traveller Underground.* London 1853, S. 132.

45 Allan Sekula: „Photography Between Labour and Capital", in: Leslie Shedden (Hg.), *Mining*

Photographs and Other Pictures, 1948–1968, Halifax 1983, S. 193–268, hier S. 204.

46 Martin 2021 (s. Anm. 32), S. 4.

47 John Rylands Library Special Collections, JRL/5/2/5/13.

48 Catherine Bowler und Peter Brimblecombe: „Environmental Pressures on Building Design and Manchester's John Rylands Library", in: *Journal of Design History* 13, 3/2000, S. 175–191, hier S. 185.

49 Ebd.

50 John Rylands Library Special Collections, JRL/5/2/1/1/2–3.

51 Bernhard Siegert: „Türen. Zur Materialität des Symbolischen", in: *Zeitschrift für Medien- und Kulturforschung* 1, 1/2010: „Kulturtechnik", S. 151–170.

52 Raul Ruiz: „Mrs Rylands's Cuban Origins", in: *Bulletin of the John Rylands Library* 85, 1/2003, S. 121–126.

53 Matthew Arnold: *Culture and Anarchy* (1869). Cambridge 1932, S. 49.

54 Mosley 2008 (s. Anm. 31), S. 103.

55 John Ruskin: „The Study of Architecture in our Schools" (1865), in: ders., *On the Old Road,* Bd. 1, Orpington 1885, S. 371–400, hier S. 378.

56 John Ruskin: *Steine von Venedig,* Bd. 3 (*Ausgewählte Werke,* Bd. 10), Jena 1906, S. 11 (Kap. 1, §14).

57 John Ruskin: *Steine von Venedig,* Bd. 2 (*Ausgewählte Werke,* Bd. 9), Jena 1904, S. 81 (Kap. 4, §14).

58 Arnold 1869 (s. Anm. 53), S. 6, 51, 105.

59 Ruskin 1865 (s. Anm. 55), S. 378.

Röntgen-Architektur und das neue Feld des Sichtbaren[1]

Beatriz Colomina

Als Wilhelm Conrad Röntgen im Dezember 1895 seine jüngste Entdeckung in einem Artikel „Ueber eine neue Art von Strahlen" erstmals publizierte, schrieb er über eine neue Form der Transparenz, bei der „die Körper sich den X-Strahlen gegenüber ähnlich verhalten, wie die trüben Medien dem Licht gegenüber".[2] Die unsichtbaren Strahlen werden hier als Mittel beschrieben, das Gegenstände durchdringt und auf Schirmen sichtbar wird. Eine technische Oberfläche tritt als intimste Zeugin des ansonsten verborgenen Innenlebens auf. Von Architekten, Historikern und Theoretikern wurde dieses neue Paradigma, mit seiner Umkehrung des klassischen Verhältnisses von innen und außen, in den ersten Jahrzehnten des 20. Jahrhunderts rasch verinnerlicht; sie entwickelten eine ganze Logik des Unsichtbaren, die uns bis heute begleitet – und mit ihr eine Architektur, in der wir immer noch leben, mit all den unzähligen Bildschirmen, die endlose unsichtbare Ströme überwachen.

Eine neue Transparenz

Dieses neue Konzept von Transparenz ist eng mit der Idee des „(Bild-)Schirms" verbunden. Der von Röntgen beschriebene Schirm bestand genau genommen bloß aus einem Stück Papier mit einer dünnen Schicht Barium-Platin-Cyanid, die fluoreszierend leuchtet, wenn sie der Röntgenstrahlung ausgesetzt ist. Röntgen zeigt sich fasziniert von der Tatsache, dass das Papier selbst ganz strahlungsdurchlässig ist, sodass der „Fluorescenzschirm" in Wirklichkeit nur die dünne Schicht aus Barium-Platin-Cyanid ist. Doch nicht bloß ein einzelnes Blatt Papier ist durchlässig. Auch ein „Buch von ca. 1000 Seiten" erscheint auf dem Schirm transparent, und selbst „[d]icke Holzblöcke sind noch durchlässig". Es bedarf mehrerer Lagen Stanniol, um gerade mal einen „Schatten" auf den Schirm zu werfen, und man benötigt eine ziemlich dicke Schicht von Aluminium, um die Fluoreszenz abzuschwächen.

Röntgens Entdeckung bedeutete eine radikale Transformation der Vorstellungen von Materialität und Solidität und stellte das herkömmliche Verständnis von Sichtbarem und Unsichtbarem auf den Kopf. Röntgens Schirm zeigte, mit den Worten seines ersten Berichts, „dass alle Körper [...] durchlässig sind, aber in sehr verschiedenem Grade."[3] Durchlässigkeit oder Transparenz ist also eine Eigenschaft von scheinbar undurchsichtigen Körpern, einschließlich des menschlichen Körpers. Anders ausgedrückt: Transparenz ist kein Effekt. Die Röntgenstrahlen sind nichts, was einem Körper angetan wird. Der Gegenstand ist bereits transparent, und die Röntgenstrahlen erlauben es uns, ihn so zu sehen. Die ganze Welt wird nun als transparent verstanden. Röntgens Entdeckung hatte daher nicht nur Auswirkungen auf die Architektur, sie war vielmehr eine Transformation des Raumes.

Nachdem er die Transparenz zahlreicher Materialien untersucht hatte, unter anderem auch Glas, das paradoxerweise undurchlässiger ist (weil es Blei enthält), blickte Röntgen durch den menschlichen Körper: „Hält man die Hand zwischen den Entladungsapparat und den Schirm", so schreibt er, „so sieht man die dunkleren Schatten der Handknochen in dem nur wenig dunklen Schattenbild der Hand."[4] Das berühmte Röntgenbild der Hand seiner Frau Bertha Röntgen mit dem Ehering am Mittelfinger, das nur fünf Tage vor der Veröffentlichung des Artikels aufgenommen worden war, dient als Illustration – und Beweis für die erstaunliche Offenbarung.[5]

Die Geschichte dieses Bildes, das ausschlaggebend für den Erfolg der Erfindung war, handelt davon, dass Röntgen, der davor zurückschreckte, seinen Kollegen seine erstaunliche Entdeckung zu enthüllen, nach monatelangem Experimentieren mit unbelebten Objekten am Abend des 22. Dezember 1895 seine Frau ins Labor holte und ihre Hand fünfzehn Minuten lang den X-Strahlen aussetzte, womit das erste Röntgenbild eines menschlichen Körpers entstand. Als sie das Bild ihrer Hand sah, sagte Bertha Röntgen bekanntlich: „Ich habe meinen Tod gesehen",[6] und nahm damit eine verbreitete Reaktion auf solche exponierenden Aufnahmen vorweg, so als ob man darin ein Gespenst oder gar sich selbst als Gespenst sehen würde.

Röntgens Artikel löste eine gewaltige Doppelreaktion aus. Wissenschaftler auf der ganzen Welt griffen die Idee auf und versuchten, das Experiment zu wiederholen. Die populäre Presse entfachte ausgedehnte Spekulationen über mögliche Anwendungen und Bedeutungen dieser Bilder. Zeitungen waren elektrisiert von der Idee einer unsichtbaren Welt. Das Bild von Berthas Hand wurde zum Vorbild für ein ganzes Genre solcher Bilder in wissenschaftlichen

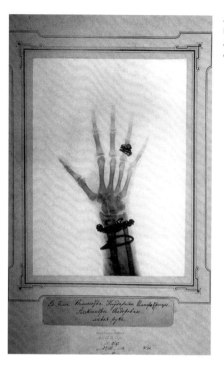

wie populären Publikationen. Zahllose Röntgenaufnahmen von Händen wurden von Röntgen selbst und anderen angefertigt, bald nachdem der Artikel veröffentlicht worden war. In seiner ersten öffentlichen Vorlesung über die Entdeckung, die er am 13. Januar 1896 in Würzburg hielt, setzte Röntgen die Hand von Prof. Albert von Kölliker, einem berühmten Anatomen und dem Präsidenten der Würzburger Physikalisch-medizinischen Gesellschaft, der Strahlung aus. Vom Kaiser nach Berlin beordert, um über die Entdeckung zu berichten, röntgte er die Hände von Wilhelm II. und der Kaiserin Auguste Viktoria. Später tat er dasselbe mit den Händen des Herzogs und der Herzogin von York, des russischen Zarenpaars sowie zahlreicher weiterer Würdenträger (Abb. 1). Das Handröntgenbild war zu einer neuen Form des intimen Porträts und zur Ikone eines neuen Weltbilds geworden, in dem alles, egal wie scheinbar undurchdringlich, in intime Nähe rückte.

Ein Gedicht in der Zeitschrift *Life* vom 12. März 1896 fängt diese neue Intimität ein, die den Körper in eine Aureole verwandelt, „mit verschwommener Kontur":

Zeilen über das Röntgenbildnis einer Dame.
So groß ist sie, so schlank; und ihre Knochen –
Zerbrechliche Phosphate, Karbonat aus Kalk –
Treten im Schein des Kathodenstrahls hervor
Dank Schwingung, Ohm, Amper.
Ihre Wirbel bleiben nicht verborgen
Von der Epidermis, sondern liegen offen da.
Und um ihre Rippen, vierundzwanzig an der Zahl,
Formt das Fleisch einen Heiligenschein, mit verschwommener Kontur,
Ihr nasenloses, augenloses Antlitz blickt mich an,
Und ich hauche bloß: „Liebling, je t'adore."
Doch ihre schimmernd weißen Zähne lachen nur.
Ach! Lieblich-grausam süßes Röntgenbild!

Röntgen hatte das mysteriöse Phänomen „X-Strahlen" genannt, weil er nicht wusste, worum es sich handelte. Kölliker hatte nach Röntgens Würzburger Vorlesung vorgeschlagen, die neuen Strahlen „Röntgenstrahlen" zu nennen, aber der zurückhaltende Röntgen zog es vor, sie weiterhin X-Strahlen zu nennen. Die „Berechtigung" für den Begriff „Strahlen", so heißt es in jenem ersten Bericht, liege in den „Schattenbildern", die entstehen, wenn ein Körper zwischen der Quelle der Röntgenstrahlen und einer fotografischen Platte oder einem Schirm platziert wird. „Viele derartige Schattenbilder" habe er in den zwei Monaten vor der Untersuchung der Hand seiner Frau „beobachtet und theilweise auch photographisch aufgenommen", schrieb er, darunter einen Gewichtssatz in einem hölzernen Kästchen sowie einen Kompass in einem Metallgehäuse.[7]

Für Röntgen war diese Möglichkeit, die „Schattenbilder" auf dem Schirm fotografisch festzuhalten, von „besonderer Bedeutung", weil sie es möglich machte, „manche Erscheinung zu fixieren, wodurch Täuschungen leichter ausgeschlossen werden".[8] Der wesentliche Vorteil bestand für ihn also darin,

Beweise zu liefern und die bereits mehrfach am Fluoreszenzschirm gemachten Beobachtungen zu bestätigen. Schon bald nach der ersten Veröffentlichung schickte er Nachdrucke des Artikels zusammen mit Abzügen seiner Röntgenbilder an eine Reihe von Wissenschaftlern, darunter Emil Warburg in Berlin und Henri Poincaré in Paris.[9] Warburg nahm die Bilder sofort in eine Ausstellung auf, die anlässlich des Jubiläums der Physikalischen Gesellschaft zu Berlin an der Friedrich-Wilhelms-Universität gezeigt wurde. Dies war die erste öffentliche Ausstellung von Röntgenbildern.

Ohne diese Bilder hätte die Entdeckung der Röntgenstrahlen weder in wissenschaftlichen noch in Laienkreisen einen solchen Effekt gehabt. So aber machte sie weltweit Schlagzeilen. Unter der Überschrift „Eine sensationelle Entdeckung" berichtete die *Neue Freie Presse* aus Wien am 5. Januar 1896 als erste über die Entdeckung[10] – und schrieb in der Eile „Routgen" statt Röntgen. Am nächsten Tag telegrafierte die Londoner Zeitung *The Standard* folgende Meldung in die Welt, in der sie den falsch geschriebenen Namen wiederholte und Berthas Hand fälschlicherweise als die eines Mannes identifizierte:

Der Lärm des Kriegsgeschreis sollte unsere Aufmerksamkeit nicht von jenem wunderbaren Triumph der Wissenschaft ablenken, der aus Wien gemeldet wird. Professor Routgen aus Würzburg hat, so wird berichtet, ein Licht entdeckt, das zu fotografischen Zwecken Holz, Fleisch und die meisten anderen organischen Stoffe durchdringt. Dem Professor ist es gelungen, Metallgewichte zu fotografieren, die sich in einer geschlossenen Holzkiste befanden, ebenso wie eine Männerhand, bei der allein die Knochen zu sehen sind und das Fleisch unsichtbar bleibt.[11]

Als *The Standard* in seiner Ausgabe vom 7. Januar 1896 über die Geschichte berichtete, sah er sich zu folgender Anmerkung veranlasst: „Die *Presse* versichert ihren Lesern, dass es sich um keinen Scherz oder Humbug handelt, sondern um eine ernsthafte Entdeckung eines ernsthaften deutschen Professors."[12] Die *Frankfurter Zeitung* brachte die Meldung ebenfalls am 7. Januar und druckte als erste auch die Bilder. Zeitungen auf der ganzen Welt, von *Le Matin* und *L'Illustration* in Paris über die Krakauer *Czas* bis zur *New York Times,* der *St. Louis Dispatch,* dem *Sydney Telegraph* und anderen mehr, verbreiteten in der Folge Sensationsmeldungen über die Entdeckung und prophezeiten deren medizinische Anwendung, der Röntgen selbst allerdings skeptisch gegenüberstand. Da jedoch per Kabeltelegrafie ausschließlich Text übertragen werden konnte, waren die meisten der frühen internationalen Berichte nicht bebildert, was bei Leserinnen wie Journalisten Skepsis auslöste. *Czas* schrieb zum Beispiel: „Das Thema, auch wenn es wie ein Aprilscherz anmutet, wird in seriösen Kreisen durchaus ernst genommen."[13]

Ein magischer Schirm

Im Anschluss an Röntgens Erfindung wurden von verschiedener Seite Techniken entwickelt, um den Röntgeneffekt zu fotografieren. Röntgen selbst hatte mehrere Angebote abgelehnt, seine Entdeckung patentieren zu lassen, da er sie als Eigentum der Menschheit ansah. Tragischerweise starb er nahezu verarmt. Von Beginn an veröffentlichte er detaillierte Beschreibungen seiner Methode und gab so anderen die Möglichkeit zum Experimentieren. Innerhalb eines Monats nach Röntgens erster Veröffentlichung publizierten Josef Maria Eder (Direktor der k. k. Lehr- und Versuchsanstalt für Photographie und Reproduktionsverfahren in Wien sowie Autor einer frühen Geschichte der Fotografie)[14] und der Fotochemiker Eduard Valenta ihre *Versuche über Photographie mittelst der Röntgen'schen Strahlen,* ein Album von fünfzehn grafischen Tafeln auf Basis von Röntgenbildern, in dem sie das von ihnen verwendete Verfahren sowie die Verbesserungen, die sie an Röntgens Apparat vorgenommen hatten, im Detail beschrieben.[15] Menschliche Hände und Füße, Fische, Frösche, eine Schlange, ein Chamäleon, eine Eidechse, eine Ratte und ein neugeborenes Kaninchen waren in diesem Album zu sehen, eine Art Zoo, der an die naturkundlichen Alben des neunzehnten Jahrhunderts mit ihren Tieren, Insekten und Pflanzen erinnerte, aber zugleich das „Neue Sehen" der Fotografie der 1920er-Jahre von László Moholy-Nagy und anderen vorwegnahm (Abb. 2). Dieses „Neue Sehen" der Fotografie sollte ebenfalls enzyklopädisch werden. Es war, als ob die ganze Welt neu gesehen werden müsste,

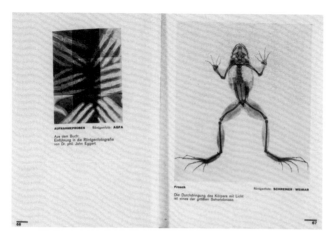

Abb. 2: Doppelseite aus
László Moholy-Nagy,
Malerei, Photographie,
Film, 1925

oder genauer gesagt, als ob es eine ganz neue Welt wäre. Moholy-Nagy sollte später schreiben:

Die Leidenschaft für alles Durchsichtige ist eines der auffälligsten Merkmale unserer Zeit. Auf Röntgenbildern wird Struktur zu Transparenz, und Transparenz offenbart Struktur. Die Röntgenbilder, auf die sich die Futuristen immer wieder bezogen, gehören zu den ausgezeichneten Raum-Zeit-Darstellungen auf der statischen Ebene. Sie geben zugleich das Innere und das Äußere, die Ansicht des undurchsichtigen Festkörpers, seine Kontur, aber auch seinen inneren Aufbau wieder.[16]

Was mich hier interessiert, ist, wie Röntgenbilder das Feld des Sichtbaren schon lange vor der sogenannten Avantgarde verändert haben. Das Röntgenbild bedeutete eine neue Art von Realismus, ein Realismus, der keineswegs im Gegensatz zu einer neuen Art von Mystizismus oder Spiritualismus stand. Wie Linda Dalrymple Henderson herausgestellt hat, war William Crookes, jener Wissenschaftler, der die von Röntgen verwendete Kathodenstrahlröhre entwickelt hatte, Präsident der parapsychologischen Society for Psychical Research und verkündete bereits ein Jahr nach der Entdeckung der Röntgenstrahlen, diese würden einen neuen Sinn für die Realität schaffen, der nicht auf äußeren Oberflächen, sondern auf inneren, dem Bewusstsein näheren Schwingungen beruhe.[17] Die Theosophin und Frauenrechtlerin Annie Besant versuchte ebenfalls, dem Unsichtbaren sichtbare Form zu geben. Nicht von ungefähr sehen viele der Abbildungen dessen, was sie „Gedankenformen" nannte, aus wie Röntgenbilder.[18] Die Röntgenstrahlung war eine optische und philosophische Revolution, die die Welt in erstaunlicher Geschwindigkeit eroberte. Die erste Operation, bei der Röntgenstrahlen eingesetzt wurden, wurde in den ersten zwei Monaten nach ihrer Entdeckung in den Vereinigten Staaten durchgeführt, und die erste vollwertige Abteilung für Radiologie wurde innerhalb eines Jahres am Glasgow Royal Infirmary eingerichtet.

Es ist wichtig festzuhalten, dass in den Röntgenalben, die um die Jahrhundertwende überall auftauchten, die Röntgenbilder noch als Bilder von Bildschirmen präsentiert wurden. Selbst populärwissenschaftliche Bücher wie das französische *La Photographie de l'invisible* von 1898 vermerken unter jedem Bild sorgfältig, dass es sich um einen „Schatten auf einem Schirm" handelt. Unter dem Röntgenbild eines Frosches lesen wir zum Beispiel: „Schatten eines mit Stecknadeln auf einer Korkplatte befestigten Frosches auf einem Fluoreszenzschirm", oder auch: „Schatten einer Hand auf einem Schirm aus Bariumplatincyanid".[19] Die Bildbeschriftung ist notwendig, da der Schirm selbst verschwindet, weil sein papierener Träger die gleiche Farbe wie die Buchseite hat. Die Beschriftung erinnert die Leserinnen und Leser daran, dass es einen Schirm gibt, einen Schirm, der ursprünglich aus Chemikalien auf Papier bestand. Das „Schattenbild" nimmt Ort und Charakter einer Zeichnung an, eine geisterhafte Spur, die vor dem Betrachter hängt und tiefe Einblicke in die Geheimnisse eines Körpers oder gar des Kosmos selbst gewährt. Der schwebende, verschwindende Schirm wird zum mächtigsten aller Instrumente.

Röntgen war fasziniert davon, dass er den Effekt auch direkt auf einer fotografischen Platte erzeugen konnte. Innerhalb eines Jahres nach Entdeckung der Röntgenstrahlung entwickelte George Eastman spezielle Röntgenplatten; und als schließlich fotografische Filme die Glasplatten ablösten, sollte eine dünne transparente Oberfläche die Aufgabe des Schirms übernehmen. Aber die Verdoppelung, der unheimliche Status des Schattenbildes, blieb.

Die Fotografie von Berthas Hand war das Bild eines Bildes, der Beweis für das, was Röntgen unzählige Male auf dem Schirm gesehen hatte. Es blieb das Bild eines Bildschirms. Dieser so magische wie bedrohliche „Bildschirmeffekt" breitete sich quer durch die Gesellschaft aus und wurde zu einer neuen Form des Spektakels. Es war, als ob sich nichts mehr auf die gleiche Weise ansehen ließe. Alles musste neu überdacht werden. Alle Bereiche schienen durch den magischen Schirm berührt – vor allem Wissenschaft und Medizin, aber ebenso Polizei und Unterhaltung, Religion und Spiritismus, wo viele in der Röntgenstrahlung einen Beweis für das sehen wollten, was sie immer schon geglaubt hatten. Der Bildschirm war Schauplatz intensiver Spekulationen. Von Anfang an wurde diese visuelle Revolution als Angriff auf die Privatsphäre oder gar als Form der Schamlosigkeit verstanden. Die Londoner Zeitung *Pall Mall Gazette* schrieb 1896: „Wir haben genug von den Röntgenstrahlen [...] Man behauptet, man könne jetzt anderer Leute Knochen mit bloßem Auge sehen [...] Mit solch einer abscheulichen Schamlosigkeit brauchen wir uns nicht länger zu befassen."[20] Karikaturen und humoristische Gedichte erkundeten den neuen Raum der Entblößung. Die Angst, dass Röntgenstrahlen es möglich machten, durch die Kleidung hindurchzusehen, war von Anfang an da. Ein weiteres Gedicht aus dem Jahr 1896, diesmal in der *Electrical Review*, lautet so:

X-AKT SO!
Die Röntgenstrahlen, die Röntgenstrahlen,
Was ist das für ein Wahn?
Die Stadt ist verrückt
Nach der neuen Welle
Von Röntgenstrahlen.
Ich bin ganz benommen,
Schockiert und erstaunt,
Denn heute, so hört man,
Blicken sie durch Mantel und Gewänder,
Ja durch Korsettstangen gar,
Diese bösen, bösen Röntgenstrahlen.[21]

Kurz nach der Erfindung boten Händler röntgensichere Unterwäsche an (so wie es jüngst wieder geschah, als an Flughäfen Ganzkörperscanner zur Sicherheitskontrolle eingeführt wurden). Und ein Abgeordneter aus New Jersey soll einen Gesetzentwurf eingebracht haben, um Röntgen-Operngläser zu verbieten, sollten diese jemals erfunden werden. Thomas Edison, der 1896 dem Publikum der New Yorker Elektrizitätsausstellung die Röntgenstrahlung präsentierte, glaubte sogar, dass damit irgendwann Gedankenlesen möglich würde.

Die Röntgenstrahlung war auch ein unerschöpflicher Quell der Unterhaltung. Auf jeder wissenschaftlichen Ausstellung und populären Messe gab es Röntgengeräte. In einem Faltblatt, das 1896 auf einer Ausstellung im Crystal Palace in London verteilt wurde, heißt es: „BEVOR SIE DIE AUSSTELLUNG VERLASSEN, ‚SCHAUEN' SIE SICH DIE WUNDERSAMEN RÖNTGENSTRAHLEN AN! Die größte wissenschaftliche Entdeckung des Zeitalters [...] ES WERDEN AUCH RÖNTGENAUFNAHMEN GEMACHT." In den Grands Magasins Dufayel in Paris wechselten sich Vorführungen eines Röntgengeräts mit Vorführungen der bewegten Bilder der Brüder Lumière ab. Die Kundinnen konnten eine Röntgenaufnahme ihrer Hand oder von ihren Füßen anfertigen lassen.

Tatsächlich erblickten Kinematografie und Röntgenstrahlen im ausgehenden Jahr 1895, im Abstand von nur wenigen Monaten, das Licht der Welt. Röntgenapparate wurden nicht nur von Wissenschaftlern, sondern auch von Unternehmern gekauft, von denen manche glaubten, dass Röntgenstrahlen einen höheren Unterhaltungswert als das Kino hätten. In Fachzeitschriften erschienen Anzeigen von Impresarios, die ihre Filmprojektoren gegen Röntgengeräte eintauschen wollten.[22] 1896 beauftragte das New Yorker Kaufhaus Bloomingdale's einen Physiker von der Columbia University, Herbert Hawks, mit der öffentlichen Vorführung von Röntgenstrahlen. In allen größeren Städten gab es Röntgenateliers. In Chicago wurden münzbetriebene Röntgengeräte aufgestellt, an denen man für einen Dollar eine Röntgenaufnahme machen konnte.

Es war eine aufregende und aufgeregte Form der Unterhaltung. Die Röntgenstrahlung hatte die Logik dessen, was als privat und was als öffentlich galt, außer Kraft gesetzt. Sie stand für eine vollständige Transformation nicht allein der Privatsphäre, sondern auch des öffentlichen Lebens. Zu verändern, was man sieht, bedeutet ebenso, zu verändern, was man – willentlich oder unwillentlich – mit anderen teilt. In diesem Sinne war sie ein Schock für das gesellschaftliche Leben und setzte Ängste vor Eingriff und Kontrolle frei.

Ein neues Feld des Sichtbaren bauen

Röntgenstrahlen wurden nahezu sofort eingesetzt, um bei Zollkontrollen Koffer und Personen zu durchleuchten. An Pariser Bahnhöfen unterzog die Polizei Reisende und ihr Gepäck bereits 1898 Röntgenkontrollen. Eine Illustration in einer Pariser Zeitung zeigt, wie eine Frau, die eine Schnapsflasche unter ihrem Kleid versteckt hat, von der Maschine entlarvt wird, da das bleihaltige Glas auf dem Röntgenbild neben ihrem Oberschenkel sichtbar wird. Das Entscheidende dabei ist die Architektur dieser Szene: Die Frau ist hinter einer schwebenden Leinwand platziert, die von einer Assistentin in Position gebracht wird. Sie befindet sich in einem neuartigen Raum der radikalen Entblößung.

Röntgenstrahlung war also von Anfang an architektonisch und ist es bis heute geblieben, wie zahlreiche Bilder zeigen, etwa das Foto einer attraktiven blonden Frau hinter einem Schirm, das 1940 zu PR-Zwecken gemacht wurde, um die Öffentlichkeit von der Harmlosigkeit der Röntgenstrahlung zu überzeugen (Abb. 3). Auch diese Frau befindet sich in einem neuartigen technologischen Raum, der nicht von Wänden, sondern von einem Bildschirm begrenzt wird, einem leuchtenden Schirm mit einem Schattenbild darauf. Wir bewegen uns noch immer auf dem Terrain von Bertha Röntgen und dem Urbild ihrer Hand. Ein Bildschirm bringt die Geheimnisse des Innenlebens an die Oberfläche, und vom Fleisch bleibt bloß eine schwache Kontur. Der Körper wird buchstäblich von innen nach außen gestülpt.

Spätestens seit der italienischen Renaissance hat sich die westliche Architektur den menschlichen Körper zum Vorbild genommen, doch mit dem Aufkommen der Röntgenstrahlen wird dieser Körper invertiert – das Innen wird zum Außen. Die moderne Architektur hat die Logik des Bildschirms und auch des

Abb. 3: Ein Techniker macht 1940 ein Röntgenbild einer Patientin; mit dieser Aufnahme wurde argumentiert, dass Röntgenstrahlung harmlos sei

Schattenbildes aufgesaugt. Glasarchitektur spiegelt die Logik der Röntgenstrahlung wider. Es gibt einen äußeren Schirm, der verschwindet, um ein geisterhaftes Bild des Inneren zu erzeugen. Das ist Röntgenarchitektur. Wie bei Röntgens transformativen Bildern ist diese Röntgenarchitektur das Bild eines Bildes – ein Effekt der Strahlung, nicht die Strahlung selbst. Es geht weniger darum, dass das Innere eines Gebäudes exponiert wird, sondern dass das Gebäude Entblößung repräsentiert und diese Entblößung auf einem Bildschirm stattfindet. Glas wird eingesetzt, um Transparenz zu simulieren. Dieser Röntgeneffekt war entscheidend für einen neuen Diskurs über Transparenz. Arthur Korns außergewöhnliches Buch *Glas im Bau und als Gebrauchsgegenstand* von 1929 katalogisiert die neue Verwendung von Glas in der Architektur in 181 bemerkenswerten Abbildungen, darunter nicht nur solchen von Architektur, sondern auch von Möbeln, Glühbirnen und Laborgeräten. Mit scheinbarer Überraschung notiert Korn:

Abb. 4: Ludwig Mies van
der Rohe, Glashochhaus,
Modellfoto, 1922

In diesem neuen Zustand tritt die Außenwand nicht mehr in Erscheinung. Das Innere, die räumliche Tiefe und die sie erschaffenden, aufbauenden Konstruktionen zeigen sich, durch die Glaswand sichtbar werdend. Sie selbst ist nur noch angedeutet, wird nur gering fühlbar in Reflexen, Brechungen und Spiegelungen.

Und damit zeigt sich die große Eigenart des Glases allen anderen bisher angewandten Materialien gegenüber: Es ist da und es ist nicht da. Es ist die große geheimnisvolle Membrane, zart und stark zugleich.[23]

Diese Anmutung des Geheimnisvollen, wie sie auch Röntgenbilder aufweisen, durchdringt Korns Buch, so wie etwa in einer Fotografie des Bauhausgebäudes in Dessau, auf der die Glasfront zu einer Art Welle wird. Das Volumen des Gebäudeinneren erscheint unbestimmt und unbegrenzt, ein Effekt, der sich durch das ganze Buch zieht.

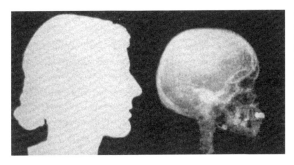

Korns Ausführungen zur Transparenz wirken wie ein unheimliches Echo auf Röntgens Ausführungen über neue Formen der Durchlässigkeit in der ersten Veröffentlichung seiner Entdeckung der X-Strahlen. So wie der Baukörper des Bauhausgebäudes auf dieser Fotografie durch das nicht-ganz-sichtbare Glas seltsam verschwommen erscheint, schreibt Röntgen davon, dass das Fleisch zu einer Art geheimnisvollem Schatten wird, während die Knochen perfekt sichtbar sind.

Moderne Gebäude begannen sogar so auszusehen wie medizinische Bilder. Der Einfluss der Röntgentechnik zeigt sich deutlich im Werk einer Reihe von Avantgarde-Architekten der ersten Jahrzehnte des 20. Jahrhunderts. Ludwig Mies van der Rohe beschrieb sein Werk als Architektur aus „Haut und Knochen" und visualisierte seine Entwürfe für das Hochhaus am Bahnhof Friedrichstraße von 1919 wie für sein Glashochhaus von 1922 so (Abb. 4), als ob man sie durch einen Röntgenapparat sehen würde. Mies interessierte sich sehr für Röntgenbilder und verwendete sie in seinen Artikeln als Illustrationen, etwa in einer Ausgabe von *G* vom April 1926, wo die Silhouette eines Frauenkopfes neben dem Röntgenbild desselben Kopfes zu sehen ist (Abb. 5).[24] In einer Ausgabe der Zeitschrift *Merz* druckte er sogar das Bild eines Knochens Seite an Seite mit seinem gläsernen Wolkenkratzer ab, um seinen Punkt deutlich zu machen.[25]

Mies war damit nicht allein. Bücher über moderne Architektur sind voll von Bildern leuchtender Glashäute, die innere Knochen und Organe enthüllen; sie sehen aus wie Alben von Röntgenbildern und erinnern an die

Röntgenatlanten, die in den ersten Jahrzehnten des 20. Jahrhunderts Verbreitung fanden.[26] Man denke zum Beispiel an Le Corbusiers Projekt eines gläsernen Wolkenkratzers (1925), Walter Gropius' Dessauer Bauhaus (1925–1926), an die Van Nelle-Fabrik von Brinkman und Van der Vlugt in Rotterdam (1925–1931) oder an das Stuttgarter Kaufhaus Schocken von Mendelsohn (1926–1928), an George Kecks Crystal House (1933–1934) auf der Weltausstellung in Chicago, Paul Nelsons Suspended House (1936–1938), Frits Peutz' Glaspalast Schunck in Heerlen (1935) und unzählige weitere Beispiele. Das ist mehr als nur eine vorherrschende Ästhetik. Es ist ein Symptom einer tief verwurzelten Entwurfsphilosophie, die ihren Ursprung im medizinischen Diskurs hat.

Das von Bernard Bijvoet und Pierre Chareau entworfene Maison de Verre – Wohnhaus und Klinik in einem Pariser Innenhof für den prominenten Gynäkologen Dr. Jean Dalsace (1928–1932) – ist emblematisch für diese Verbindung von Architektur und Medizin: Durch die transluzente Fassade aus Glasbausteinen sind die inneren Elemente des Gebäudes wie Organe in einem geisterhaften Röntgeneffekt sichtbar (Abb. 6). Nicht von ungefähr interessierte sich Dalsace sehr für Radiologie und veröffentlichte in medizinischen Fachzeitschriften Artikel darüber, während das Haus im Bau war.[27]

Röntgenstrahlung und moderne Architektur entwickelten sich parallel. Zwar gab es in den ersten Jahren des zwanzigsten Jahrhunderts zahlreiche Experimente mit Glas, doch handelte es sich um eher isolierte, abseitige Projekte von Avantgarde-Architekten, häufig um temporäre Bauten für Messen. Erst um die Mitte des zwanzigsten Jahrhunderts wurde das vollkommen durchsichtige Haus tatsächlich realisiert, zum Beispiel mit Mies' Farnsworth House (1945–1951) in Plano, Illinois, sowie Philip Johnsons Glass House (1949) in New Canaan, Connecticut. Wie das Röntgenbild das Innere des Körpers vor dem Blick der Öffentlichkeit entblößt, so exponiert auch das Glashaus sein Innenleben. Mit den allgegenwärtigen Panoramafenstern der amerikanischen Vorstadthäuser wurde diese Form der Entblößung um die Mitte des Jahrhunderts zu einem Massenphänomen, vielleicht nicht zufällig zu genau der Zeit, als auch das Röntgenbild selbst zum Massenphänomen wurde.

Um die Jahrhundertmitte fanden in den USA regelmäßig Massenröntgenuntersuchungen statt. Damit wurde das nun sichtbar gewordene Innere des Körpers nicht nur zum Gegenstand der Diagnostik, sondern auch zum Schauplatz einer neuen Form der staatlichen Überwachung. Die Nachkriegsmobilisierung gegen die Tuberkulose umfasste Programme zur Röntgenreihenuntersuchung der gesamten Bevölkerung mittels mobiler Röntgengeräte an Orten wie Kaufhäusern, Fabriken, Schulen, Vorstadtstraßen und öffentlichen Märkten. Innerhalb eines halben Jahrhunderts war aus einer medizinischen Experimentaltechnik ein Instrument zur Überwachung der ganzen Bevölkerung geworden. Das war mehr als nur ein medizinisches Paradigma. In Schuhgeschäften etwa verwendete man Röntgengeräte zum Anpassen der Schuhe, und dies ohne jeglichen Schutz vor der Strahlung. Erst in den 1970er-Jahren wurden solche Geräte in den USA verboten. Von radikalen Bildern, die eine verborgene Wahrheit der Dinge repräsentierten, waren Röntgenbilder beinahe zum Routinebestandteil des Alltagslebens geworden.

Zur selben Zeit musste plötzlich alles, nicht nur Häuser, durchsichtig sein: von Pyrex-Kochgeschirr über Frischhaltefolie bis hin zu Fenstern in Öfen und Waschmaschinen, die deren Inhalt exponieren. Ebenso musste alles geröntgt werden – sogar Autos, wie beim Bild eines Jeeps aus dem Jahr 1946, das die

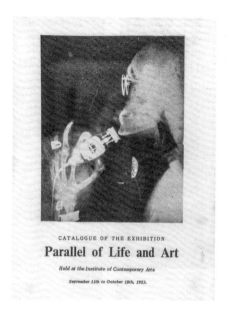

Abb. 7: *Parallel of Life and Art*, Ausstellungskatalog Institute of Contemporary Arts, 1953

Zeitschrift *Life* als „World's Biggest X-Ray"[28] präsentierte und das 1953 von der Independent Group für ihre Ausstellung „Parallel of Life and Art" im Londoner Institute of Contemporary Arts verwendet wurde. Das Cover des Katalogs zur Ausstellung zeigt das Röntgenbild eines Mannes mit einem elektrischen Rasierer aus dem Jahr 1941; es stammt aus Moholy-Nagys Buch *Vision in Motion* von 1947, in dem es als das Werk zweier Ärzte aus einem Labor in New Jersey beschrieben wird (Abb. 7). Das Bild war in *Mechanix Illustrated* abgebildet gewesen, wo Moholy-Nagy es gefunden hatte. Ebenso verwendete er Röntgenbilder aus einer Ausgabe der Zeitschrift *Wendingen* von 1923. Tatsächlich hatten Architekturzeitschriften schon früh Röntgenbilder im Blick. Die Röntgenstrahlung, so könnte man sagen, infiltrierte und transformierte nach und nach ganz unterschiedliche populäre, professionelle, wissenschaftliche und künstlerische Diskurse – wie ein Virus breitete sie sich aus und wurde von einer neuen Art, die Welt zu sehen, zu einer neuen Welt, von einer Diagnose zum Symptom, ja zur Quelle von Symptomen.

Glas-Terror

Die Assoziation von Röntgenstrahlung und Glashäusern wurde in der Populärkultur der Jahrhundertmitte zum Gemeinplatz. So ist beispielsweise in *Highlights and Shadows*, einem 1937 vom Filmer-Radiologen James Sibley Watson für die Kodak Research Laboratories inszenierten Film über den Nutzen des Röntgens zur Krankheitsvorbeugung, eine Frau im Badeanzug zu sehen, die auf einem Labortisch fixiert ist, während ihr Körper bestrahlt wird. Als ihr Kamerabild der Aufnahme ihres durchleuchteten Körpers weicht, erklärt der Erzähler: „Dieser jungen Dame, für die ein Glashaus von nun an keine Schrecken mehr bereithalten sollte, kann nach einer Untersuchung ihrer Röntgenbilder versichert werden, dass sie tatsächlich körperlich fit ist."[29] Das Glashaus diente als Symbol für eine neue Form der Überwachung wie der Gesundheit.

Ähnliche Assoziationsketten lassen sich in Diskursen rund um kanonische Werke der modernen Architektur finden. In einem Interview in der Zeitschrift *House Beautiful* verglich Edith Farnsworth, eine erfolgreiche Ärztin in Chicago, ihr berühmtes, 1949 von Mies entworfenes Wochenendhaus mit einem Röntgenbild:

> Ich habe keinen Mülleimer unter meiner Spüle. Wissen Sie, warum? Weil man die ganze „Küche" auf dem Weg hierher von der Straße sehen kann und der Eimer das Erscheinungsbild des ganzen Hauses verderben würde. Also verstecke ich ihn im Schrank, weiter weg von der Spüle. Mies spricht vom „freien Raum": Aber sein Raum ist sehr festgelegt. Ich kann nicht einmal einen Kleiderbügel in meinem Haus aufhängen, ohne darüber nachzudenken, wie er von außen gesehen alles verändert. Jedes Arrangement von Möbeln wird zu einem großen Problem, weil das Haus so transparent ist wie ein Röntgenbild.[30]

Wieder einmal wurde moderne Architektur als medizinisches Instrument verstanden. Während für Farnsworth das Haus einer Röntgenaufnahme glich, hielt das nahe gelegene Dorf das weiße Gebäude aus Glas für ein Sanatorium: „Es existiert bereits das Gerücht im Ort", so Farnsworth an anderer Stelle, „dass es sich um eine Lungenheilanstalt handelt."[31]

Die Assoziation war kein Zufall. Die Architektur der Moderne wollte nicht allein Sanatoriumsbedingungen für den Alltag schaffen, sondern tatsächlich Gebäude, die es als Diagnoseinstrumente mit der Kraft der Röntgenstrahlung aufnehmen konnten. Wie Le Corbusier bereits 1925 in *L'Art decoratif d'aujourd'hui* formulierte: „Wenn das Haus vollständig weiß ist, [...] hebt sich alles davon ab und schreibt sich restlos darin ein, schwarz auf weiß; es ist ehrlich und verlässlich. [...] Es ist wie eine Röntgenaufnahme der Schönheit."[32] Die Metapher des Röntgenbildes war ebenso wenig zufällig. Noch in den 1920er-Jahren stellte sich die Diagnose der Tuberkulose als schwierig dar. Ärzte verwechselten sie oft mit anderen Krankheiten wie Bronchitis, chronischer Verdauungsstörung, Malaria, Neurasthenie und Typhus. Um den Krankheitszustand einschätzen zu können, mussten sie in das Innere des Körpers sehen. Die Röntgentechnik, die seit Anfang des Jahrhunderts in Sanatorien zur Verfügung stand, wurde in den 1920er-Jahren Teil der Routineuntersuchung von Kranken mit sichtbaren Symptomen. Die Durchleuchtung des Körpers zur Tuberkuloseerkennung bedeutete ein optisches Eindringen in zuvor unsichtbare Bereiche des Körpers; Röntgenstrahlen schufen eine neue Art des Sehens, ein neues Paradigma der Innen-Außen-Beziehung. Nichts hätte architektonischer sein können.

Der Diskurs über Transparenz in der modernen Architektur ist ein Echo jenes Diskurses über Durchlässigkeit, der bereits 1895 Teil von Röntgens erstem wissenschaftlichen Aufsatz zur Entdeckung der X-Strahlen war und sofort die populäre Imagination eroberte. Die Möglichkeit, durch feste Materie hindurchzusehen, stellte alle Vorstellungen und sozialen Normen von Privatsphäre und psychischem Wohlbefinden infrage, und zugleich alle architektonischen Konzepte von Schutz und Komfort. Jeder und jede wurde zur Langzeitpatientin, die einer neuen Art medizinischer Häuslichkeit bedurfte. Die intrusive Logik der medizinischen und polizeilichen Überwachung und die Unfähigkeit des Körpers, dem neuen, alles durchdringenden Blick zu widerstehen, wichen einer zärtlichen Intimität. Der Versuch, den Körper – mittels eines neuen Regimes aufeinander abgestimmter medizinischer, technischer und architektonischer Protokolle – zu disziplinieren, schuf zugleich neue psychologische, soziale, philosophische wie emotionale Wechselbeziehungen, auf die Architektinnen und Architekten reagierten.

Wie das Röntgenbild das Innere des Körpers für den Blick der Öffentlichkeit exponierte, so exponierte auch das moderne Gebäude sein Inneres. Was zuvor privat war, ist nun öffentlicher Kontrolle ausgesetzt. Aber das Röntgenbild ist nicht einfach ein Bild des Körpers. Es ist das Bild eines Körpers, der abgebildet wird. Beim Röntgen geht es nicht einfach darum, das Innere zu zeigen. Die äußere Hülle ist immer noch da, als eine Art Schatten oder Unschärfe, und man kann spüren, wie man durch sie hindurchschaut. Ein Röntgenbild zu betrachten, heißt zu fühlen, wie das Auge die Oberfläche des Körpers durchdringt. Der Akt des Schauens selbst ist exponiert. Man spürt, wie das Auge sich durch den Raum bewegt. Das ist zwangsläufig voyeuristisch. Vielleicht war es das, was Architektinnen und Architekten von Beginn an zur Röntgenstrahlung hinzog. In der Glasarchitektur ist das Glas niemals vollständig transparent. Selbst bei Nacht ahnt man die äußeren Begrenzungen eines Gebäudes und spürt, wie das eigene Auge diese Grenzen durchquert. Man fühlt die Entblößung. Moderne Architektur exponiert sich – doch nicht, indem sie alles preisgibt. Vielmehr inszeniert sie den Akt der Entblößung, indem sie das Auge zu sich hereinruft.

Der scheinbar fragile, wolkenhafte Raum des Röntgenbildes wird zu einer Architektur eigenen Rechts, die man bewohnen kann und die auch bewohnt wird. All die vordergründige Schärfe und Klarheit der modernen Architektur weicht sanften Schichten von Reflexionen und Durchlässigkeiten. Röntgenarchitektur ist bewohnbare Unschärfe.

Aus dem Englischen übersetzt von Roland Meyer

Anmerkungen

1 Dieser Text ist eine Übersetzung des Kapitels „X-Ray Intimacy" aus Beatriz Colomina: *X-Ray Architecture*. Zürich 2019, S. 117–150, hier S. 119–150.

2 Wilhelm Conrad Röntgen: „Ueber eine neue Art von Strahlen (Vorläufige Mittheilung)", *Sonderabdruck aus den Sitzungsberichten der Würzburger Physik.-medic. Gesellschaft 1895*, 2. Aufl. Würzburg 1896, S. 3–12, hier S. 8.

3 Ebd., S. 3.

4 Ebd.

5 Der Originalartikel enthielt keine Illustrationen, die einige Wochen später in *Nature* veröffentlichte englischsprachige Fassung hingegen schon – Wilhelm Conrad Röntgen: „On A New Kind of Rays", in: *Nature*, 23. Jan. 1896, S. 274–276.

6 Vgl. Axel Haase, Gottfried Landwehr und Eberhard Umbach (Hg.): *Röntgen Centennial. X-rays in Natural and Life Sciences*. Singapur 1997, S. 7–8.

7 Röntgen 1896 (wie Anm. 2), S. 11.

8 Ebd., S. 6.

9 Röntgen schickte den Nachdruck und die Bilder auch an Arthur Schuster in Manchester, Friedrich Kohlrauch in Göttingen, Lord Kelvin in Glasgow und Franz Exner in Wien.

10 Es war Franz Exner, der die Wiener Zeitung auf Röntgens Entdeckung aufmerksam machte.

11 *Electrical Engineer*, New York, 8. Januar 1896, zit. n.: Otto Glaser: *Wilhelm Conrad Röntgen and the Early History of the Roentgen Rays*. San Francisco 1993, S. 199.

12 Zit. n. ebd., S. 200.

13 Zit. n. A. Urbanik: „History of Polish Gastrointestinal Radiology", in: *Journal of Physiology and Pharmacology* 54, 3/2003, S. 211–223, hier S. 211, sowie „The Beginnings of Radiology in Poland – 19th Century", in: *Polish Medical Society of Radiology*, polradiology.org., https://archive.li/z7zl.

14 Josef Maria Eder: *Ausführliches Handbuch der Photographie*. Halle 1884.

15 Josef Maria Eder und Eduard Valenta: *Versuche über Photographie mittelst der Röntgen'schen Strahlen*. Wien/Halle 1896.

16 László Moholy-Nagy: *Sehen in Bewegung* (1947). Leipzig 2014, S. 252; der zugrunde liegende Aufsatz „Space-Time-Problems" erschien erstmals in: *American Abstract Artists Yearbook*. New York 1946.

17 Linda Dalrymple Henderson: *Duchamp in Context. Science and Technology in the Large Glass and Related Works*. Princeton 1998; vgl. auch Tom Gunning: „Invisible Worlds, Visible Media", in: Corey Keller (Hg.), *Brought to Light. Photography and the Invisible 1840–1900*. New Haven 2008, S. 51–63.

18 Annie Besant und Charles W. Leadbeater: *Gedankenformen* (1901). Leipzig 1908.

19 L. Aubert: *La Photographie de l'invisible. Les Rayons X suivi d'un glossaire*. Paris 1898, Frontispiz und S. 65.

20 *Pall Mall Gazette*, März 1896, zit. n. Jon Queijo: *Breakthrough! How the 10 Greatest Discoveries in Medicine Saved Millions and Changed Our View of the World*. London 2010, S. 99.

21 Wilhelma: „X-ACTLY SO", in: *Electrical Review*, 17. April 1896, zit. n. Akash Ganguly und Rezaul Karim: *Essential Physics For Radiology and Imaging*. Kalkutta 2009, S. iv.

22 Gunning 2008 (wie Anm. 17), S. 52.

23 Arthur Korn: *Glas im Bau und als Gebrauchsgegenstand*. Berlin 1929, S. 5.

24 Ludwig Mies van der Rohe: „The Pure Form is the Natural", in: *G* 5/6, April 1926, S. 134–135.

25 *Merz* 8/9, April–Juli 1924, S. 81 f.

26 Rudolf Grasheys *Atlas typischer* Röntgenbilder *vom normalen Menschen* beispielsweise erlebte sechs Auflagen zwischen 1905 und 1939 – vgl. Lorraine Daston und Peter Galison: „Das Bild der Objektivität", in: Peter Geimer (Hg.), *Ordnungen der Sichtbarkeit. Fotografie in Wissenschaft, Kunst und Technologie*. Frankfurt a. M. 2002, S. 29–99, hier S. 69.

27 Emma Cheatle: *Part-Architecture. The Maison de Verre, Duchamp, Domesticity and Desire in 1930s Paris*. London 2017, S. 112, Anm. 83.

28 „World's Biggest X-Ray. Huge Machine Records Life-Size Image of Jeep", in: *Life*, 25. März 1946, S. 84–85. Das im Labor der Universität von Rochester aufgenommene Röntgenbild war ca. 3,70 m breit und 1,20 m hoch.

29 James Sibley Watson Jr.: *Highlights and Shadows*, Kodak, 44 min., s/w, 35 mm, 1937, zit. n. Lisa Cartwright: *Screening the Body. Tracing Medicine's Visual Culture*. Minneapolis 1995, S. 155.

30 Edith Farnsworth, zit. n. Joseph A. Barry: „Report on the American Battle between Good and Bad

Modern Houses", in: *House Beautiful*, Mai 1953,
S. 266–272, hier S. 270.

31   Edith Farnsworth: „Memoirs" (unveröffentlichtes
Manuskript), zit. n. Alice T. Friedman: *Women and
the Making of the Modern House: A Social and
Architectural History*. New York 1998, S. 143.

32   Le Corbusier: *L'Art décoratif d'aujourd'hui,* Paris
1925, S. 193.

Durchdringung der Sphären. Raumtheorie und Raumgestaltung 1909–1929

Christoph Asendorf

Suchbewegungen

Als der Historiker Erich Marcks 1903 über seine Gegenwart nachdachte, stellte er einen Bruch mit dem liberalen Zeitalter fest. Diese Epoche freier Bewegung, harmonisierter Interessen und beschränkter Staatsgewalt sei durch eine neue abgelöst, eine „härtere" und „ausschließlichere": Die Welt werde jetzt „mehr als je zuvor zu einer großen Einheit, in der sich alles berührt, alles zusammenwirkt, aber auch alles aufeinanderstößt und aufeinanderschlägt".[1] Hier sind zwei durchaus widersprüchliche Tendenzen angesprochen, zunächst die integrative einer Zusammenfügung der Welt durch verkehrs- und kommunikationstechnische Systeme. Es sei nur an die Arbeiten des englischen Geografen Mackinder erinnert, für den infolge dieser Gegebenheiten ein supranationaler Weltstaat in Reichweite rückte.[2] Dem stehen mögliche destruktive Implikationen globaler Handlungsreichweiten gegenüber. H. G. Wells etwa schrieb 1908 in seinem Roman *The War in the Air*, dass in den Luftkriegen der Zukunft, gegen die sich zu verteidigen unmöglich sei, das „Gebäude der menschlichen Gesellschaft" einstürzen werde.[3] Unter diesem Gesichtspunkt hat das Verschwinden von Grenzen eine ausgesprochen zweifelhafte Qualität, bedeutet es doch das Ende jeder räumlichen Integrität.

Die Schriften dieser Autoren handeln von neuen Qualitäten des Raums in einer zunehmend als Einheit verstandenen Welt. Die systematische Erforschung der daraus resultierenden Wirkungen auf das gesellschaftliche Zusammenleben wurde in den Jahren nach der Jahrhundertwende auch zu einem Arbeitsschwerpunkt der neu entstehenden Wissenschaft der Soziologie. Insbesondere Georg Simmel bezog sich bei der Analyse der Formen der Vergesellschaftung immer wieder auf den Raum und die räumlichen Ordnungen. In der Großstadt sah er einen höheren Anteil an abstrakter, den „Raum überspringender" Kommunikation. Die gesellschaftlichen Strukturen müssten sich dem anpassen; regelbasierte und hierarchisch strukturierte Verkehrsformen erwiesen sich als zu unflexibel. Erforderlich werden Durchlässigkeiten – das aber stellt vor eine fundamentale Herausforderung, die Frage nämlich, wie ein „fluktuierender, fortwährend sich entwickelnder Lebensprozeß [...] eine relativ stabile, äußere Form erhält".[4]

Dass angesichts dieser Lage auch neue gestalterische Programme geschrieben werden mussten, liegt auf der Hand. Die saturierte Lebensform der Belle Epoque, von Stefan Zweig als „Welt der Sicherheit" apostrophiert, mit all ihren Bauten und Interieurs, die von der hochdynamischen modernen Lebenswelt vollkommen unberührt schienen, verlor an Plausibilität. Verschiedene Reaktionsmuster auf die allen gemeinsame zivilisatorische Herausforderung wurden entwickelt. Innerhalb des Deutschen Werkbundes plädierte Peter Behrens für eine von früherem Stilwillen gereinigte Formensprache, für einen gleichsam purifizierten modernen Klassizismus als einer Strategie der Beruhigung. So sollten beispielsweise angesichts der hohen Geschwindigkeiten motorisierter Bewegung Bauten durch klare und schnell erfassbare Gliederung Orientierung bieten,[5] den Großstädter also entlasten. Insbesondere Aufträge der Großindustrie erlaubten die Realisation derartiger Bauten einer stabilisierenden Moderne.

Ein konträres Projekt verfolgten die Futuristen, und dies auf hochgradig aggressive Weise; seit ihrem ersten und für den Avantgardismus der Klassischen Moderne prägenden Manifest von 1909 ging es ihnen um rückhaltlose Steigerung der Energien der technischen Welt: „Wir müssen", schrieb Antonio Sant'Elia 1914, „die futuristische Stadt wie eine riesigen, lärmenden Bauplatz planen und erbauen, beweglich und dynamisch in allen ihren Teilen, und das futuristische Haus wie eine gigantische Maschine."[6] Der Gruppe war auch die inzwischen globusumspannende telekommunikative Innervation gegenwärtig und damit das Simultane allen Geschehens.[7] Sie verfügte über ein komplexes Bild der modernen Lebenswelt, aber in Bezug auf die Architektur nur über Manifeste bzw. Entwürfe, und damit nur über Blaupausen möglicher Zukünfte.

Der Krieg als Generator

Unter den grauenvollen Umständen des Ersten Weltkriegs entwickelten sich die Potenziale der technischen Welt weiter. Dies gilt insbesondere für die militärische Praxis des Umgangs mit dem Raum; was sich im Frieden als Möglichkeit der Raumbeherrschung nur angedeutet hatte, wurde nun großmaßstäblich realisiert. Der preußische Generalfeldmarschall Schlieffen startete gleichsam eine Parallelaktion zum futuristischen Projekt, als er 1909 einen Plan möglichst „friktionsloser Raumbeherrschung"[8] vorlegte, einer weitgehenden mobilitätstechnischen und telekommunikativen Durchdringung des Kriegsraums, mit einer simultan beherrschbaren Multiplizität von Aktionszentren. Das ist militärgeschichtlich der Pioniertext eines hochtechnisierten Krieges. Während die Futuristen derartige Vorstellungen multidimensionaler Gewalt über den Raum umstandslos teilten, wurden auch im Umfeld des Kubismus Verbindungen zu den eigenen Raumkonzepten gesehen. Gertrude Stein beschrieb sogar eine direkte Beziehung von Krieg und Kubismus: „Tatsächlich war die Komposition des Kriegs 1914–18 anders als bei allen früheren Kriegen; diese Komposition war keine Komposition, bei der ein einzelner Mann in der Mitte stand, umgeben von einer Menge anderer Männer, sondern diese Komposition hatte weder einen Anfang noch ein Ende; sie war eine Komposition, bei der die eine Ecke so wichtig war wie die andere, ja, sie war eine Komposition des Kubismus".[9] Diese Beobachtung ließe sich konkretisieren: So, wie moderne Militärs wie Alfred von Schlieffen davon ausgingen, dass der geordnete, mit einem Blick erfassbare Kriegsraum der Vergangenheit sich in eine Vielheit von Aktionszentren aufgelöst hat, die nur aus der Distanz und telekommunikativ koordiniert werden können,[10] so haben die Kubisten Zentrierungen, Begrenzungen, eindeutige raumzeitliche Fixierungen aufgegeben und Werke geschaffen, die dem Betrachter mehrdeutig entgegentreten und Schritt für Schritt erschlossen werden wollen.

Während also innerhalb der Avantgarde-Zirkel über Affinitäten der eigenen Raumkonzepte zum Krieg nachgedacht wurde, erschien aus technikgeschichtlicher Perspektive schon 1915 eine Publikation von Felix Auerbach mit dem Titel *Die Physik im Kriege*, die in wesentlichen Teilen als Versuch einer Gesamtübersicht über die Räume des Krieges lesbar ist. Auch von seiner Seite her gab es Verbindungen zur künstlerischen Avantgarde. Denn Auerbach sollte wenig später als Jenaer Professor Interesse am Weimarer Bauhaus entwickeln, was schließlich in einen Bauauftrag an Walter Gropius für sein Privathaus mündete. Schon zuvor stand der Physiker in vielfacher Verbindung mit der Avantgarde – Edvard Munch hatte ihn 1906 gemalt, während Kandinsky seine Überlegungen zur grafischen Darstellung rezipierte. In seinem Kriegsbuch lässt Auerbach die, wie man sie auch nennen könnte, neuen Raumtechnologien Revue passieren. Künstliches Licht macht Kämpfe unabhängig von der Tageszeit, die Netze der Telekommunikation emanzipieren vom Zwang zur räumlichen Nähe. Ausführlich geht er auch auf die neuen Kampfmittel U-Boot und Flugzeug ein, um dann zu resümieren: „Das ist ja eine der markantesten Signaturen dieses Weltkrieges, daß er sich in vertikaler Richtung bis an die Grenzen des möglichen erstreckt, daß er sich, unter tunlichster Vermeidung der Erdfläche, darüber und darunter abspielt, in Schützengräben und unterirdischen Gewölben, im Meereswasser und hoch oben in der Atmosphäre."[11]

Simultaneität und Allgegenwart

Einer der zentralen Begriffe, unter die derartige Erfahrungen subsumierbar sind, ist „Simultaneität". Diesem zeitbezogenen Begriff lässt sich auch eine räumliche Komponente beiordnen, im Fall etwa der gleichzeitigen Sichtbarkeit ansonsten getrennter Räume oder Raumaspekte, die multiple Perspektivität wie potenzielle Verfügungsmacht bedeuten kann. In diesem Sinn lässt sich Simultaneität auch auf die Erfahrungsmöglichkeit eines „Simultanraums" beziehen.[12] Das Phänomen der Simultaneität liegt auf der Entwicklungslinie der alle raumzeitlichen Relationen verändernden technischen Zivilisation. Damit die Grenzen zu simultanem Handeln hin überwunden werden konnten, bedurfte es bestimmter Voraussetzungen, insbesondere integrierter Kommunikationstechnologien, wie sie sich auf breiter Front seit der Mitte des 19. Jahrhunderts zu entwickeln begannen und um 1900 mit dem Funkwesen vorläufig vollendet wurden. Mit dem Entstehen umfassender Infrastrukturen synchronisierten Zusammenwirkens, einer Simultan- oder „Synchronwelt"[13] also, änderte sich der Absolutheitsanspruch des jeweils einzeln, nur punktuell raum-zeitlich Gegebenen – oder anders gesagt: „Die Gegenwart war nicht länger auf ein Ereignis an einem Ort beschränkt, fest zwischen Vergangenheit und Zukunft eingespannt und auf die lokale Umgebung begrenzt."[14] Die Erfahrung der jeweilig eigenen Gegenwart begann nun Geschehnisse an anderen Orten (Räumen) mit einzuschließen. Und umgekehrt konnten unter

Umständen Ereignisse an einem Ort gleichzeitig an beliebig vielen anderen Orten verfolgt werden.

Simultaneität wurde schon den Futuristen zur gestalterischen Herausforderung, bevor sich im Krieg die Potenziale weiter entfalteten. Zugleich drang der Begriff weiter ins künstlerische Vokabular ein. Die Implikationen demonstriert paradigmatisch eine Erinnerung von Blaise Cendrars an Robert Delaunay, der zwischen zwischen 1909 und 1937 eine Vielzahl von Bildern des Eiffelturms malte, von denen die Gruppe, die zwischen 1909 und 1911 während der sogenannten destruktiven Periode entstand, vielleicht am signifikantesten ist. Der Turm erscheint hier aufgebrochen, Frontal- und Seitenansichten rücken simultan ins Bild. Die einzelnen Teile scheinen in Bewegung geraten, Stadt, Wolken und Turm durchdringen sich. Cendrars schrieb über die gemeinsamen Explorationen: „Wir haben alle Blickpunkte versucht, ihn aus allen Winkeln und von allen Seiten angesehen, [...] [Delaunay] zerlegte den Turm [...] er schlug ihm einen Stumpf ab und kippte ihn, damit er seine dreihundert Meter Schwindlichkeit bekam, er nahm zehn Blickpunkte, fünfzehn Perspektiven, diese Partie ist von unten, jene andere von oben gesehen."[15] Und so bietet der Text am Beispiel des Eiffelturms, der selbst eine Ikone der Modernität ist („Durch das dünne Eisennetz [...] strömen die Dinge [...] Verlieren ihre abgegrenzte Gestalt [...], vermischen sich simultan", schrieb Sigfried Giedion),[16] eine sehr anschauliche Charakterisierung dessen, was der Begriff der Simultaneität für die künstlerische Praxis bedeuten konnte. Paul Valéry sollte 1928 noch einen weiteren Begriff einführen, der das semantische Feld der Simultaneität erweitert und gleichsam arrondiert: Als Signatur der Gegenwart benannte er nämlich die telekommunikativ gestützte „Eroberung der Allgegenwärtigkeit" (so die Übersetzung Carlo Schmids für Allgegenwart/Ubiquität, im Original: „La Conquête de l'ubiquité").[17]

Bezüge zur zeitgenössischen Wissenschaft

Wie an neue Kraftquellen schlossen sich Künstlergruppen der Klassischen Moderne nicht nur an die technische Zivilisation an, sondern auch an die

Welt der Wissenschaften, in der ebenso grundstürzende Entwicklungen vonstattengingen – und auch das förderte die Entstehung neuer Raumbilder. Besonders prominent wurde der Bezug, den der Architekturhistoriker Sigfried Giedion zwischen den Künsten einerseits, genauer dem Kubismus und dem Neuen Bauen, und der Sphäre des revolutionär neuen mathematisch-physikalischen Weltbildes andererseits herstellte, nämlich zum Raum-Zeit-Konzept von Minkowski und Einstein. Schon Giedions Titel *Space, Time and Architecture* von 1941 nahm Bezug auf *Space, Time and Gravitation,* das zwei Jahrzehnte zuvor erschienene Werk des Physikers und Astronomen Sir Arthur Eddington. Giedions lange Zeit sehr einflussreiche Idee war, dass die Künste auf ihre Weise die grundsätzlich dynamischen und relationalen Eigenschaften des naturwissenschaftlichen Weltbildes repräsentierten und dadurch auch legitimiert seien.[18] Einstein wies diese Vorstellung zurück, die dennoch produktive gestalterische Veränderungen in Richtung neuer, offener, mit der Umwelt interagierende Räume in Gang setzte.

Das führt auf weitere Zusammenhänge – die Frage nach nichtstatischen Raumbildern durchzieht die gesamte ästhetische Diskussion der 1920er-Jahre. Auch künstlerische Selbstaussagen nahmen direkten Bezug auf naturwissenschaftliche Theorien, und besonders, wie etwa das Beispiel Theo van Doesburgs zeigt, in Hinsicht auf ein Konzept fließender, nicht fixierter Räumlichkeit.[19] Dem Problem ging ebenso Paul Klee nach, doch seine elaborierten theoretischen Äußerungen zum Raum kommen ohne expliziten Wissenschaftsbezug aus, obgleich es ihm um eine neuartige, nicht mehr statische Darstellungsweise geht. In der *Schöpferischen Konfession* von 1920 diskutiert er die Möglichkeiten der Darstellung einer sich im Erleben eines Spazierengehenden ständig verändernden Landschaft; die zentrale Aussage lautet: „Denn auch der Raum ist ein zeitlicher Begriff".[20] Sein Ziel ist die Entwicklung künstlerischer Mittel zur Visualisierung raumzeitlicher Relationen.

Bei einem Vergleich jedoch dieses streng kunstimmanenten, ganz auf den bildnerischen Entstehungsprozess bezogenen Textes mit der Analyse der *Kriegslandschaft,*[21] die der Gestaltpsychologe Kurt Lewin 1917 vorlegte und in der er die Abhängigkeit der Landschaftswahrnehmung von den veränderlichen Konstellationen des Kampfgeschehens feststellte, zeigt sich, dass auch hier Übereinstimmungen der Sichten des Künstlers und des Wissenschaftlers vorliegen. Wo bei Giedion Kunst und Wissenschaft durch Zuschreibung und bei van Doesburg durch direkte Bezugnahme verbunden werden, ist es bei Klee und Lewin zunächst reine Kontemporanität – doch in allen Fällen ist ein Wechselspiel von Relationen an die Stelle fester Ordnungen getreten, geraten Dinge in immer neue Konstellationen, die sie verändern.

Durchdringung als „Pathosformel der Moderne"

Wenn es überhaupt einen Begriff bzw. eine Eigenschaft gibt, wodurch tendenziell all das umgriffen würde, was sowohl die technische Zivilisation wie die Ästhetik der Moderne charakterisiert, dann ist dies vielleicht „Durchdringung". Sowohl Simultaneität wie Ubiquität und ebenso Raum-Zeit-Relationen haben mit einem Mit- und Ineinander von Getrenntem zu tun, das bis zu wechselseitiger Durchdringung gehen kann. Zugrunde liegt die Veränderungsdynamik scheinbar fixierter räumlicher Verhältnisse und damit im weiteren Sinn die von Marx bis Zygmunt Bauman, der von der „Liquid Modernity"[22] spricht, konstatierte Beweglichkeit der Weltverhältnisse in der Moderne überhaupt. Die Ersten, die „Durchdringung" *(compenetrazione)* als Leitvorstellung der Moderne benannten, waren die Futuristen. Der Begriff trat von da an einen langen Weg an, sodass es tatsächlich berechtigt scheint, hier von einer der „Pathosformeln der ästhetischen Moderne"[23] zu sprechen.

Veranschaulichen kann dies schon eine große Werkgruppe Paul Klees aus den frühen 1930er-Jahren, die sich, wenngleich ohne expliziten Bezug, unter diesen Begriff subsumieren lässt. Dabei geht es um die Darstellung nicht fixierter, nicht eindeutig determinierter Zuständlichkeit. Trotz der durchlaufenden Leitvorstellung sind sowohl die darstellerischen Verfahren Klees wie auch die Sujets ganz verschiedenartig. So erinnert das orthogonale Liniengerüst auf sich transparent überdeckenden Farbschichten, wie es das Aquarell *Haus am Wasser* zeigt, an die offenen Grundrisse Ludwig Mies van der Rohes. Organische Kurvaturen hingegen umkreisen *Die Frucht;* ein Wachstumsprozess

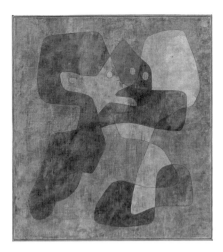

Abb. 1: Paul Klee,
Vermittlung, 1935

wird nicht eigentlich veranschaulicht, sondern übersetzt, durch ausschwingende Bahnen, die ihrerseits fein gestufte Farbfelder trennen. Dieses Bild übrigens mit seiner offenen Konfiguration befand sich im Besitz Mies van der Rohes.[24] Auch Menschen werden mit dezidiert unfesten Grenzen dargestellt, wie durchdringungsoffen bzw. ihre Umwelt durchdringend. Im Aquarell *Vermittlung* sind es beweglich gekurvte, durchlässige bzw. sich durchscheinend überlagernde Farbflächen, die zu einem Bild interpersonaler Kommunikation werden (Abb. 1): Hier sehen wir einerseits konturierte Figuren und andererseits, ohne immer genau unterscheiden zu können, gleichsam Vermittlungsflächen, die sie ineinander zu überführen scheinen. Der Maler stellt nicht eigentlich Personen dar, sondern visualisiert ein Gespräch tatsächlich als Austausch, bei dem sich die körperliche Ausdehnung der Beteiligten ständig zu ändern scheint.

Theoretisiert wurde der Begriff der Durchdringung insbesondere von dem Künstler-Theoretiker László Moholy-Nagy. Alle Abgeschlossenheit, so schrieb er 1929, solle überwunden werden. Berührt ist damit auch das Verhältnis von Figur und Grund: Körper, ob Menschen, Skulpturen oder Bauten, stehen nicht mehr als isolierte, stabile Einheiten in einer ebensolchen Umgebung, sondern interagieren mit ihr auf immer neue Weise. Unter diesem Gesichtspunkt soll insbesondere Architektur nicht mehr als starre Umhüllung von Innen-räumen verstanden werden, sondern als „bewegliches Gebilde, [...] als orga-nischer Bestandteil des Leben selbst." Das erfordert den Einbezug auch der Umgebung, die Erzeugung von Permeabilität durch Öffnung bzw. Perfora-tion aller blockhaften Massen. Bauten sollen, statt zu isolieren, Beziehungen stiften, die „Durchdringung von innen und außen, oben und unten" herbei-führen helfen.[25]

Von vornherein architekturtheoretisch argumentierte Sigfried Giedion, der als Generalsekretär der Congrès Internationaux d'Architecture Moderne (CIAM) und Autor auf dem Weg zum Chefpropagandisten der Architektur der Klassischen Moderne war, 1928 mit seiner Schrift *Bauen in Frankreich*. Er schrieb – und hier liegt vermutlich auch eine Anregung für Moholy, der das Buch lobend hervorhob[26] –, dass sich Bauten heute öffnen, ihre Grenzen ver-wischen und „Beziehung und Durchdringung" suchen. Als Paradigma dessen, was die aktuelle Architektur zu leisten vermag, sah er das Werk Le Corbu-siers. Wo Frank Lloyd Wright das Haus nur in der Horizontalen in „einander durchdringende Räume" aufgelöst habe, da übertrage Le Corbusier dieses Prinzip auch in die Vertikale.[27] Seine Bauten sind keine fest umrissenen und abgeschlossenen Volumen mehr, Terrassen reichen ins Innere, Treppen ver-laufen außen, das Volle und das Leere treten in reziproke Beziehung. Wenn zwischen „Innen und Außen [...] die Schalen" gefallen sind, können sich die Sphären durchdringen, und es werden Vermischungen und Simultaneitäts-erfahrungen möglich.[28] Alles ist Übergang.

Diese architekturästhetische Sicht leitet sich von übergreifenden kulturhistori-schen Grundannahmen her: Für Giedion liegen die Voraussetzungen des Neuen Bauens und seiner Ästhetik im Entstehen des Industriezeitalters, das alle gesell-schaftlichen Verhältnisse umgeschichtet habe. So wie „der anonyme Produk-tionsprozeß, das Ineinandergreifen aller Vorgänge, das die Industrie darstellt [...], umformend unser Wesen ergreift" und eine Welt umfassender Verknüp-fung entsteht, so durchdrängen sich auch Wissenschaft, Kunst und Technik in der Moderne; das Leben sei nur als Gesamtkomplex zu erfassen, jede Trennung zu vermeiden. Das ist eine Idee allumfassender Kommunikation. Giedions Be-zugspunkt dabei ist letztlich ein utopischer: der Saint-Simonismus, der mit dem

Industriesystem das Anbrechen der klassenlosen Gesellschaft und das Ende der umgrenzten Staaten kommen gesehen habe.[29]

Neues Sehen/Anders Wahrnehmen

Wie das Neue Bauen operiert auch die Richtung in der Fotografie der 1920er-Jahre, die als Neues Sehen firmiert, mit einer Ästhetik räumlicher Entbindungen, die neuartige kommunikative Qualitäten repräsentiert: Alle statischen Verhältnisse sollen überwunden, räumliche Relationen neu geordnet werden. Das Neue Sehen definiert sich über spezielle Perspektiven, Unter- und Aufsichten, Fragmentierungen, Transparenzen und Spiegelungen, Sichten also, welche die gewohnte perspektivische Ordnung mit dem üblicherweise horizontalen Blick auf eine Welt vollständiger, stabiler und opaker Körper hinter sich lassen. Feste Sehordnungen werden so entriegelt wie vom Neuen Bauen die räumlichen Ordnungen der traditionellen Architektur. Im letzten und Raumfragen gewidmeten Kapitel von Moholys frühem Hauptwerk *Von Material zu Architektur* (1929) steht das Phänomen der Durchdringung im Zentrum – und es ist durchaus naheliegend, dass das von ihm als zeitgenössisch ausgewiesene neue und bewegliche Raumbild auch durch unkonventionelle Fotografien moderner Architekturen exemplifiziert wird, vom Eiffelturm aus der Vogelschau oder durch die Transparenz und zugleich das Reflexionsspiel an der Glasfassade des Dessauer Bauhauses.[30] Diese Sichten stehen wie die Bauten selbst für eine neue Ästhetik.

Und so, wie sich das Neue Sehen einerseits als Parallelaktion zum Neuen Bauen begreifen lässt, so steht es zugleich in Bezug zu Wahrnehmungsexperimenten, die darauf zielen, unter den Bedingungen der „Liquid Modernity" vertraute Raumbilder und Erfahrungsformen aufzusprengen bzw. zu erweitern. So entdeckte Robert Musil eine neue Welt beim Anblick einer an sich vertrauten Straßenbahn, als sie sich, durch ein Fernglas beobachtet, einem S-förmigen Doppelbogen näherte und wieder entschwand. Durch das Trieder betrachtet, erschien nämlich „etwas völlig Anderes" – Waggons, die erst zusammengedrückt und dann wieder breiter wurden.[31] Musils

„weltanschauliches Werkzeug" verändert den Status der Dinge; eine Sicht legt sich über eine andere, Eindeutigkeit und Stabilität verschwinden, es kommt zu einer Dupliziät der Anschauungsformen. Sein Zeitgenosse Ernst Jünger spricht von einem „stereoskopischen Wahrnehmen". Damit ist beispielsweise die Fähigkeit gemeint, „ein und demselben Tone gleichzeitig zwei Sinnesqualitäten ab(zu)gewinnen", oder auch der Moment, „wenn wir einen sinnlichen Eindruck, der sich uns zunächst in seiner Fläche bot, in der Tiefe auskosten".[32] Wie bei Musil lösen sich die Dinge aus ihrem gewohnten Wahrnehmungsrahmen, werden mehrsinnig oder treten in neue Konstellationen ein. Derartige Möglichkeiten, einer zugleich dynamischer wie abstrakter werdenden alltäglichen Erfahrungswelt kommunikative Steigerungen entgegenzusetzen, scheinen die Generation der Klassischen Moderne insgesamt umzutreiben – und so betrachtet sind auch die Raumbilder der Architektur Ausdruck gleichsam eines Generationenprojektes, das sich in den diversen künstlerischen Disziplinen um Vorstellungen von Mehrdeutigkeit, Durchlässigkeit und veränderlichen Zusammenhänge kristallisiert.

Spirituelle Untertöne

Einige der zentralen Begriffe der modernen Bewegung sind theologischer Herkunft, insbesondere „Durchdringung", aber auch „Ubiqität". „Durchdringung" firmiert theologisch als „Perichorese", und dieser Begriff aus der christlichen Dogmatik beschreibt etwa in der Trinitätstheologie „die Einheit der drei göttlichen Personen durch die Metapher des gegenseitigen Durchdrungenseins".[33] „Ubiquität" (Allgegenwart), Valérys Begriff für eine Zentraltendenz der Moderne, steht als theologischer Lehrbegriff „im Zusammenhang der allgemeinen Bestimmung des Verhältnisses von Gott und Welt: Als Schöpfer ist Gott vom endlichen Geschöpf kategorial unterschieden, als Allgegenwärtiger ko-existiert er dem Geschöpf."[34] Dabei bleibt „Gott [...] wesentlich transzendent, sodass seine Nähe nicht räumlich begrenzt oder geteilt ist".[35] Beide Begriffe sind in der Moderne säkular gefasst und mit kommunikativen Qualitäten, insbesondere mit einer Vorstellung von Verbundenheit, konnotiert.

Diese aber stehen im Licht der Wortherkunft zumindest für einen utopischen Überschuss. (In ähnliche Richtung geht Musil mit dem von dem Mystiker Meister Eckhart entlehnten Terminus „Ohne Eigenschaften",[36] verstanden im Sinne eines Freiseins von determinierenden Eigenschaften, das im Roman an einer „sonderbare[n] räumliche[n] Inversion"[37] veranschaulicht wird, einem Zustand gleitender Aufhebung der gewohnten räumlichen Koordinaten, der den Helden offen macht für die Erfahrung eines „Ganz Anderen".)

Ein Bezug auf spirituelle Qualitäten durchzog auch weite Bereiche der Architekturdiskussion der 1920er-Jahre. Für Bruno Taut war „der gotische Dom [...] das Präludium der Glasarchitektur".[38] Und in der von ihm herausgegebenen Zeitschrift *Frühlicht* machte Adolf Behne die Glasarchitektur sogar zur Basis einer „Geistesrevolution", sah er in ihr doch eine wesentliche Voraussetzung für den Neuen Menschen. Glasarchitektur stehe für helles Bewusstsein, Glas sei wie „lichtes Wasser" und überwinde die Materie;[39] es war für Behne offenbar ein Stoff mit Möglichkeitssinn, der in jeder Farbe und Form erscheinen kann, also ohne determinierte und determinierende Eigenschaften ist. Im *Frühlicht* mit seinem ekstatischen Duktus erschien übrigens auch der nüchterne Text Mies van der Rohes zu seinen Entwürfen für Glashochhäuser.

Und so, wie sich die *Frühlicht*-Avantgarde auf die Gotik und ein kristallines Neues Jerusalem zurückbesann, so scheint umgekehrt die Analyse des gotischen Kirchenraums, die der Kunsthistoriker Hans Jantzen 1927 vorlegte, nicht ohne Gemeinsamkeit mit den Vorstellungen der Avantgarde. Jantzen prägte den Begriff der „diaphanen Struktur" und sprach von einer diaphanen Raumgrenze „im Sinne eines Zweischalensystems": Die vielfach durch Bögen etc. durchbrochene Wand, die ein gotisches Langhaus gleichsam als „Gitterwand" begrenzt, „ist nicht ohne den Raumgrund auffassbar und erhält durch ihn ihren Wirkungswert. Der Raumgrund selbst zeigt sich als optische Zone, die der Wand gleichsam hinterlegt ist."[40] Das ist ein raffiniertes Spiel mit dematerialisierten Raumgrenzen und der Artikulation von Übergängen, das auf einen ganz anderen, jenseitigen Raum verweist; durchlässige Raumgrenzen in der modernen Architektur hingegen suchen zwischen Innen und Außen zu vermitteln, mit der (etwa von Giedion auch artikulierten) Hintergrundvorstellung, einen ungeteilten irdischen Raum erfahrbar zu machen.

„Durchdringung" bezeichnet nicht nur konkrete Raumbilder, sondern der Begriff lässt sich ebenso in Hinsicht auf Spielräume gedanklichen Operierens verwenden, auf bestimmte intellektuelle Strategien, die sich synchron mit den neuen Raumbildern entwickelten. Als Margot Wittkower 1976 das Vorwort zu einer Aufsatzsammlung ihres verstorbenen Mannes Rudolf Wittkower schrieb, mit dem sie auch als Autorin zusammengearbeitet hatte, benannte sie als eine Leitvorstellung seines Schreibens die Beschäftigung „mit der gegenseitigen Abhängigkeit und Durchdringung aller Künste".[41] Das gilt auch für den Warburg-Kreis insgesamt, dem Wittkower angehörte, nachdem er schon früh Aby Warburg kennengelernt und später viele Jahre am Warburg Institute in London gearbeitet hatte. In Hinsicht auf Warburg lässt sich der Begriff der Durchdringung sogar auf zwei Ebenen verstehen. Bevor man die Entstehung der Ikonologie selbst betrachtet, lohnt ein Blick auf den zentralen Arbeitsort, oder genauer: auf die in der Kulturwissenschaftlichen Bibliothek Warburg zur Verfügung stehende Technik, die eine apparative Unterstützung für die intendierte wechselseitige Durchdringung von Wissensgebieten bietet. Denn während das Gebäude der 1926 in der Hamburger Heilwigstraße eingeweihten Bibliothek[42] außen einem diskret angedeuteten hanseatischen Neoklassizismus folgt, bestand das Innere aus einer hochmodernen Maschinerie, die durch alle Ebenen des Hauses reichte.[43] Sie brachte die Bücher, die nach einem besonderen transdisziplinären Klassifikationssystem aufgestellt waren, über Förderbänder und Aufzüge und die Bestellzettel über Rohrpostanlagen an den gewünschten Ort, während sonstige Kommunikationen (nach innen wie nach außen) über eine Vielzahl von Telefonen abgewickelt werden konnten. Fritz Saxl beschrieb dieses durchdringungsoffene Hausinnere so, als würde er sich an Le Corbusiers Vorbild moderner Ozeandampfer erinnern – „platzsparend gebaut wie ein Schiff und mit allem technischen Gerät ausgestattet".[44]

Warburgs Hamburger Bibliothekseinrichtung wurde von Martin Warnke als „Mittel einer kommunikativen Verdichtung"[45] beschrieben, als technische Unterstützung eines zentralen Anliegens des gesamten Forscherkreises, das Warburg schon früh formuliert hatte, nämlich das einer „methodische[n] Grenzerweiterung unserer Kunstwissenschaft in stofflicher und räumlicher Beziehung". Die Ikonologie sollte alle „grenzpolizeiliche Befangenheit" überwinden, sollte auch Zeiten übergreifen können und ebenso „die Werke freiester und angewandtester Kunst als gleichberechtigte Dokumente des Ausdrucks" zu befragen erlauben.[46] Das lässt sich als systematische Grenzüberschreitung beschreiben oder als „Dekompartmentalisierung",[47] als allseitige Öffnung – und in dieser intellektuellen Strategie scheint mir eine Parallelaktion zu der allgemein künstlerischen und insbesondere architektonischen Programmatik zu liegen, wie sie von Moholy oder Giedion formuliert wurde und die um den Begriff der Durchdringung als gestalterischem Ausdruck der kulturellen und kommunikativen Bedingungen der Moderne kreist. Rudolf Wittkower sollte später einmal selbst diesen Begriff aufnehmen, als er über das Problem kultureller Wechselwirkungen zwischen Orient und Okzident nachdachte und von der „gegenseitigen Durchdringung der Künste"[48] sprach.

Insofern lässt sich auch die Ikonologie als Teil des umfassenden intellektuellen Projekts der Moderne verstehen, das im Begriff der Durchdringung eine bündige Kurzformel gefunden hat und dessen sinnfälligster Ausdruck vielleicht die Architektur ist. William Heckscher rief für die „Genesis der Ikonologie" nicht zufällig beinahe dieselben Referenzgrößen auf wie Giedion für die Architektur, darunter den Kubismus und die Relativitätstheorie.[49] Und dazu passt auch, dass Warburg nicht nur 1928 Einstein im Ostseebad Scharbeutz besuchte und ihm seinen Forschungsansatz vorstellte, sondern offenbar auch glaubte, dass sie, nur auf verschiedenen Gebieten, an ähnlichen Fragen arbeiteten.[50]

Benjamins Räume

Der Gedanke der Durchdringung durchläuft alle Sphären der künstlerischen und intellektuellen Avantgarde. Dabei kommt es zu Wechselwirkungen; so ist etwa Walter Benjamin ein aufmerksamer Rezipient der entsprechenden

Überlegungen Sigfried Giedions. Seine Absichten aber gehen noch wesentlich weiter. Er begreift, wie eine Notiz im *Passagen-Werk* belegt, Durchdringung gleichermaßen als Prinzip der neuen Baukunst und des Films,[51] wo es auf die Schichtung und Überlagerung mehrerer Raum- und Zeitebenen verweist; ebenso sieht er im Surrealismus „die Bedeutungen der Dinge oszillieren und ineinander übergehen".[52] In diesen Kontext gehört auch das Lob der „Porosität" in Neapel, der Durchlässigkeit des alles fest Geprägte überschreitenden Lebens in den Städten des Südens.[53]

Was Benjamin, der mit Giedion in einem Briefwechsel stand,[54] durchgängig interessiert, sind offensichtlich die kommunikativen Qualitäten von Architekturen oder städtischen Räumen. In einer Buchrezension kommentiert er die Auffassungen der Avantgarde etwas einlässlicher, ihren Verzicht auf fixierende Geborgenheit, der dem Wohnen im alten Sinne ein Ende gemacht habe: Giedion und Le Corbusier hätten den Aufenthaltsort von Menschen permeabel gemacht, zum „Durchgangsraum aller erdenklichen Kräfte und Wellen".[55] Eine Welt der Offenheiten und Mehrsinnigkeiten sucht er auch in sich selbst zu erzeugen. Die Mittel sind Haschisch und Opium – und die Bilder, die ihn interessieren, sind wiederum die von Räumen. So schreibt er über die Wahrnehmung eines durchbrochenen Spitzenvorhangs unter dem Einfluss von Opium: „[D]iese Spitzen werden sich dem Raucher gewissermaßen als Schablonen erweisen, welche er der Landschaft auflegt, um sie auf das eigentümlichste zu verwandeln." Ähnlich wirkt Haschisch: „Als ich [...] von neuem auf den Platz blickte, sah ich, daß er die Neigung hatte, mit jedem, der ihn betrat, sich zu verändern, gleichsam als bilde er ihm eine Figur [...]."[56] Die Entregelung vorgegebener Bezüge, die Interaktion aller Eindrücke und Bedeutungen hatte Benjamin auch bei anderen Räumen interessiert, in Neapel genauso wie in den Pariser Passagen, dieser Welt „geheimer Affinitäten"[57] der verschiedensten Warendinge, oder in den Straßen des revolutionären Moskaus, wo er das Übergangshafte aller Formen des Lebens beobachtete.[58] In Marseille aber ist die Entregelung nicht strukturell vorgegeben, sondern intendiert. Die Drogen erzeugen eine schwerelose Welt des Zusammenfließens und der ständigen Neukonstellation aller Dinge. Auch hier geht es um hohe kommunikative Potenz, um Durchlässigkeit, Offenheit, Durchdringungs- und Verwandlungsfähigkeit.

Das Feste und das Flüssige

Der Barcelona-Pavillon Mies van der Rohes, vielfach als Synthese des Raum- und Architekturdiskurses seiner Zeit wahrgenommen, ist auf mehreren konzeptuellen Ebenen angelegt und bietet so auch ein mehrdeutiges Erscheinungsbild. Auffällig ist zunächst die Simultaneität von Umschließung und Öffnung, die ein Innen und Außen schwer unterscheidbar macht und damit im gleichen Maß zur Umwelt öffnet wie von ihr distanziert. Wenn sich hier überhaupt von einem Innenraum sprechen lässt, so öffnet er sich, etwa in Richtung des hinteren Bassins, über mehrere Stufen nach außen – über die Glaswand, die vorgelagerte Terrasse, das Bassin und die Mauer, die den Hortus conclusus umschließt. Eine Anregung zu dieser so sorgfältigen Inszenierung der Interaktion von Bau und Umwelt mag, wie Fritz Neumeyer herausgearbeitet hat,[59] in einer Schrift des katholischen Theologen und Kulturphilosophen Romano Guardini gelegen haben, in dessen Kreis Mies verkehrte. In Guardinis *Briefen vom Comer See,* zwei Jahre vor dem Barcelona-Pavillon erschienen, geht es unter anderem um eine Renaissancevilla als für sich stehenden Bau, der dennoch nicht neutral in der Landschaft platziert, sondern vielfältig mit ihr verbunden ist. Guardini gibt damit ein Beispiel eines unter den Bedingungen der Gegenwart wiederzugewinnenden Gleichgewichts von Natur und Architektur, von Mensch und Welt.[60] Mit Blick auf Guardini ließe sich der Barcelona-Pavillon als Transposition einzelner Eigenschaften derartiger Villen verstehen. Der Pavillon interagiert mit der Umwelt und steht zugleich getrennt von ihr auf seinem Podium, weltoffen und distanziert in einem, und ist damit eine Umsetzung auch der programmatischen Forderung von Mies, sich angesichts des „Wirbels" der technischen Welt abzugrenzen und eine „neue Ordnung" aufzubauen, die aber „dem Leben freien Spielraum zu seiner Entfaltung läßt".[61] Dies scheint die Perspektive des Architekten, die sich als gestalterisch ausponderierte Vermittlung von Widersprüchen beschreiben ließe, als Wunsch nach einer Form der Interaktion, die ihrerseits reguliert ist. Jenseits aber der gedanklichen Vorgaben seines Urhebers lässt sich der Pavillon auch anders beschreiben, und dann treten Eigenschaften in den Vordergrund, die eher in das Bild einer „Liquid Modernity" passen, in der alle Verhältnisse rückhaltlos beweglich geworden sind: Mit gleichem Recht nämlich kann der Bau als Ausdruck einer dezidiert veränderungsoffenen, gleichsam metamorphotischen Architektur gelesen werden, deren Erscheinungsform nicht eindeutig festgelegt ist. Das meint noch anderes als das kurrente Konzept des – vom Grundriss abgeleiteten – fließenden Raums.[62] Mies nutzt, was bis dahin völlig untypisch für das Neue Bauen war, exquisite Materialien[63] wie die eingestellte Wand aus kostbarem und hochglanzpoliertem Onyxmarmor, dazu spiegelnden Chrom für die Verkleidungen der Stützen und die Rahmen der Glaswände. Für die Glaswände selbst werden drei verschiedene Sorten von Spiegelglas verwendet. Die Reflexionen, die hier entstehen, mischen sich mit denen auf dem polierten Marmor, den verchromten Stützen und dem Spiel des Lichtes auf dem Wasser der beiden Bassins (Abb. 2). Dass dieser sich im Durchschreiten erschließende und hochgradig wandelbare Raumcharakter von Mies von vornherein intendiert war, belegt nicht zuletzt eine seiner Entwurfszeichnungen von 1928/29, die eine Glaswand dezidiert als Trägerin eines entkörperlichenden Reflexionsspiels präsentiert, bei dem sich die Ebenen durchdringen.[64] „Metamorphotische" Bauten bzw. Räume verändern sich in Abhängigkeit von Lichtverhältnissen oder Blickwinkeln; sie interagieren mit Passanten und denen, die sie benutzen, nehmen gleichsam mediale Qualitäten an.

Ganz besondere Bedeutung kommt dabei großen Glasflächen zu. Noch vor dem Barcelona-Pavillon entstand Mies' Glasraum auf der Stuttgarter Werkbundausstellung von 1927, dessen Wirkung der Filmtheoretiker Siegfried Kracauer so beschrieb: „Ein Glaskasten, durchscheinend, die Nachbarräume dringen herein. Jedes Gerät und jede Bewegung in ihnen zaubert Schattenspiele auf die Wand, körperlose Silhouetten, die durch die Luft schweben und sich mit den Spiegelbildern aus dem Glasraum selber vermischen." Diese Architektur erschien Kracauer als „ungreifbarer gläserner Spuk, der sich kaleidoskopartig wandelt".[65] Während es hier dem Filmtheoretiker um Glas als Projektionsfläche geht, interessiert den Filmregisseur Sergej Eisenstein die Glasarchitektur von Mies wegen ihrer Transparenz und der sich daraus ergebenden inszenatorischen Möglichkeiten. Mies hatte mit dem Entwurf eines Hochhauses an der Berliner Friedrichstraße zum ersten Mal Wolkenkratzer und Glasarchitektur zusammengebracht; die nicht mehr tragende

Außenwand der gewaltigen Stahlskelettkonstruktion sollte gänzlich in Glas ausgeführt werden. Dieser Entwurf nun war es, der Sergej Eisenstein zum „Glashaus" inspirierte, einem ebenfalls nicht ausgeführten Filmprojekt, zu dem zwischen 1926 und 1930 ein Fülle von Skizzen und Überlegungen entstanden (Abb. 3).[66] Eisenstein radikalisierte den Plan von Mies noch, indem er das Glashochhaus seines Films mit gläsernen Decken, also in allen Dimensionen transparent, imaginierte. Dieser in Etagen gestaffelte und doch transparente Bau hätte Möglichkeiten geboten, die mit denen des Films korrespondieren, nämlich getrennte Vorgänge in einen ansonsten nicht sicht- oder wahrnehmbaren Zusammenhang zu bringen (oder um, mit der Formel Giedions, das „Ineinandergreifen aller Vorgänge" zu zeigen).

Auch hier zeigt sich, dass der Resonanzraum der Architektur von Mies in den 1920er-Jahren so weit ist wie das kommunikative Geflecht, in dem er sich bewegte. Seine Architektur sucht Antworten auf Fragen, die grundsätzliche Herausforderungen der Moderne sind. Dabei bewegt er sich zwischen widersprüchlichen Positionen. Die eine kann als „Stabilisierungsmoderne"[67] angesprochen werden, in dem Sinn, dass angesichts der ständigen Veränderung aller Weltverhältnisse Positionen relativer Stabilisierung gesucht werden, so wie das Guardini vorschlägt oder auch Aby Warburg mit seinem Konzept des

abstandgebenden „Denkraums", einer Loslösung aus dem andrängenden Umfeld, ohne die keine Freiheit zur Reflexion zu gewinnen sei.[68] Dagegen verweist der Begriff der „Durchdringung", der seinen ästhetischen Ursprung im Futurismus hat und seinen historischen im allumfassenden Ineinandergreifen des Industrialismus, auf eine gegenteilige Strategie, den Wunsch nach Überwindung aller Schranken und Distanzen. Bei Mies selbst scheint es, dass sein Begriff von Modernität nicht allein in fluidisierender „Durchdringung" aufgeht, sondern dass er die Problemstellung dahin gehend erweitert, dass ihn zugleich die Frage möglicher Festigung umtreibt. Doch die Rezeption seiner Architektur ist daran nicht gebunden. Gerade die Qualität hochgradiger Wandelbarkeit war es, die Jahrzehnte später Toyo Ito, als er über die Möglichkeiten einer dem digitalen Zeitalter entsprechenden und damit eben auch tendenziell immateriellen und veränderlichen Architektur nachdachte, den Barcelona-Pavillon neu entdecken und ihn nun ganz am Durchdringungspol verorten ließ – „Nirgendwo sonst finden wir einen Raum, der von einer solchen ‚Fluidität' erfüllt ist [...] Alles, vom Glas über den Stein bis zum Metall, scheint zu verschmelzen und in den Raum zu fließen."[69]

Anmerkungen

1   Erich Marcks: „Die imperialistische Idee in der
    Gegenwart" (1903), in: ders., *Männer und Zeiten.
    Aufsätze und Reden zur neueren Geschichte*, Bd. 2.
    Leipzig 1911, S. 265–291, hier S. 271.

2   Vgl. Stephen Kern: *The Culture of Time and Space
    1880–1918*. Cambridge, MA 1983, S. 228.

3   Vgl. Felix Philipp Ingold: *Literatur und Aviatik. Euro-
    päische Flugdichtung 1909–1927*. Frankfurt 1980,
    S. 99–105.

4   Georg Simmel: *Soziologie. Untersuchungen über die
    Formen der Vergesellschaftung*. Leipzig 1908,
    S. 587 f.

5   Peter Behrens: „Einfluss von Zeit- und Raumaus-
    nutzung auf moderne Formentwicklung", in: *Der
    Verkehr. Jahrbuch des Deutschen Werkbundes*.
    Jena 1914, S. 7–10.

6   Antonio Sant'Elia: „Die futuristische Architektur"
    (1914), in: Hansgeorg Schmidt-Bergmann: *Futuris-
    mus. Geschichte, Ästhetik, Dokumente*. Reinbek bei
    Hamburg 1993, S. 230–234, hier S. 233.

7   Ebd., S. 212.

8   Vgl. Stefan Kaufmann: *Kommunikationstechnik und
    Kriegführung 1815–1945. Stufen telemedialer
    Rüstung*. München 1996, S. 161–164.

9   Gertrude Stein: *Picasso* (1938). New York 1984,
    S. 11.

10 Alfred von Schlieffen: „Der Krieg in der Gegenwart",
    in: ders., *Gesammelte Schriften*, Bd. 1. Berlin 1913,
    S. 11–32, hier S. 15 f.

11 Felix Auerbach: *Die Physik im Kriege. Eine allgemein
    verständliche Darstellung der Grundlagen moderner
    Kriegstechnik*. Jena 1915, S. 119.

12 Vgl. dazu Oliver Fahle: „Die Stadt als Spielfeld.
    Raumästhetik in Film und Computerspiel", in: Rainer
    Leschke und Jochen Venus (Hg.), *Spielformen im
    Spielfilm. Zur Medienmorphologie des Kinos nach
    der Postmoderne*. Bielefeld 2007, S. 225–238, hier
    S. 233.

13 Peter Sloterdijk: *Im Weltinnenraum des Kapitals. Für
    eine philosophische Theorie der Globalisierung*.
    Frankfurt 2006, S. 217–222.

14 Kern 1983 (s. Anm. 2), S. 314.

15 Blaise Cendrars: „Auszug aus dem Vortrag ‚Der
    Simultankontrast'" (1924), in: Ingrid Jenderko und
    Andreas Pfeiffer (Hg.), *Robert Delaunay*. Ausstel-
    lungskatalog Staatliche Kunsthalle. Baden-Baden
    1976, S. 44 f.; vgl. ders.: „Aujourd'hui" (1931), in:
    Œuvres de Blaise Cendrars, Bd. 4. Paris 1962,
    S. 195–200, hier insb. S. 199 f.

16 Sigfried Giedion: *Bauen in Frankreich. Bauen in
    Eisen, Bauen in Eisenbeton*. Leipzig/Berlin 1928,
    S. 7.

17 Paul Valéry: „Die Eroberung der Allgegenwärtig-
    keit" (1928), in: ders., *Über Kunst*. Frankfurt a. M.
    1973, S. 46–51.

18 Vgl. Ulrich Müller: *Raum, Bewegung und Zeit im
    Werk von Walter Gropius und Ludwig Mies van der
    Rohe*. Berlin 2004, S. 7–11.

19 Dazu ausführlich ebd. S. 165 ff., insb. S. 173.

20 Paul Klee: „Schöpferische Konfession" (1920), in:
    ders., *Kunst-Lehre*. Leipzig 1987, S. 60–66, hier
    S. 62.

21 Kurt Lewin: „Kriegslandschaft" (1917), in: Jörg
    Dünne und Stephan Günzel (Hg.), *Raumtheorie.
    Grundlagentexte aus Philosophie und Kulturwissen-
    schaften*. Frankfurt 2006, S. 129–140.

22 Vgl. Zygmunt Bauman: *Liquid Modernity*. Cambridge
    2000.

23 Heinz Brüggemann: „Walter Benjamin und Sigfried
    Giedion oder die Wege der Modernität", in: *Deut-
    sche Vierteljahrsschrift für Literaturwissenschaft
    und Geistesgeschichte 70, 3/1996*, S. 443–474,
    hier S. 450.

24 Vgl. Carola Giedion-Welcker: *Paul Klee*. Reinbek bei
    Hamburg 1961, S. 115.

25 László Moholy-Nagy: *Von Material zu Architektur*
    (1929). Mainz 1968, S. 197 f., 200, 203, 222.

26 Ebd., S. 198.

27 Giedion 1928 (s. Anm. 16), S. 96.

28 Ebd., S. 7, 85.

29 Ebd., S. 3–5.

30 Moholy-Nagy 1968 (s. Anm. 25), S. 201, 221, vgl.
    S. 236.

31 Robert Musil: „Triëdere", in: *Gesammelte Werke*,
    Bd. II. Reinbek 1978, S. 518–522, hier S. 520.

32 Ernst Jünger: *Das Abenteuerliche Herz. Figuren und
    Capriccios*. Stuttgart 1979, S. 30, 33. Zu früheren
    und alternativen Versionen dieses Theorems und
    seiner Einordnung vgl. Helmuth Kiesel: *Ernst Jünger.
    Die Biographie*. München 2007, S. 359–364, 453.

33 Peter Stemmer: „Perichorese", in: Joachim Ritter
    und Karlfried Gründer (Hg.), *Historisches Wörter-
    buch der Philosophie*, Bd. 7. Basel 1989, Sp. 255–
    259, hier insb. Sp. 255.

34   Jörg Baur: „Ubiquität", in: Gerhard Müller u. a. (Hg.),
     Theologische Realenzyklopädie, Bd. XXXIV. Berlin/
     New York 2002, S. 224–241, hier insb. S. 225.

35   Luco J. van den Brom: „Allgegenwart", in: Hans
     Dieter Betz u. a. (Hg.), *Religion in Geschichte und
     Gegenwart*. *Handwörterbuch für Theologie und
     Realwissenschaften*, Bd. 1. Tübingen 1998,
     Sp. 314 f.

36   Vgl. Jochen Schmidt: *Ohne Eigenschaften*. *Eine Er-
     läuterung zu Musils Grundbegriff*. Tübingen 1975,
     S. 46–53.

37   Robert Musil: *Der Mann ohne Eigenschaften*. Rein-
     bek bei Hamburg 1978, S. 632.

38   Bruno Taut: „Bauprospekt zur Werkbundausstellung
     in Köln" (1914), in: Wulf Herzogenrath (Hg.), *Frühe
     Kölner Kunstausstellungen*. *Sonderbund 1912,
     Werkbund 1914, Pressa USSR 1928*. Köln 1981,
     S. 287–294.

39   Adolf Behne: „Glasarchitektur", in: Bruno Taut,
     *Frühlicht 1920-1922. Eine Folge für die Verwirkli-
     chung des neuen Baugedankens*, hg. v. Ulrich
     Conrads. Frankfurt a. M./Berlin 1963, S. 12–16.

40   Hans Jantzen: „Über den gotischen Kirchenraum"
     (1927), in: ders., *Über den gotischen Kirchenraum
     und andere Aufsätze*. Berlin 1951, S. 7–20, hier
     S. 17, 10.

41   Margot Wittkower: „Vorwort", in: Rudolf Wittkower,
     *Allegorie und der Wandel der Symbole in Antike und
     Renaissance*. Köln 2002, S. 7 f., hier S. 7.

42   Karen Michels: *Aby Warburg. Im Bannkreis der
     Ideen*. München 2008, S. 95–103; vgl. dies.: „Ein
     Versuch über die K.B.W. als Bau der Moderne", in:
     Michael Diers (Hg.), *Porträt aus Büchern. Bibliothek
     Warburg und Warburg Institute, Hamburg–London
     1933*. Hamburg 1993, S. 71–81.

43   1933 wurde die Kulturwissenschaftliche Bibliothek
     Warburg nach London verschifft; das Haus wurde
     nach Jahrzehnten kommerzieller Nutzung erst
     1993–95 teilrestauriert und als Warburg-Haus und
     Interdisziplinäres Forum für Kunst- und Kulturwis-
     senschaften neu eröffnet. Vgl. https://www.kultur-
     wissenschaften.uni-hamburg.de/ks/ueber-das-in-
     stitut/warburg-haus.html.

44   Fritz Saxl: „Die Geschichte der Bibliothek War-
     burgs", in: Ernst Gombrich, *Aby Warburg. Eine intel-
     lektuelle Biographie*. Frankfurt 1981, S. 433–449,
     hier S. 445.

45   Martin Warnke: „Vorwort", in: Michels 2008
     (s. Anm. 42), S. 10–19, hier S. 12 f.

46   Aby Warburg: „Italienische Kunst und internationale
     Astrologie im Palazzo Schifanoja zu Ferrara", in:
     ders., *Gesammelte Schriften*, Bd. 2. Leipzig/Berlin
     1932, S. 459–481, hier S. 478 f.

47   So William Heckscher: „Die Genesis der Ikonolo-
     gie", in: Ekkehard Kaemmerling (Hg.), *Ikonographie
     und Ikonologie. Theorien – Entwicklung – Probleme*.
     Köln 1994, S. 112–164, hier S. 119.

48   Rudolf Wittkower: „Orient und Okzident. Das Prob-
     lem kultureller Wechselbeziehungen", in: ders. 2002
     (s. Anm. 41), S. 9–20, hier S. 19 f.

49   Heckscher 1994 (s. Anm. 47), S. 124–136.

50   Horst Bredekamp und Claudia Wedepohl: *Warburg,
     Cassirer und Einstein im Gespräch. Kepler als
     Schlüssel der Moderne*. Berlin 2015, S. 56–60; vgl.
     Michels 2008 (s. Anm. 42), S. 107.

51   Walter Benjamin: „Erste Notizen. Pariser Passagen
     I", in: ders., *Gesammelte Schriften*, Bd. V.2, hg. v.
     Rolf Tiedemann. Frankfurt a. M. 1982, S. 991–
     1038, hier S. 1028.

52   So Brüggemann 1996 (s. Anm. 23), S. 450.

53   Walter Benjamin und Asja Lacis: „Denkbilder:
     Neapel", in: Walter Benjamin, *Gesammelte Schrif-
     ten*, Bd. IV.1, hg. v. Tillmann Rexroth. Frankfurt a. M.
     1981, S. 307–316, hier S. 309 f.

54   Brüggemann 1996 (s. Anm. 23), S. 447.

55   Walter Benjamin: „Die Wiederkehr des Flaneurs", in:
     ders., *Gesammelte Schriften*, Bd. III, hg. v. Hella Tie-
     demann-Bartels. Frankfurt a. M. 1972, S. 194–199,
     hier S. 196 f.

56   Walter Benjamin: „Crocknotizen", in: ders., *Gesam-
     melte Schriften*, Bd. VI, hg. v. Rolf Tiedemann und
     Hermann Schweppenhäuser. Frankfurt a. M. 1986,
     S. 603–607, hier S. 604; ders.: „Myslowitz – Braun-
     schweig – Marseille", in: ders., *Gesammelte Schrif-
     ten*, Bd. IV.2, hg. v. Tillmann Rexroth. Frankfurt a. M.
     1981, S. 729–737, hier S. 736.

57   Walter Benjamin: „Das Passagen-Werk: Aufzeich-
     nungen und Materialien", in: ders., *Gesammelte
     Schriften*, Bd. V.2, hg. v. Rolf Tiedemann. Frankfurt
     a. M. 1982, S. 655–989, hier S. 670.

58   Walter Benjamin: „Denkbilder: Moskau", in: ders.,
     Gesammelte Schriften, Bd. IV.1 (s. Anm. 53),
     S. 316–348, insb. S. 325–331.

59   Vgl. Fritz Neumeyer: *Mies van der Rohe. Das kunst-
     lose Wort*. Berlin 1986, S. 248–271.

60   Romano Guardini: „Briefe vom Comer See" (1927), in:
     ders., *Die Technik und der Mensch. Briefe vom Comer
     See*. Mainz 1981, S. 11–86, hier 63–70, insb. 64 f.

61 Mies van der Rohe: „Die Voraussetzungen bau-
künstlerischen Schaffens" (1928), in: Neumeyer
1986 (s. Anm. 59), S. 362–365, hier 364 f. Vgl.
dazu die auf die Dualität von Flexibilität und Veran-
kerung beim späteren Mies bezogenen Bemerkun-
gen von Philip Ursprung: „Crystal Palace und Moby
Dick", in: ders., *Der Wert der Oberfläche. Essays zur
Architektur, Kunst und Ökonomie.* Zürich 2017,
S. 26 f.

62 Vgl. Müller 2004 (s. Anm. 18), insb. S. 83–99.

63 Dazu: Ludwig Mies van der Rohe: „Interview mit
Katherine Kuh" (1964), in: ders., *Die neue Zeit ist
eine Tatsache.* Berlin 1986, S. 9–15, hier S. 9 f.

64 Abb. in: Terence Riley und Barry Bergdoll (Hg.):
Mies in Berlin. Ausstellungskatalog. München/Lon-
don/New York 2001, S. 240 (Nr. 152).

65 Siegfried Kracauer: „Das neue Bauen", in: *Frankfurter Zeitung,* 31.7.1927.

66 Oksana Bulgakowa: *Sergej Eisenstein – Drei Utopien. Architekturentwürfe zur Filmtheorie.* Berlin
1996, S. 109–123; vgl. Martino Stierli: „Verkörperte Zuschauerschaft. Zu Sergej Eisensteins
Theorie architektonischer Montage", in: Johannes
Binotto (Hg.), *Film/Architektur – Perspektiven
des Kinos auf den Raum.* Basel 2017, S. 60–74,
hier S. 68–71. Vgl. auch *ARCH+* 144/145, 1998,
S. 20–23, 53–57.

67 Vgl. das Zitat von Georg Simmel, Anm. 4. (Der Begriff der Stabilisierungsmoderne wurde ursprünglich
von Heinz Dieter Kittsteiner für die Zeit nach dem
Dreißigjährigen Krieg verwendet – vgl. ders.: *Wir
werden gelebt. Formprobleme der Moderne.* Hamburg 2006, S. 34–38).

68 Dazu: Gombrich 1981 (s. Anm. 44), S. 282 f., 293,
302 f., 342.

69 Toyo Ito: *Tarzans in the Media Forest.* London 2011,
S. 115–124, insb. S. 115–118, hier S. 115.

Stadt, Land, Kolonie. Nahrungsmittelversorgung und die Medien der Avantgarde

Meredith TenHoor

Planung und Gestaltung der Nahrungsmittelversorgung wurden im Frankreich der Zwischenkriegszeit in einem medialen Raum verhandelt, in dem Architektur, Kunst und politische Agitation eng miteinander verwoben waren. Als Medien, in denen sich der Ruf nach einer neuen Form staatlicher Planung artikulieren konnte, trugen Filme, Zeitschriften und architektonische Projekte zum Entwurf einer Zukunft bei, in der Rationalität, Industrialisierung und Marktvereinfachung eine gerechtere Versorgung der Nation ermöglichen sollten. Der Film *Prix et profits (La Pomme de terre)*, die Zeitschriften *Plans* und *Grand'Route* sowie die Landwirtschaftsausstellungen des Front populaire von 1937 lieferten Beiträge aus sich überlappenden Netzwerken engagierter französischer Modernistinnen und Modernisten, allerdings zeugt die widersprüchliche Politik dieser Arbeiten – vor allem hinsichtlich der Folgen kolonialer Ausbeutung, der Notwendigkeit moderner Infrastrukturen sowie der Gefahren oder Verlockungen des Faschismus – von einem verhängnisvollen Rassismus sowie den Schwierigkeiten der Zeit, gemeinsame ästhetische Formen mit einem kohärenten politischen Programm zu verbinden.

Wirtschaftskreisläufe

Yves Allégrets siebzehnminütiger Stummfilm *Prix et profits (La Pomme de terre)* von 1931 beginnt mit einem langsamen Kameraschwenk über ein Kartoffelfeld, einer leicht abstrakten Komposition aus Pflanzen, Blüten und Himmel. Ein Maultiergespann betritt das Bild von links und überquert die Leinwand, gefolgt von einer Bauernfamilie, die sich bei Sonne und Staub abmüht, das Feld zu bestellen. Zweieinhalb Minuten lang verfolgen wir ihre Arbeit und ihren Stolz beim Einholen, Sortieren und Wiegen der Ernte. In den Zwischentiteln wird erklärt, dass die Landwirte mit diesen Kartoffeln Dünger für den Hof kaufen können und Kleidung für ihre Kinder, die in der nächsten Einstellung in viel zu kleinen Kleidern, dafür aber mit einem bezaubernden Lächeln erscheinen. Der Film schneidet erneut und zeigt die Preise für neue Hüte, Kleider und Schuhe in einem Schaufenster. Die Montage ist behutsam, die Rahmung humanistisch, und sie fügt sich zu einer klaren Erzählung: Maß und Kalkül und der Überfluss der Erde könnten diese Familie versorgen.

In den nächsten Szenen fährt der Vater mit der Ernte ins Dorf, um seine Kartoffeln an einen Großhändler im glänzenden Anzug zu verkaufen. „Kommen Sie mit", sagt der Großhändler über die Zwischentitel zum Bauern, „wir werden uns bestimmt einig." Der Film schneidet auf einen Fächer von Franc-Scheinen vor schwarzem Hintergrund. Zwei große Scheine verschwinden, und mit ihnen unsere Hoffnung, dass der Bauer einen fairen Preis für seine Arbeit erhalten wird. Im weiteren Verlauf des Films lernen wir, dass der Bauernhof keine Welt des Überflusses, sondern eine Welt der Entbehrungen ist, denn der Gewinn, der an den Bauern und seine Familie gehen sollte, verringert sich mit jedem Schritt. In einer ungewöhnlichen Kombination aus sozialrealistischer Kinematografie, Montage, Abstraktion und der sparsamen poetischen Erzählung in den Zwischentiteln erfahren wir, dass alle Bemühungen des Bauern um die gerechte Bemessung des Werts seiner Arbeit ins Leere laufen.

Prix et profits, produziert von der Cinémathèque coopérative de l'enseignement laïc, einer Gruppe, die mit den progressiven Bildungsreformern und -reformerinnen der Freinet-Bewegung in Verbindung stand, war eine Zusammenarbeit zwischen Allégret, der später als Regisseur des Film noir und aktives Mitglied des Front populaire zu bescheidenem Ruhm gelangte; dem Dichter Jacques Prévert, der zusammen mit Michel Collinet das Drehbuch schrieb; und dem Kameramann Eli Lotar, einem Dokumentarfotografen, der einige Jahre zuvor in einem surrealistisch-realistischen Dossier, das in Georges Batailles *Documents* veröffentlicht wurde, die Schlachthöfe am Rande von Paris dokumentiert hatte. Zwei Jahre nach der Produktion des Films schlossen sich Prévert und Allégret der mythenumrankten Agitpropgruppe Octobre an und schrieben Drehbücher für Filme, die Arbeitern auf der Straße, bei Streiks oder nach Arbeitsschluss gezeigt werden sollten. Lotar war später an der Gründung der Association des écrivains et artistes révolutionaires (AEAR) beteiligt, einer Gruppe, die sich der Verbindung von Avantgarde-Ästhetik und linken Darstellungsstrategien widmete. *Prix et profits* ist ein wichtiger Vorläufer dieser Arbeit, insofern er marxistische Volksbildung hinsichtlich des Verhältnisses von Land, Wirtschaft und Ausbeutung betrieb.

Nach Verlassen der Felder zeigt der Film ohne Umschweife den Marktplatz als Ursache der Probleme von Bauern und Konsumentinnen. Die nächste Szene spielt inmitten des zentralen Pariser Lebensmittelgroßmarkts Les Halles, der ein symbolisches Zentrum der politisch-ökonomischen Debatten war.[1] Wir verlassen den Bauern, der stoisch den Posten für neue Kinderkleider in seinem Kassenbuch durchstreicht, nachdem bei seinem Geschäft gerade einmal genug Geld übrig blieb, um landwirtschaftliche Betriebsmittel zu kaufen, und folgen seinen Kartoffeln auf die Märkte von Paris, die wir vor dem Hintergrund der gotischen Strebepfeiler der Kirche St. Eustache sehen (Abb. 1): zwei Institutionen, die den Landwirt unterstützen sollten, aber beide gegen ihn arbeiten. Wir sehen, wie die Waren durch chaotische Straßen voller geschäftigen Treibens transportiert werden, und im weiteren Verlauf sehen wir, dass jeder Ort des Tauschs die Kartoffel teurer macht: Ein Pariser Großhändler verlässt ein bürgerliches Gebäude im Quartier des Halles, raucht eine Zigarre und betrügt den Großhändler aus dem Dorf. Pierre, der örtliche Lebensmittelhändler, kauft die Kartoffeln beim Großhändler in Les Halles und verkauft sie an eine Arbeiterin; ihre Kartoffel kostet das Fünffache dessen, was der Bauer dafür bekommen hat. Der Film verbindet Stadt- und Landbevölkerung in einem leicht verständlichen ökonomischen Schema. Les Halles und die umliegenden Viertel sind der Schauplatz der Preissteigerungen. Der Markt ist aber auch eine Figur des Films: Die Groß- und Lebensmittelhändler betrügen sich nicht nur gegenseitig, sondern durchlaufen Institutionen und städtische Räume, die die Formen des kapitalistischen Austauschs in gewisser Weise bedingen. Tatsächlich wurde der Großmarkt in der Zwischenkriegszeit von vielen Lagern geschmäht. Urbanisten wie auch Urbanistinnen behaupteten, dass er aus seiner einst modernen Eisen- und Glasarchitektur herausgewachsen sei und mittlerweile ein ganzes Viertel einnehme, das ersetzt oder erneuert werden müsse; Le Corbusiers Plan Voisin schlug vor, die verwinkelten mittelalterlichen Straßen durch Reihen mit gleichmäßig verteilten Wohn- und Bürotürmen zu ersetzen. Im politisch-ökonomischen Diskurs wie der populären Kritik der Zeit waren Les Halles der Hort des Mittelsmannes, jener Figur, die aus dem Nichts Wert schöpfte, um andere zu berauben. In der Welt der Ernährung schienen Mittelsmänner besonders problematisch, da sie die Moral und das politisch-ökonomische Funktionieren der Lebensmittelversorgung störten, die den französischen Marktkapitalismus akzeptabel machte. Wie die Historikerin Kyri Claflin gezeigt hat, verstärkte sich die Kritik an den Zwischenhändlern in den 1880er-Jahren, als Jules Méline Landwirtschaftsminister war. Méline hatte in seinem Werk *Retour à la terre* dazu aufgerufen, die Lebensmitteldistribution zu reformieren, um die Zwischenschritte zwischen Produktion und Konsumtion zu verringern und so die Preise zu senken.[2] Während des Ersten Weltkriegs hatte dann der Präfekt des Seine-Departements (das Äquivalent des Pariser Bürgermeisters) die Lebensmittelpreise und -mengen stark reguliert. Da Hunger und Nahrungsmittelknappheit die Stadt plagten, wurde die Zeit gemeinhin als marktwirtschaftlicher Ausnahmezustand verstanden, aber dank dieser Regulierungen wussten die Pariser auch, dass die Preise leicht von der Regierung zu kontrollieren waren, wenn der politische Wille dazu vorhanden war. Als dann nach dem Börsenkrach 1929 die USA Frankreich unter Druck setzten, ihre Überschüsse an billigem, überproduziertem Getreide aufzukaufen, sahen die französischen Landwirte ihre Gewinne schwinden, und viele wetterten gegen das, was sie als „Kolonialisierung" durch die USA ansahen.[3]

Um 1930 waren Les Halles das Hauptziel der Reformbestrebungen gegen hohe Lebensmittelpreise und die niedrigen Löhne der Landwirte. Es wurde angenommen, dass die Standbetreiber die Preise mit Aufschlägen in die Höhe

Abb. 2: *Prix et profits'* Tableau économique aus Kartoffeln und handelnden
Personen

trieben, ähnlich wie es in *Prix et profits* zu sehen war. Kleine Unternehmen,
die mit geringen Mengen handelten, erhöhten angeblich die Preise, um ihre
Ineffizienz zu kompensieren, und Spekulanten sorgten für radikale Preis-
schwankungen.[4] Daher gab es in den 1930er-Jahren ein starkes Verlangen
nach einer Bereinigung des Marktes – sei es durch architektonische Umgestaltung, Regulierung oder Revolution. *Prix et profits* enthüllte jeden Schritt
im System der Ausbeutung und schilderte es in einer sauberen, klar struktu-
rierten Erzählung, die von allen verstanden werden konnte – schließlich war
der Film als Instrument der Volksbildung gedacht. Aber statt über eine Neuge-
staltung von Les Halles nachzudenken, so wie es viele Urbanisten taten, oder
es auszulöschen und durch eine rational organisierte Welt zu ersetzen, wie es
Le Corbusier für möglich hielt, stellten sich die Filmemacher eine Welt ohne
Marktspekulation vor, in der die städtischen Räume, in denen sich die Ausbeutung entfaltete, einfach umgangen wurden.

In der Schlussszene des Films, die die erste Szene spiegelt, kauft eine Mutter bei einem Händler zum überhöhten Preis Kartoffeln, um dann in ihre
Baracke zurückzukehren, die aus dünnem Holz gebaut ist und gerade noch
zwischen zwei bürgerlichen Häusern Platz findet. Die Mutter stopft kreis-
runde Löcher in ihren Strümpfen, und die Kamera schwenkt auf die Schuhe
ihrer Tochter, die genauso ruiniert sind wie die der Bauernkinder. Die städtische Arbeiterfamilie, zu der sich nun auch ein Vater gesellt, setzt sich zum

Abb. 3: *Prix et profits'*
Schlussszene: Landwirt
und städtischer Arbeiter
treffen einander

Kartoffelessen zusammen, und das Mahl ist kein glückliches. Der Vater blickt direkt in die Kamera. Dann schneidet der Film auf eine Reihe von Aufnahmen mit identischem Bildausschnitt, die jede der Figuren, die zuvor im Film aufgetaucht ist, noch einmal zeigt, und dazu, auf einem Schild, das im Fleisch einer Kartoffel steckt, den jeweiligen Preisaufschlag und damit die Ursache für die Entbehrungen dieser Familie (Abb. 2). Als der Film von diesem kopflosen und gescheiterten Tableau économique auf das Gesicht des Vaters zurückschneidet, schlägt dieser mit der Faust auf den Tisch. „Wir müssen sie aufhalten!", ruft er per Zwischentitel. Der Film schneidet dann zu seiner finalen Sequenz: Eine kleine Parade von Arbeitern marschiert entlang der Bahngleise aufs Land. Sie betreten die Leinwand von rechts, in Spiegelung der Bauern und Maultiere, die den Film von links eröffnet haben, und laufen ins Zentrum der Leinwand. Der Bauer und der Arbeiter treffen sich in der Mitte, und der Film schließt mit einer 10-sekündigen Nahaufnahme ihres Händedrucks (Abb. 3). Vermutlich werden sie sich die Preisdifferenz teilen und die Mittelsmänner ausschalten. Alles, was dafür nötig ist, ist ein Gang aus der Stadt und ein Ort der Begegnung, der weder Stadt noch Land ist.

Mich interessiert dieser Treffpunkt in der Mitte: ein halb ländliches, halb städtisches Territorium an der städtischen Peripherie, vor einer Kulisse von Industriemaschinen, inmitten wilder Vegetation. Es ist eine Landschaft unbestimmter Zugehörigkeit, die das Potenzial zu haben scheint, ein politisches

Bündnis zu unterstützen, das anderswo nicht geschlossen werden könnte. Sie liegt außerhalb der Welt der Pariser Spekulation, aber auch nicht in den ordentlichen Feldern der Bauern. Das periurbane Territorium, auf dem so viele von Lotars Filmen und Fotografien gemacht wurden, scheint die zur Zerstörung des Markts notwendigen Aktionen auf irgendeine Art zu unterstützen. Aber wie genau?

Die Zone

Die Außenzone von Paris – diese potenzielle Mitte – wurde von den Künstlern und Künstlerinnen, die mit der AEAR verbunden waren, in großem Umfang abgebildet. Ab 1932 verfügte die Vereinigung über eine spezielle Abteilung für Fotografie, die sich dem Experimentieren mit sozialdokumentarischer Fotografie und avantgardistischer Ästhetik widmete und deren Sekretär Lotar wurde.[5] Im *Almanach ouvrier et paysan* von 1932 veröffentlichte Simone Caby-Dumas eine Fotomontage mit dem Titel „La Zone. La Rue. La Ville", die diese Peripherie aus minderwertigen Wohnungen und Industrieabfällen rund um Paris zeigt; und sozialdokumentarische Fotografinnen und Fotografen der Zeit, darunter Lotar, Caby-Dumas, Dora Maar, Willy Ronis und Robert Doisneau, veröffentlichten Bilder vom Leben in der Zone, die sie in der Regel als Ort des Elends und der Armut darstellten.[6] Lotars Zone in *Prix et profits* ist jedoch etwas anderes: nicht nur ein Ort der Entbehrung, sondern ein Möglichkeitsraum – ein Raum, der für die Option einer gemeinsamen Front städtischer Arbeiter und ländlicher Bauern steht.

Auch wenn die glückliche Annäherung von Stadt und Land in *Prix et profits* aus der Zone einen Möglichkeitsraum machte, blendete diese Dreierkonstellation doch einen entscheidenden vierten Raum aus, einen Raum, aus dem noch größere Profite abgeschöpft wurden als aus dem Feld des Bauern: Frankreichs Kolonien nämlich, denen im Film nicht die gleiche repräsentative Aufmerksamkeit zuteilwurde. Die Pariser und Pariserinnen waren in ihrem Alltag auf koloniale Produkte angewiesen: Sie tranken heiße Schokolade oder Kaffee und konsumierten Zucker; zugleich wurden überschüssige

Industriegüter an die Kolonien verkauft. In den 1920er-Jahren profitierte Frankreich zudem erheblich von der Getreideproduktion in Marokko und Algerien. Als billige US-Rohstoffe den Agrarmarkt in den 1930er-Jahren überschwemmten und verzerrten, änderten sich jedoch die Getreidepreise sowohl in Frankreich wie in den Kolonien drastisch.[7] Dennoch kommen die vielfältigen geopolitischen Kräfte, die auf die französische Lebensmittelversorgung und ihre Preise einwirkten, im Film nicht vor.

Die Historikerin Jennifer Boittin hat argumentiert, dass Subjektivität und Identität der Pariserinnen und Pariser in der Zwischenkriegszeit zutiefst von der Kolonialherrschaft geprägt waren und dass die Kolonialausstellung im Bois de Vincennes im Osten von Paris 1931 der zentrale Ort war, an dem sie Unterstützung oder Widerstand gegen die Aufrechterhaltung des Imperiums organisierten.[8] Die Ligue contre l'impérialisme et l'oppression colonial etwa, eine der wichtigsten Bürgerinitiativen, die der Brutalität des französischen Kolonialismus entgegentraten, organisierte eine Gegenausstellung zur Kolonialausstellung. Ebenso meldete die AEAR ihre Ablehnung an, indem sie Plakate mit sozialdokumentarischer Fotografie und quasi-surrealistischen Motiven entwarf, um vom Besuch der Kolonialausstellung abzuhalten, und so eine öffentliche Opposition gegen die Grausamkeiten der französischen Herrschaft in Übersee wie eine Ästhetik des antikolonialen Widerstands schuf.[9]

Landwirtschaftliche Zusammenhänge allerdings wurden von den Künstlerinnen und Künstlern, die es sich sonst zur Aufgabe gemacht hatten, die Bedürfnisse der Benachteiligten darzustellen, kaum beachtet, selbst wenn sie sich mit der Politik peripherer Räume beschäftigten. Angesichts dessen lässt sich die Vorstellung von *Prix et profits* vom periurbanen Raum als Treffpunkt der Hinterhöfe des ländlichen und städtischen Frankreichs auf zweierlei Weise lesen: als Symptom der Schwierigkeit, sich eine Politik der Annäherung von Stadt und Land vorzustellen, die kolonisierte Orte und Völker einbezieht, oder als polemische Ausblendung, die die Grundlage einer Re-Lokalisierung von Lebensmittelproduktion und -konsumtion bildet. Wie war es möglich – selbst wenn es sich nur um einen Kurzfilm handelte –, sich ein Imperium als eine Nation vorzustellen, die ausschließlich in Stadt und Land geteilt ist?

Prix et profits lieferte ein klares visuell-geografisches Argument für die Umgestaltung der Nahrungsmittelversorgung (und der Wirtschaft im Allgemeinen) zugunsten von Produzenten und Konsumentinnen – er beschäftigte sich jedoch nicht mit der Komplexität der tatsächlichen Durchführung eines solchen Unterfangens.

Plans und *Grand'Route*: Logistischer Modernismus

Ein weiteres Thema von *Prix et profits* war Marktbereinigung, und ebenso wie die Idee des peripheren Treffpunkts wurde dieser Begriff in der Zwischenkriegszeit für unterschiedliche politische Zwecke eingesetzt. Die „Reinigung" des Marktes wurde sowohl in faschistisch ausgerichteten Publikationen als auch von antifaschistischen Aktivisten des Front populaire gefordert, und in beiden Fällen war sie Grundlage der Forderung nach landwirtschaftlicher Modernisierung. Berechenbarkeit, Übersichtlichkeit und direkte Aktion schienen in den Forderungen der Faschisten wie der Linken Antworten auf die Schwierigkeiten zu bieten, sich politischen Wandel innerhalb der Gemengelage des französischen Imperiums vorstellen zu können. Egal ob mittels Maschinenästhetik oder des selektiven Humanismus von *Prix et profits* versprach eine solche Reinigung – und ein in ihrem Dienst stehender logistischer Modernismus – Handlungsfähigkeit im schwer zu fassenden Reich der Ökonomie. In *Grand'Route* wie in *Plans* – zwei „kleinen Zeitschriften" der frühen 1930er-Jahre, beide vom Anwalt, künstlerischen und politischen Agitator, Verleger und Landwirt Philippe Lamour herausgegeben – wurde die Modernisierung der Landwirtschaft mit der avantgardistischen Maschinenästhetik der Fotografin Germaine Krull, der Architekten Le Corbusier und Pierre Jeanneret und des Malers Fernand Léger zusammengebracht.

In den Fotografien Germaine Krulls für *Grand'Route* verwandelten abstrakte Bilder von Verkehrswegen oder der Stützen des Eiffelturms in Untersicht Infrastrukturen in Zeichen der ästhetischen Modernisierung, die für die Poesie von Verkehrsbauten, Metall und industrieller Technik warben (Abb. 4). Krulls Bilder waren von einer konstruktivistischen Ästhetik

Abb. 4: Germaine Krull, *Rails*, ca. 1927 (links); Bilder von Infrastruktur auf dem Cover von *Grand'Route* 1, 1930 (rechts)

geprägt und einer Faszination für Zirkulation, Bewegung und Transformation.[10] Ihre Fotografien von Eisenwerken und ihre Mappe „Métal" wurden in den Jahren 1925 bis 1928 breit in Paris ausgestellt und ihre Arbeit in populären Zeitschriften publiziert. Außerdem stellte sie 1928 ein Portfolio mit Bildern von Les Halles fertig, in dem sie Menschen inmitten von Bergen von Fleisch und Gemüse fotografierte (Abb. 5); Bilder, die die menschlichen, tierischen, pflanzlichen und architektonischen Elemente des damaligen Versorgungssystems zeigen. Während diese Bilder die Maschinenästhetik ihrer abstrakten Infrastruktur-Kompositionen mieden, erfassten sie Details der gedrängten, womöglich unhygienischen Verhältnisse und forderten eine modernere Lebensmittelversorgung geradezu heraus. Krull hatte zudem Eli Lotar das Fotografieren beigebracht und lebte später mit Lamour zusammen.[11] Sie war in diesen Jahren viel bekannter als Lamour, der ihre Bilder dazu

Photo Germaine Krull

Photo Germaine Krull

Aux halles de Paris

Abb. 5: Germaine Krull, *Aux halles de Paris*, 1928

nutzte, den Ideen in seiner Zeitschrift jugendlichen Glanz und avantgardistischen Charakter zu verleihen.

Grand'Route war auch ein Ort, wo Lamour seine Ansichten zum Kolonialismus und zum amerikanischen Imperium erläutern konnte, womit er genau das behandelte, was *Prix et profits* ausgelassen hatte. Seine Ansichten sind zutiefst nationalistisch und rassistisch und aus heutiger Sicht nicht leicht zu ertragen. So erklärte er in einem Artikel der ersten Ausgabe, der schlicht „U.S.A." heißt, dass die industrielle Vorherrschaft Amerikas darauf zurückzuführen sei, dass seine Bürger „eine Synthese der besten Elemente der weißen Rasse sind, die einer rationellen Nutzung zugeführt wurden. Amerika, das sind wir, es ist das BESTE VON UNS" (womit er wohl eine Bestenauslese von Europäern meinte).[12] Lamour bediente den Diskurs der Eugenik, um nationale Macht als etwas vorzustellen, das an eine vermeintlich angeborene Überlegenheit gebunden sei, und im Fortgang seiner Tirade setzte er eine eugenische Bevölkerungspolitik mit den Methoden intensiver Landwirtschaft gleich, um zu behaupten, die USA hätten alle ihre „materiellen Interessen" „rationell und gründlich organisiert".[13] Die natürlichen Produkte Frankreichs und seine Bevölkerung sollten genauso rationell geordnet werden, was er als Schlüssel zu mehr Produktivität und nationaler Erneuerung verstand. Lamours Vorstellung von Erneuerung beruhte darauf, dass er Menschen und Orte als nutzbare Ressourcen betrachtete, und im weiteren Verlauf brachte er dieses extraktive Denken in Anschlag, um den europäischen Kolonialismus zu rechtfertigen, wobei er jedoch nicht vergaß zu betonen, dass sich vernünftige farbige Menschen in kolonisierten Ländern zu Wehr setzen sollten. Auch wenn Lamour das Koloniale nicht ausklammerte, verstand er es lediglich als Erweiterung eines extraktiven Denkens, das für eine „Erneuerung" Frankreichs notwendig war. In *Prix et profits* ließ sich Wettbewerb mit einem Handschlag vermeiden; Lamour hingegen glaubte an Beschleunigung und Intensivierung.

Plans, die Zeitschrift, die er ins Leben rief, nachdem redaktionelle Streitigkeiten das Projekt *Grand'Route* nach fünf Ausgaben beendet hatten, war noch unmittelbarer das Produkt einer organisierten politischen Bewegung, und zwar des Ordre nouveau, der ebenso für rationale Planung und Ressourcenverteilung plädierte wie für eine Ästhetik der Jugend.[14] Die Zeitschrift enthielt Texte und Werke einer Reihe bekannter Künstler.[15] Dazu zählen Marcel Breuer, Raoul Dufy, Walter Gropius, Arthur Honegger, Le Corbusier, Fernand Léger, Filippo Marinetti, Frans Masereel, Jean Picart le Doux, Aldo Rossi und Karel Teige. Die Versammlung einer so vielfältigen Gruppe in ein und derselben Zeitschrift unterstrich Lamours Vorstellung von Kollektivität: Nur durch eine Montage ästhetischer Visionen konnte die neue Welt Gestalt annehmen.

Die Zeitschrift machte die räumliche Entwicklung zu ihrem zentralen Anliegen und warb für die Vorteile der Mechanisierung und einer Kultur der Industrie wie für Selbstverwaltung und Selbstbestimmung und ein Leben in Gemeinschaft (Abb. 6). Sie plädierte für Rationalität wie für Jugendkultur und trat für das ein, was in der Nachkriegszeit unter dem Begriff Technokratie firmierte, zu dieser Zeit jedoch eine aufkeimende Form von Faschismus war. Zu diesem Bekenntnis zur Rationalität gehörte auch eine Ästhetik der

Quantifizierung. In einem Text, der im März 1931 in der dritten Ausgabe der *Plans* veröffentlicht wurde, also genau zu der Zeit, als *Prix et profits* in der Vorproduktion war, erklärte Lamour seine Liebe zur Sachlichkeit, die Altersdiskriminierung wie Rassismus legitimierte und eine Ästhetik „klarer Konturen" mit dem Appetit auf Daten und Statistiken verband:

> Lange Zeit habe ich mich gefragt, warum mich im Vergleich zum Stadion und zum Kino das Theater so wenig anzieht. Nun habe ich es verstanden: Es gab kein Theater für die meines Alters, sprich meiner Rasse. Nichts, was dieser neuen Jugend der Welt entsprach, diesen für alles offenen Augen, diesem verbindenden Geschmack simpler und scharfer Geister, die leeren Worten und vagen Ideen misstrauen, die sich nach dem sehnen, was man sehen, zählen und wiegen kann, nach klaren Konturen und praktischen Zielen; die nichtsdestoweniger von einer inneren Begeisterung und einer kindlichen Freude durchdrungen sind.[16]

Lamour trat für neue Kunstformen ein, wobei er die Qualitäten der Jugend (das Interesse am Praktischen, an harten Fakten) einer bestimmten Rasse zuordnete und glaubte, dass die Liebe zur Technokratie (in heutiger Terminologie) natürlicherweise mit Enthusiasmus und Lebensfreude einherging. Lieber sah er Infrastrukturen in Aktion als die Wiederaufführung eines historischen Theaterstücks; er berief sich auf eine vermeintliche „Wahrheit" des Rassismus und votierte für die Jugend als einer vom Alten verschiedenen Rasse. Mit seinen Schriften wie seinen Zeitschriftenprojekten trug er dazu bei, nicht nur eine bloß visuell verstandene „Maschinenästhetik" zu begründen, sondern vielmehr eine Ästhetik der Technokratie, die von Rassismus durchdrungen war.

In der Zeitschrift *Plans* verknüpfte Lamour Ideen zur land(wirt)schaftlichen Modernisierung mit den Themen der nationalen Erneuerung, der rassischen Überlegenheit und der Maschinenästhetik, die er bereits in *Grand'Route* eingeführt hatte. In der dritten Ausgabe veröffentlichte er einen Text mit dem Titel „La Guerre du blé" von Francis Delaisi, der an *Grand'Route* mitgearbeitet hatte. Darin sprach sich Delaisi gegen „künstliche" politische Konflikte und für ein vereintes Europa aus, „das seine Völker nährt"; er forderte eine Renationalisierung der weitgehend international geprägten Produktion und verband die politischen Forderungen der Ordre-nouveau-Bewegung mit anderen, traditionell eher linken Debatten wie jenen in *Prix et profits* über die Steuerung der Lebensmittelversorgung zum Nutzen der Bauern und Arbeiterinnen.[17] Lebensmittel und Landwirtschaft standen im Mittelpunkt der Modernisierungsdiskurse der Zeit, und wie Kunstwerke ließen sie sich als Basis weitergehender politischer Forderungen verwenden. Die Linke, die sich bald zum Front populaire entwickeln sollte, und der faschistoide Rationalismus der *Plans* waren für die meisten revolutionären Künstlerinnen und Künstler, die der ersteren Fraktion angehörten, nicht so weit voneinander entfernt, als dass sie sich gewehrt hätten, in die Zeitschrift der letzteren aufgenommen zu werden.

Die in *Plans* vorgebrachten Argumente für eine Modernisierung der Landwirtschaft waren auch ästhetischer und kultureller Natur, wie die Beiträge von Le Corbusier zeigen. Corbusier war Redaktionsmitglied von *Plans* und schrieb einige zentrale Artikel, in denen er Ideen zur Raumordnung, zur Stadtplanung und zum Gleichgewicht zwischen Arbeit und Freizeit entwickelte, die er später auch in seinem Buch *La Ville radieuse* abdruckte. Im Anschluss an diese Zusammenarbeit mit Lamour veröffentlichte Corbusier Pläne für eine „Ferme radieuse" bzw. ein „Village coopératif", Projekte, die er mit dem Agrarreformer Norbert Bézard entwickelt hatte und die moderne Bauernhöfe in Aussicht stellten, die die Annehmlichkeiten der Stadt aufs Land brachten. Die Pläne für die „Ferme radieuse" wurden in *Prélude* und *L'Homme réel* veröffentlicht, den (nicht von Lamour herausgegebenen) Nachfolgezeitschriften von *Plans*.[18] Ziel von Corbusiers Projekten war es, ländliche Gemeinden durch Gestaltung und eine technologische Modernisierung zu erneuern, ganz ähnlich, wie er es mit seinen städtebaulichen Entwürfen für Paris erhofft hatte. Paris war für ihn ein Hort der Unordnung, der der Rationalisierung und Reinigung bedurfte. Seine Projekte waren Verkörperungen von Lamours Ideen und umgekehrt: Es gab kein besseres Bild für Produktivität, Ordnung und Rationalität als einen vollmechanisierten Bauernhof, der hohe Ernteerträge einfährt.

Die Architekturhistorikerin Fabiola López-Durán hat unser Verständnis der Beziehung Le Corbusiers zum eugenischen Diskurs der Zeit vertieft und gezeigt, wie sein Programm einer biopolitischen Optimierung Formen der Rassifizierung produzierte und nationale Unterschiede verfestigte, womit sie die Forschungen von Mark Antliff, Mary McLeod und anderen dazu erweitert hat.[19] Darüber hinaus beeinflussten koloniale Landregime Corbusiers Vorstellung von Planung – er war in den 1930er-Jahren nach Brasilien und Algerien gereist und träumte davon, koloniales Bodenrecht innerhalb Frankreichs anzuwenden. Tatsächlich wäre es nur in einer Welt, in der eine einzige Behörde das Land kontrolliert, denkbar, die Raumordnung umfassend zu planen und moderne, „strahlende" Bauernhöfe und Hochhaus-Städte zu schaffen. Lamour, der mit diesen Ideen sympathisierte, druckte in der fünften Ausgabe von *Grand'Route* Le Corbusiers Skizzen seiner Brasilienreise ab. Die Zeitschrift *Plans* war ein Ort, an dem eine Rationalisierung gefördert und mit rassifizierten Begriffen von Produktivität und Berechenbarkeit verknüpft wurde; die Idee, das Corbusier'sche Denken auf den landwirtschaftlichen Boden, den Ort der Lebensmittelproduktion, anwenden zu können, entstand in diesem medialen Raum.

Nicht zuletzt machte die Zeitschrift auch ihre Sicht auf Paris deutlich: Es war degeneriert. In jeder Ausgabe schrieb Lamour einen Bericht aus einer anderen Provinzstadt, den sogenannten „Lettre du pays sain", also den Brief vom hygienischen, gesunden oder sauberen Land. Er beschrieb darin die ländliche Landschaft und die Formen der Freiheit, die diese ermöglichte, und proklamierte die Landstädte als Gegenpol des Pariser Elends, womit er sie und die dort lebende Klasse der regionalen Produzenten von den städtischen Arbeitern abgrenzte. Anstatt sich einen Treffpunkt in einer peripheren Mitte oder eine gartenstadtartige Verbindung von Stadt und Land vorzustellen, nutzte Lamour die Lebensweise und die – leichter planbare und modernisierbare – Landschaft des ländlichen Raums als Modell einer idealisierten Form des französischen Territoriums. Mithilfe von Infrastrukturen, die man sich wie Krulls Metallstrukturen oder Légers abstrakte Kompositionen vorstellen muss, sollte das Land einer technologischen Modernisierung unterzogen werden, die er für eine wirtschaftliche Erneuerung für notwendig hielt. Der ideale Raum Lamours für eine soziale und ökonomische Neuordnung war weder eine Kolonie noch „die Zone", sondern eine technologisierte Landschaft, die Paris ohne den Raubbau und die Ausbeutung versorgen konnte, die das koloniale Handeln kennzeichneten, aber mit allen Vorteilen der Moderne, des Fortschritts und der syndikalisierten Macht.

Anhand von Lamours Einsatz der Krull'schen Maschinenästhetik oder Delaisis nationalistischen Landparolen können wir sehen, wie koloniale Ideen von Rasse reproduziert und in den nationalistischen Erneuerungsdiskurs eingespeist wurden und wie stadtfeindlich dieser Diskurs war. Paris war der verkommene Ort der Reichen, die den Brain-Drain in die USA ebenso ignorierten wie die Produktivität der Bauern auf dem Land. Es brauchte Bulldozer, Planung, Ordnung und Rationalität, aber dieses Ziel war in der Stadt kaum zu erreichen.[20] Lamour machte daher etwas Ähnliches wie die Autoren von *Prix et profits:* Er erfand einen Raum außerhalb von Paris, den er als frei von Elend markieren konnte. 1933 löste sich *Plans* auf; Lamour nahm nach Hitlers Machtübernahme in Deutschland seinen Faschismus zurück und richtete seine Politik stärker am entstehenden Linksbündnis des Front populaire aus. Nichtsdestoweniger sollte seine Version eines technologisierten ländlichen Ideals, wie ich anderswo gezeigt habe, die Art und Weise bestimmen, wie Pariser Agitatoren in den Nachkriegsjahren Nahrungsmittelversorgung, politische Ökonomie und Avantgardekunst miteinander in Verbindung brachten.[21]

Perriand, das Elend von Paris und die Landwirtschaftsausstellungen des Front populaire

Einige Jahre nach dem Ende von Lamours Zeitschriften erlaubten die politischen Veränderungen in Frankreich eine anderweitige Verwirklichung der Träume von einem bereinigten Markt und einem erneuerten Paris, und die Maschinenästhetik hielt Einzug in das offizielle französische Design – nicht über Le Corbusier, sondern über eine seiner Mitarbeiterinnen, die Architektin, Möbeldesignerin und Fotografin Charlotte Perriand. Im Mai 1936 eroberte der Front populaire, ein politisches Bündnis linker Parteien, die französische Legislative, und der Sozialist Léon Blum wurde zum Premierminister gewählt. In der Folge konnten viele der Forderungen von *Prix et profits* oder von Delaisi und Lamour annäherungsweise umgesetzt werden. Gegen den Rat der Geschäftsleute von Les Halles, die der Meinung waren, dass er den Wettbewerb auf dem Markt ruinieren würde, beauftragte Blum 1936 Georges Monnet, ein Mitglied der *Section française de l'Internationale ouvrière* – der stärksten Partei der Volksfrontregierung – mit der Leitung des Landwirtschaftsministeriums.[22] Monnet, der einen 250 Hektar großen Musterbetrieb besaß und ein erfahrener Landwirt war, setzte sich mit Nachdruck für die Rechte der Landarbeiter ein.[23] Er interessierte sich zudem für kulturelle Fragen: Er half in den 1930er-Jahren bei der Finanzierung der Académie des Beaux-Arts und war mit vielen Künstlern und Künstlerinnen befreundet; der Anthropologe Claude Lévi-Strauss war zeitweilig sein Sekretär.[24]

Unter Blums Regierung legte Monnet ein Programm zur Revalorisierung landwirtschaftlicher Erzeugnisse vor – im Wesentlichen Vorschläge zur Anhebung der Erzeugerpreise und des kulturellen Werts der Agrarprodukte. Es setzte sich für die Interessen der Kleinbauern ein, weitete eine Reihe von

Sozialleistungen auf die Landarbeiter aus und verfolgte das Ziel, höhere Löhne und Verkaufspreise für ihre Erzeugnisse zu verhandeln.[25] Dies war mehr oder weniger das Programm, das einige Jahre zuvor in *Prix et profits* gefordert worden war. Das Kernstück von Monnets Bemühungen war die Einrichtung des Office du blé, eines Getreideamtes, das sich an eine Einrichtung anlehnen sollte, die so ähnlich bereits 1934 in der Tschechoslowakei gegründet worden war.[26] Es sollte die auf den Markt gelangenden Getreidemengen kontrollieren, um die Preise zu stabilisieren, die in den 1930er-Jahren stark gefallen waren.

Monnet war sich bewusst, dass sein Programm zur ländlichen Entwicklung auch eine ästhetische und architektonische Komponente enthalten musste. Anfang der 1930er-Jahre hatte er mit Le Corbusier zusammengearbeitet, dem er 1937 sowohl bei der Suche nach einem Standort für den Pavillon des Temps Nouveaux als auch nach Sponsoren für den fünften CIAM-Kongress in Paris half.[27] Doch Le Corbusiers bodenpolitische Reformvorschläge entsprachen seinen Vorstellungen nur bedingt. Stattdessen wandte sich Monnet an Charlotte Perriand – die sowohl im Büro von Corbusier als auch allein arbeitete –, um die Ziele seines Ministeriums visualisieren und vermitteln zu können.

Perriand war eine naheliegende Wahl für diese Aufgabe. Sie war dem Front populaire politisch zugeneigt und ihre riesige Fotomontage *La Grande Misère de Paris,* die Szenen aus dem Alltag in Pariser Armutsvierteln zeigte, war gerade auf dem Salon des arts ménagers ausgestellt worden und hatte ihre Fähigkeit, die sozialen Probleme der Stadt sichtbar zu machen, unter Beweis gestellt (Abb. 7).[28] Perriand war zu der Zeit Sekretärin der französischen Sektion der Congrès Internationaux d'Architecture Moderne (CIAM) und den CIAM-Grundsätzen verbunden, die den Vorschlägen aus Le Corbusiers frühen Stadtentwürfen in vielem folgten: Zonierung nach Funktionen, rationelle Raumorganisation, Umverteilung des Bodens mittels Planung – wodurch Klassenunterschiede beseitigt und Freizeitangebote für die Arbeiter geschaffen werden sollten – sowie moderner, kostengünstiger, effizienter Wohnungsbau. 1937 jedoch, als sie erkannte, wie sehr ihre kommunistischen Überzeugungen im Widerspruch zu Le Corbusiers Bereitschaft standen, sich jedem Regime anzudienen, das

seine Hilfe bei Großplanungen benötigte, verließ sie sein Büro, um Projekte zu verfolgen, die ihren Ansichten als Kommunistin entsprachen.[29] Auch wenn sie zum Zeitpunkt der Entstehung noch nicht gegangen war, ist *La Grande Misère de Paris* ein frühes unabhängiges Projekt. Sie setzte es mit einem Team junger Architekten um, von denen viele ebenfalls bei Le Corbusier gearbeitet oder gelernt hatten, darunter Jean Bossu (der später zahlreiche Versorgungsinfrastrukturen und moderne Bauernhöfe in der Normandie und auf La Réunion entwarf), Émile Enci, Georges Pollak und Jacques Woog.[30]

La Grande Misère de Paris nahm eine ganze, zehn Meter lange Wand in der Sektion „Wohnen" des Salon des arts ménagers ein und brachte die Realität der städtischen Armut und des Lebens in der Zone in eine Welt, die normalerweise der Vermarktung von Konsumgütern vorbehalten war.[31] Im Gegensatz zu den meisten Plänen und räumlichen Darstellungen von Le Corbusier, in denen die Menschen weitgehend abstrakte Figuren sind, kombinierte Perriands Collage sozialrealistische Fotografien mit Darstellungen heruntergekommener städtischer Räume, Texten sowie Karten, um damit die ärmlichen und überfüllten Verhältnisse in der Zone zu dokumentieren – und Investitionen in Räume für Freizeit, Sport und soziale Dienste zu fordern. Auch Perriand hatte also Pläne für die Zone. Für sie war die Zone aber nicht unbedingt ein Raum der Versöhnung von Stadt und Land, sondern ein Ort, der den Bedürfnissen seiner Bewohner und Bewohnerinnen nach Raum, Serviceeinrichtungen, Hygiene und Modernisierung gerecht werden sollte.

Perriands Projekt für das Büro von Monnet folgte einem ähnlichen grafischen Stil. Es war eine raumfüllende Collage aus Schrift, Diagrammen und vor allem Bildern von Äckern, Arbeitern und Arbeiterinnen mit emotionsgeladenen Gesichtern, die in verschiedenen Maßstäben und dramatischen Blickwinkeln an die Wände geklebt wurden, wobei die Pflanzen ebenso dynamisch präsentiert wurden wie die Menschen, die sie anbauten. Diese Arbeit für einen Warteraum im Landwirtschaftsministerium war ästhetisch radikal und politisch humanistisch; sie lehnte sich an den humanistischen Stil und die abstrakten Kompositionen an, wie wir sie in Lotars *Prix et profits* gesehen haben, und zugleich enthielt sie Anklänge an die Maschinenästhetik in Lamours Zeitschriften. Ihr Projekt war auch ein materieller Eingriff in die Architektur des Ministeriums: Die Bilder wurden direkt auf den Putz geklebt und konnten durch eine künftige Verwaltung nicht entfernt werden, ohne die Wände zu beschädigen.[32]

Monnet wusste genau, wie wichtig es war, das Landleben in Paris zu zeigen. Als die Weltausstellung von 1937 näher rückte, plante er einen Landwirtschaftspavillon, der die Arbeit seines Ministeriums veranschaulichen sollte. Im Gegensatz zu anderen Pariser Weltausstellungen war diese nicht der Zurschaustellung kolonialer Erfolge gewidmet, sondern den Errungenschaften Frankreichs in der Zwischenkriegszeit. Außerdem lag sie an der Porte Maillot in der Nähe des Bois de Boulogne im 16. Arrondissement, also gerade noch in Paris, aber so weit wie möglich vom Ort der Kolonialausstellung von 1931 entfernt. Monnet hoffte, mit seinem Ausstellungspavillon die Not der Landarbeiterinnen und -arbeiter, das Potenzial des ländlichen Raums und den Einsatz seines Büros für die Verbesserung des Landlebens deutlich machen zu können. Der Pavillon, eine zaunartige Struktur ohne Dach, aber mit großen Wänden für Bilder, war bereits vor der Regierungsübernahme durch den Front populaire von den Architekten Henri Pacon und Andre Masson-Detourbet entworfen worden. Perriands Aufgabe war es, ihn mit Bildern zu füllen, und

dafür bat sie Fernand Léger, mit ihr zusammenzuarbeiten (Abb. 8–9).[33] Gestaltet in einer einfachen grafischen Sprache und mit Fotografien, die Perriand ausgewählt und Léger übermalt hatte, vertraten diese Bilder ähnliche Argumente wie die Bilder Légers in *Plans:* Das Leben auf dem Land schließt Infrastrukturen für Energie und Elektrizität mit ein, ebenso wie die eisernen Konstruktionen des Eiffelturms. Ein modernisierter ländlicher Raum würde im Zentrum eines erneuerten Frankreichs stehen, und die Bauern würden von der Mechanisierung und der gerechten Entlohnung profitieren und ihre Freizeit auf vielfältige Weise genießen können: urbanen Jazz spielen, konzentriert lesen und lernen oder sich um regionale Tracht kümmern. Die abstrakten – und geschlechtsneutralen – Hände, die triumphierend die Blüten dieses landwirtschaftlichen Programms hochhalten, legen eine weitgehende Universalität dieser modernen Wohltaten nahe. Ihre vollständig weiße Haut verrät jedoch die Grenzen des Vorhabens. Perriands und Légers Sinn für das Heitere und Fantastische inspirieren das Projekt, das sich an den Versprechen ebenso wie an den Grenzen der Ferme radieuse von Bézard und Corbusier abarbeitet, wie auch an den Bildungs- und Freizeitprogrammen des Front populaire und des Mouvement Freinet.

Die Wohltaten, die der Front populaire der Landbevölkerung versprach – und die über das hinausgingen, was *Prix et profits* oder Corbusiers Ferme radieuse erhofft hatten –, wurden in Text gefasst und im Inneren des Pavillons angebracht. Die Bauern sollten von „Tarifverhandlungen", einer „Begrenzung des Arbeitstags", „Rentenleistungen für Ältere", „Vorteilen für Familien" wie von „bezahltem Urlaub" profitieren. Monnet wusste, dass die

Abb. 8: Fernand Léger und Charlotte Perriand, *Joies essentielles,*
plaisirs nouveaux, ausgestellt im Landwirtschaftspavillon auf der Pariser
Weltausstellung 1937

landwirtschaftliche Arbeit das ganze Land ernährte, und mit Perriands
Hilfe gelang es ihm darzustellen, wie ein modernisierter ländlicher Raum
aussehen könnte – mit gerechter Entlohnung der Arbeiterinnen und Arbeiter, aber ohne demokratiezersetzenden Syndikalismus. Der Slogan, der den
Pavillon krönte, lautete: „Ohne landwirtschaftlichen Wohlstand kein wirtschaftlicher Aufschwung" und wies auf den Zusammenhang zwischen landwirtschaftlicher Modernisierung und allgemeinem Wohlstand hin. Die an
die Wände des Pavillons collagierten Bilder trugen dazu bei zu zeigen, welche materiellen Infrastrukturen dafür notwendig waren: neue Elektrizitäts-
werke, Anlagen für die Getreideverarbeitung, Kraftfahrzeuge, Schornsteine
und weitere Infrastruktur – ganz wie in den maschinenästhetischen Fotografien der Krull'schen Bildwelt. Aber hier wird diese Bildwelt mit Elementen des
traditionellen Landlebens wie der städtischen Moderne zusammengebracht:
Werkzeuge, Musik, Weizenfelder, stolze Hähne. Die modernen Infrastrukturen bilden den Hintergrund, vor dem sich all dieses pflanzliche, tierische
und menschliche Leben fröhlich entwickelt. Zwar wurden nur wenige Reformen des Front populaire vor Ausbruch des Zweiten Weltkriegs umgesetzt,
doch die Begeisterung für die Modernisierung des ländlichen Raumes, die die
politisch engagierte Kunst der Avantgarde freisetzte, schuf ein Muster, dem
die Reformer der Nachkriegszeit folgen sollten: den Versuch, den ländlichen
Raum zu technologisieren und zu entperipherisieren.
Als Architektinnen und Planer in der Zwischenkriegszeit eine neue Bild-
sprache entwarfen, um politische Zugehörigkeiten und ästhetische Neigun-
gen ihrer Arbeit zu verdeutlichen, entwickelten sie auch visuelle Argumente
für die Reform des Landes wie eine Reihe visuell-geografischer Ideen, wie
der ländliche Raum mit dem städtischen Raum verbunden werden könnte.
Gleichzeitig entstand das Werk von Allegret, Lamour und Perriand aus einer
widersprüchlichen Reihe von Annäherungen an und Ausblendungen von
verschiedenen Peripherien von Paris. Während das Land als triumphales

Abb. 9: Charlotte Perriand,
Landwirtschaftspavillon
auf der Pariser Welt-
ausstellung 1937. Foto:
François Kollar

Terrain der Modernisierung hervortrat, blieb der koloniale Raum unreflektiert und unterrepräsentiert, obwohl der infrastrukturelle Ausbau in Frankreichs Kolonien den in der Metropole oft weit übertraf. Sowohl in Paris als auch in den Kolonien waren antikoloniale Aktivistinnen und Aktivisten am Werk, aber vor dem Zweiten Weltkrieg fanden sie keinen gemeinsamen Ort, keine Zone im Sinne Lotars, in der sie sich die Hände reichen konnten.

Aus dem Englischen übersetzt von Moritz Gleich und Christa Kamleithner

Anmerkungen

1   Vgl. dazu Meredith TenHoor: „Architecture and Bio-
    politics at Les Halles", in: *French Politics, Culture &*
    Society 25, 2/2007, S. 73–92.

2   Vgl. Jules Méline: *Le Retour à la terre et la surpro-*
    duction industrielle. Paris 1912; dazu Robert O.
    Paxton: *French Peasant Fascism. Henry Dorgères's*
    Greenshirts and the Crises of French Agriculture,
    1929–1939. New York 1997; und Kyri Watson
    Claflin: *Culture, Politics, and Modernization in Paris*
    Provisioning, 1880–1920. Dissertation. Boston
    University 2006.

3   Vgl. Claflin 2006 (s. Anm. 2), S. 490.

4   Vgl. dazu Meredith TenHoor: „Decree, Design, Ex-
    hibit, Consume: Making Modern Markets in France,
    1953–1979," in: Aggregate (Hg.), *Governing by*
    Design. Architecture, Economy, and Politics in the
    Twentieth Century. Pittsburgh 2012, S. 216–236.

5   Eine hervorragende Übersicht über die Arbeiten von
    Künstlern und Künstlerinnen der AEAR findet sich in
    Damarice Amao, Florian Ebner und Christian
    Joschke (Hg.): *Photographie, arme de classe. La*
    Photographie sociale et documentaire en France,
    1928–1936. Paris 2018. Ich bin Christian Joschke
    dankbar, dass er sein Wissen über dieses Material
    mit mir geteilt hat.

6   Vgl. ebd., S. 116–129.

7   Vgl. dazu Diana K. Davis: *Resurrecting the Granary*
    of Rome. Environmental History and French Colonial
    Expansion in North Africa. Athens 2007.

8   Vgl. Jennifer Boittin: *Colonial Metropolis. The Urban*
    Grounds of Anti-Imperialism and Feminism in Inter-
    war Paris. Lincoln 2010.

9   André Breton, Paul Eluard, Benjamin Péret, Geordes
    Sadoul, Pierre Unik, André Thirion, René Crevel,
    Louis Aragon, René Char, Maxime Alexandre, Yves
    Tanguy und George Malkine haben sich alle gegen
    die Kolonialausstellung ausgesprochen. Vgl. Amao,
    Ebner und Joschke 2018 (s. Anm. 5), S. 174, 220.

10 Eine eingehendere Analyse von Krulls Arbeit findet
    sich in Kim Sichel: *Germaine Krull. Photographer of*
    Modernity. Cambridge, MA 1999.

11 Vgl. Michel Frizot: *Germaine Krull*. Paris 2015,
    S. 256.

12 Philippe Lamour: „U.S.A.", in: *Grand'Route* 1, 1930,
    S. 47–63, hier S. 48.

13 Ebd, S. 51.

14 Mark Antliff beschreibt die intellektuellen Ursprünge
    dieser Bewegung ausführlicher – vgl. ders.: *Avant-*
    Garde Fascism. The Mobilization of Myth, Art, and
    Culture in France, 1909–1939. Durham 2007,
    S. 177 f.

15 Mehr zu Le Corbusiers Beiträgen in *Plans* findet sich
    in: M. Christine Boyer: *Le Corbusier. Homme de Let-*
    tres. Princeton 2010, S. 490 f. Vgl. dazu auch: Mary
    McLeod: „Plans: Bibliography", in: *Oppositions*
    19/20, 1980, S. 184–201, hier S. 185 f.; dies.:
    Urbanism and Utopia. Le Corbusier from Regional
    Syndicalism to Vichy. Dissertation, Princeton Uni-
    versity, 1985.

16 Philippe Lamour: „La Fin du déluge", in: *Plans* 3,
    1931, S. 63–70, hier S. 63.

17 Francis Delaisi: „La Guerre du blé", in: ebd., S. 127–
    138.

18 Diese Projekte wurden publiziert in: Norbert Bézard:
    „Un plan d'urbanisme rural", in: *Prelude* 14, 1934; Le
    Corbusier: „La ,Ferme Radieuse', le ,Village Radieux',
    1933–1934. Reorganisation agraire", in: ebd.; ders.:
    „Village radieux, ferme radieuse", in: *L'Homme réel* 4,
    1934; ders.: „Ferme radieuse, village radieux", in:
    ders., *La Ville radieuse*. Boulogne-sur-Seine 1935.
    Le Corbusiers Arbeiten waren auch Gegenstand der
    siebten Ausgabe von *Plans* im Jahr 1931.

19 Vgl. Fabiola López-Durán: *Eugenics in the Garden.*
    Transatlantic Architecture and the Crafting of
    Modernity. Austin 2018; Antliff 2007 (s. Anm. 14);
    McLeod 1985 (s. Anm. 15); Xavier de Jarcy: *Le*
    Corbusier, un fascisme français. Paris 2015.

20 Lamour war ein Nazi-Gegner (*Plans* übersetzte Teile
    von *Mein Kampf*, um auf dessen Gefährlichkeit hin-
    zuweisen und Hitlers Faschismus anzuprangern),
    aber es ist schwierig, diesen stadt- und marktfeind-
    lichen Diskurs ohne Verbindung zum antisemitischen
    Gedankengut im Frankreich jener Zeit zu sehen.

21 Siehe TenHoor 2012 (s. Anm. 4).

22 Vgl. Édouard Lynch: *Moissons rouges. Les Socialis-*
    tes français et la société paysanne durant l'entre-
    deux-guerres (1918–1940). Villeneuve-d'Ascp
    2002, S. 347 f.

23 Pierre Barral: *Les Agrariens français de Méline à*
    Pisani. Paris 1968, S. 241.

24 Vgl. Lynch 2002 (s. Anm 22), S. 347.

25 Vgl. John Bulaitis: *Communism in Rural France.*
    French Agricultural Workers and the Popular Front.
    London 2008, S. 106.

26 Vgl. Barral 1968 (s. Anm 23), S. 245.

27 Vgl. Mary McLeod: „‚The country is the other city of tomorrow'. Le Corbusier's Ferme Radieuse and Village Radieux", in: Dorothée Imbert (Hg.), *Food and the City. Histories of Culture and Cultivation*. Washington, DC 2014, S. 99–122.

28 Details dazu finden sich in: Gabrielle de la Selle und Max Bonhomme: „*La Grande Misère de Paris* par Charlotte Perriand, 1936", in: Amao, Ebner und Joschke 2018 (s. Anm. 5), S. 128 f.; Romy Golan: *Muralnomad. The Paradox of Wall Painting, Europe 1927–1957*. New Haven 2009, S. 150–162.

29 Vgl. Danilo Udovički-Selb: „‚C'était dans l'air du temps'. Charlotte Perriand and the Popular Front", in: Mary McLeod (Hg.), *Charlotte Perriand. An Art of Living*. New York 2004, S. 69–89, hier S. 84.

30 Siehe dazu auch Bonhomme and de la Selle 2018 (s. Anm. 28), S. 128 f.

31 Vgl. Véronique Bergen: „Pratique du photomontage géant" in: Jacques Barsac and Sébastien Cherruet (Hg.), *Le Monde nouveau de Charlotte Perriand* (Paris 2019), S. 213–233.

32 Vgl. Udovicki-Selb 2004 (s. Anm. 29), S. 85.

33 Vgl. Golan 2009 (s. Anm. 28), S. 150–162.

Räume für neue Lernende. Bildungsarchitekturen und Bildungschancen in den globalen 1960er- und 1970er-Jahren

Tom Holert

Expansion und Experiment

Wie lässt sich die Geschichte von Bildung und Erziehung als globale Geschichte erzählen? Und was wäre dies für eine Geschichte, wenn sie maßgeblich von den Räumen und Geografien, den Architekturen und Infrastrukturen des Lernens und Lehrens handelte? Die „langen" 1960er- und 1970er-Jahre produzierten ein Archiv der vergangenen Zukünfte, der unvollendeten Projekte, der abgebrochenen Experimente und der vergessenen Reformen der Bildung. In den Räumen und Raumbeziehungen, in denen Bildung als pädagogische Praxis stattfand, materialisierten und medialisierten sich Bildungssysteme. Dieses Archiv der politischen, architektonischen und pädagogischen Pläne und Programme stellt eine Ressource dar: für das Denken und Handeln in und mit den bestehenden Bildungsräumen und für alle politischen Debatten und pädagogischen Praktiken, die diese Räume umbauen, wenn nicht ganz überwinden wollen.

Nicht, dass sich in diesem Archiv nur Vorbildliches und Nachahmenswertes fände. Die weltweiten Versuche, Bildung für eine immer größere Zahl von Menschen mit unterschiedlichen Voraussetzungen und für immer weitere Bereiche der Lebenswirklichkeit zu erschließen, produzierten heftige Widersprüche, Konflikte und Ungleichheitsverhältnisse. Dennoch war in dieser Gemengelage durchgehend ein „Wille zum Lernen" auszumachen. Dieser ging weit über jenen naiven „Wissensdurst" hinaus, den der radikale Pädagoge Paulo Freire als Funktion eines auf Wissensvermittlung statt Selbstermächtigung angelegten Modells von Bildung und Erziehung ablehnte.[1] Vielmehr herrschte eine weithin geteilte, nahezu selbstverständliche Überzeugung von der Notwendigkeit vor, die individuellen und kollektiven Bildungsniveaus zu heben.

Diese Überzeugung deutete auf weitreichende Transformationen der politischen Systeme, der technologischen Umwelten und der sozialen Reproduktionsweisen hin. Der „Wille zum Lernen" zeigte sich sowohl in den Literarisierungskampagnen im globalen Süden wie in der Aktivierung brachliegender „Bildungsreserven" in den Ländern (und vor allem den ländlichen Gebieten) des globalen Nordens, in den Wissenschaftsstädten und polytechnischen Oberschulen der Sowjetunion und den mit ihr verbündeten sozialistischen Staaten, etwa Polen, der ČSSR oder der DDR, wie in den zahlreichen Universitätsgründungen und Schulreformen in Großbritannien, Italien oder der Bundesrepublik Deutschland. Er zeigte sich aber auch in dem Engagement all jener, die dem Fortbestand der formalen Bildungseinrichtungen mitsamt ihren gebauten Behausungen entgegentraten und nach Alternativen suchten. Autoritäre wie antiautoritäre Orientierungen der 1960er- und 1970er-Jahre glichen sich zumindest darin, dass sie der Bildung ein unbedingtes Primat einräumten.

Wie aber manifestierte sich dieses zeitweilige Primat politisch und räumlich? Und wie wurde es vermittelt und verbreitet? Von welchen Theorien und Programmen – des erfolgreichen und zum Scheitern verurteilten Lernens, ermächtigender und zurichtender Pädagogiken – waren die Klassenzimmer, Schulgebäude, Campus-Anlagen und all die anderen, mehr oder weniger geplanten und zweckbestimmten Lernumgebungen der 1960er- und 1970er-Jahre getragen? Wie verhielten sich die Politik der Bildung und die Politik des Raums zueinander, sowohl in der unmittelbaren Situation des Unterrichts als auch im Maßstab nationaler oder geopolitischer Bildungsplanung? Wie wurde die räumliche Dimension umkämpfter Begriffe wie Segregation, Integration oder Partizipation politisch ausgespielt und verhandelt?

Deutliche, weil physische Wirklichkeit gewordene Antworten auf diese Fragen gaben die Bauten – Kindergärten, Spielplätze, Schulen, Universitäten, Bibliotheken, Forschungsinstitute, die in diesen Jahrzehnten in nie gekannter Zahl entstanden sind. Weil es sich zumeist um öffentliche Aufträge handelte, die in aufwendigen und langwierigen (mitunter aber auch im Eilverfahren durchgepeitschten) Wettbewerben und Ausschreibungen vergeben wurden, findet sich in den Archiven darüber hinaus ein Vielfaches an nicht realisierten Entwürfen. Beworben haben sich renommierte, damals im Aufstieg begriffene und noch mehr in Vergessenheit geratene Architekten, darunter – branchenüblich – nur wenige Architektinnen.[2]

Es fragt sich jedoch, ob das Prinzip der großen Namen und der mit diesem verbundenen historischen Baukultur in einem ästhetischen Wertverständnis für eine Untersuchung und Einordnung der Bildungsarchitekturen dieser Jahrzehnte erkenntnisleitend sein sollte. Von mindestens ebenso großer Relevanz sind autorlose Typenbauten, modulare Serienware und Prefab-Konstruktionen, die mehr als die kanonisierten Ikonen des Schul- und Universitätsbaus erheblichen Einfluss auf den Alltag der stetig wachsenden Zahl der Schüler:innen und Studierenden hatten: offene Architekturen, mit den einfachsten lokalen Materialien errichtet, wie sie für die Schulen der kommunistischen Volkskultur im Landkreis Natal im Nordosten Brasiliens Anfang der 1960er-Jahre entstanden; Schulgebäude im Zwischenreich kolonialer und postkolonialer Planungskonzeptionen, wie in den neuen städtischen Siedlungen in Ghana oder im Nigeria der 1960er-Jahre; ein schlichter Campus aus Grünflächen und Pavillons, wie er in einem Parkgelände am Stadtrand von Zagreb als „Stadt der Pioniere" bis in die frühen 1960er-Jahre ein Ort pädagogischer Experimente sein konnte; modulare Schulbausysteme, wie sie die Erziehungsministerien in Mexiko oder Marokko in den 1960er-Jahren landesweit verbauen ließen, um die Alphabetisierung zu fördern (Abb. 1); oder die Typenbauten der Escuelas Secundaria Básica en el Campo, die in den 1970er-Jahren für einen Literarisierungsschub in den ländlichen Regionen Kubas sorgen sollten. All dies wären Beispiele, die von der Macht staatlich gelenkter Bau- und Bildungsplanungen zeugen, die sich industrieller Methoden bedienten, um einen eklatanten Raumbedarf zu decken, und die zugleich spezifische Verfahren entwickelten, um klimatischen und sozialen Bedingungen gerecht zu werden.[3]

Diese Architekturen mochten den Zeitgenoss:innen austauschbar und normativ erscheinen (und im historischen Rückblick tun sie dies vielleicht umso mehr). Aber zugleich sprechen sie von einer experimentell-tastenden Annäherung im Spannungsfeld sich verändernder pädagogischer Konzepte, baulicher Faktoren und gesellschaftlicher Verhältnisse. Mehr als einzelne Architekt:innen sind es daher die behördlichen Organe, die Verwaltungsstrukturen, die bildungspolitischen Instanzen, die Bauwirtschaft, aber auch die betroffenen Gemeinschaften der Lernenden und Lehrenden, die diese materiellen Umwelten der Bildung produzierten (und zum Teil bis heute produzieren). So wäre ein Augenmerk auch auf die Schulbauinstitute zu richten, die – von nationalen Bildungsministerien eingesetzt oder von supranationalen

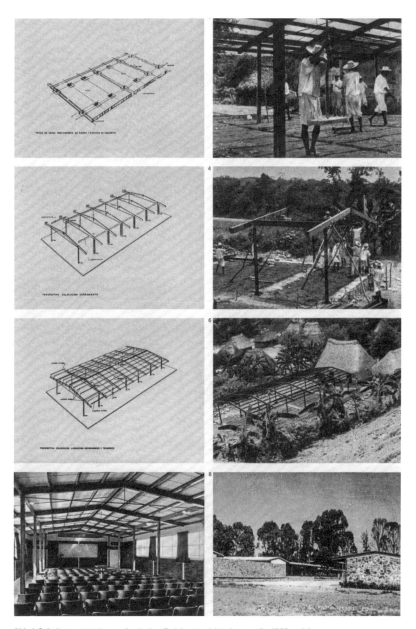

Abb. 1: Schulbausystem des mexikanischen Erziehungsministeriums, späte 1960er-Jahre

229

Institutionen wie der UNESCO oder der OECD betrieben – in den USA, in Chile, Großbritannien, Frankreich, den Niederlanden, der Bundesrepublik Deutschland, der Sowjetunion oder Frankreich seit den 1950er-Jahren den Strukturwandel im Bildungssystem in architektonischer Hinsicht steuern sollten. Diese Forschungsinstitute propagierten kostensparende und funktional effiziente Fertigbausysteme wie SENAC (Brasilien), CLASP (Großbritannien), SCDS (USA) oder NRW 75 (BRD),[4] und damit auch charakteristische Modelle und mediale Apparaturen der schulischen Interaktion und pädagogischen Praxis.

Die Medialität dieser Gebäude, die oft in Campus-Ensembles organisiert oder über ihre Modularität und Fertigbau-Typologie in eine translokale Infrastruktur von Bildungseinrichtungen eingebunden waren, geht zurück auf die für sie vorgesehenen Funktionen und die von ihnen erwarteten Resultate: das Ziel nämlich, in großer Zahl Subjekte für sich immer schneller verändernde Arbeitsmärkte, Wissensarten und Beschäftigungsformen hervorzubringen, die zudem die Bereitschaft zum dauerhaften, „lebenslangen" Lernen erlernt haben. Dieses Ziel schlug sich in Materialisierungen nieder, in denen symbolische und funktionale Anteile aufeinander verweisen und sich Übergänge zwischen Residuen einer Logik der Repräsentation und einem – wiederum historisch spezifischen – Planen und Handeln entlang Parametern des Ökonomischen ergaben. In der Aufsicht ähneln die neuen Campusanlagen – z.B. die „Kamm"-Struktur der Universität Bielefeld mit zentraler „Kommunikationsachse" (Abb. 2) – bisweilen den Diagrammen und Schaltkreisen, die jenen neuen medialen Technologien (vom Fernsehen bis zum Lerncomputer) zugrunde lagen, die den Alltag und die Arbeit der Menschen, aber auch die Ordnungen von Staat und Wirtschaft zunehmend prägten. Mit Grundrissen, Erschließungsplanung und der Allokation von Gebäudevolumina wurde aber vor allem auf Anforderungen und Erwartungen reagiert, die aus einer von sozialpolitischen, ökonomischen und bildungsreformerischen Agenden bestimmten Konstellation resultierten. Die Medienwissenschaftlerin Kathrin Peters erkennt daher in der westdeutschen Hochschulplanung der 1960er- und 1970er-Jahre ein „Dispositiv, das Bildungs- und Baukonzepte, Betonpfeiler und Studienpläne, Freitreppen und Fachbereiche gleichermaßen umfasst".[5]

Abb. 2: Universität Bielefeld, ca. 1975, Architekten: Klaus Köpke, Peter Kulka, Katte Töpper, Wolf Siepmann und Helmut Herzog

Kritik der Institution als Kritik räumlicher Verhältnisse

Die 1960er- und 1970er-Jahre waren zugleich, und das kennzeichnet die Dialektik der Entwicklungen, von einer tiefen Skepsis gegenüber den politischen und infrastrukturellen Programmen der „Pädagogisierung" geprägt. Die Autorität der Bildungsinstitutionen zu bestreiten nahm immer neue Formen an: von den Teach-ins, Go-ins und Sit-ins, die Anfang der 1960er-Jahre aus der Schwarzen Bürgerrechtsbewegung in den USA in die Universitäten und Schulen wanderten, bis zu den Streiks und Besetzungen vor allem der späten 1960er- und frühen 1970er-Jahre. Bei aller behaupteten Fortschrittlichkeit der Bildungsplanung war den Akteur:innen eines doch immer klar: Sobald die räumlichen Bedingungen der Entwicklung von mündigen Subjekten, der Ausbildung von Arbeitskräften und der Vermittlung und Produktion von Wissen nicht als vorgegeben, sondern als veränderbar und bestreitbar begriffen wurden, konnte sich eine politische Dynamik entfalten, die schwer zu kontrollieren war.

Vermehrt wird in letzter Zeit an den Psychologen und Pädagogen Loris Malaguzzi erinnert, der in den 1940er-Jahren in der norditalienischen Reggio Emilia eine neuartige relationale Frühpädagogik und später ein landesweites Netzwerk von Krippen und Kindergärten begründete. Malaguzzi sprach von der räumlichen Umgebung (*ambiente*) als einem „dritten Lehrer" (*terzo*

Abb. 3: Diagramm elementarer Komponenten des School Construction Systems Development (SCSD) sowie Unteransicht der Dachstruktur eines SCSD-Prototyps, 1967

insegnante), neben den gleichaltrigen Kindern und den Erwachsenen.[6] Seine Konzeption einer Pädagogik, in der die Produktion des Raums in den Händen aller Beteiligten liegt, trug in den folgenden Jahrzehnten dazu bei, die Kategorien von Architektur und Planung im Bildungskontext zu relativieren und zu entgrenzen. Die traditionelle Autorität der Bildungsplanung und Bildungsarchitektur, über die räumliche Gestaltung des Beziehungsgefüges zwischen den Akteur:innen und Dimensionen des Lernens zu entscheiden, sah sich dadurch massiv in die Defensive gedrängt. Angeregt durch Malaguzzi und andere progressive Pädagog:innen wandten sich Architekt:innen und Stadttheoretiker:innen in den 1960er- und 1970er-Jahren verstärkt den Bedürfnissen und Vorstellungen von Kindern zu.

Auch heute setzen neue Entwurfsstrategien für Schul- und Campusanlagen und deren analytische Beschreibung auf die Beteiligung der involvierten Akteur:innen.[7] Forschungen zur Materialität und Medialität des Lernens gelten dem Einfluss räumlicher und technologischer Faktoren, die scheinbar unabhängig von pädagogischer Theorie und Praxis auf den Lernerfolg einwirken. In vielerlei Hinsicht ist eine solche Wende zum Raum – verstanden als gebaute Umwelt, dynamisches soziales Beziehungsgefüge oder vielfach vermittelte (medialisierte) Instanz – durch die progressiv-reformerischen Aufbrüche der 1960er- und 1970er-Jahre antizipiert worden. Die Kritik an den Formaten und Funktionen von Bildungsarchitekturen und der Ausbruch aus den von Michel Foucault zu den „Einschließungsmilieus" gerechneten Schulen und Gefängnissen der Disziplinargesellschaft des 18. und 19. Jahrhunderts stehen auch für den Kampf um eine andere, emanzipierende, Selbstwirksamkeit und Autonomie verheißende politische Praxis des Raums.[8]

Eine wichtige, aber keineswegs unproblematische Rolle spielte hier das Prinzip des offenen Grundrisses, des *open plan*. Nicht zuletzt die schon erwähnten Schulbauinstitute, vor allem die in New York ansässigen Educational Facilities Laboratories (1958–1986), setzten auf eine agentielle Architektur, die besonders den Lernenden, aber auch den Lehrenden *agency*, also Freiräume zur individuellen Entwicklung und zu gesteigertem Lern- und Lehrerfolg, geben sollte (Abb. 3–4).[9] Voraussetzung dazu waren große Räume, in modularer Bauweise errichtet und durch flexible Wandsysteme teilbar, die auf individuelle pädagogische Konzepte und Bedürfnisse hin ausgerichtet werden konnten. In einer typischen Formulierung listet ein US-amerikanischer Bildungsfunktionär 1969 die Vorzüge des Großraums auf, wobei sich zeigt, dass vor allem auf eine durchgreifende Logistik und Technologie der Schule hingearbeitet wurde: „Offene Räume erleichtern die Einführung von Programmen wie der flexibel-modularen Zeitplanung, des individuell zugeschnittenen und angeleiteten Unterrichts, des programmierten, mediengestützten Lernens, des Lernens auf Grundlage lizensierter Lernmaterialien, des Unterrichts in

kleinen und großen Gruppen, des forschenden Lernens, des auf Problemlö-
sung ausgerichteten Unterrichts, des *team teaching* sowie Ansätze, die ohne
Benotung auskommen."[10] Didaktische wie ökonomische Effizienzvorgaben
sollten sich als maßgebliche Treiber einer Entwicklung zum *open plan* erweisen. Der Bildungsplanung vor allem des Westens galt sie für über ein Jahrzehnt als konkurrenzlos.

Nur vermeintlich paradox richtete sich gegen diese neuen, auf Expansion,
Offenheit und *agency* der Lernenden angelegten Architekturen und Infrastrukturen von Schule und Universität die scheinbar radikale, jedoch von vielen geteilte Forderung nach einer „Entschulung" des Bildungswesens (wenn
nicht der Gesellschaft überhaupt). Zu einer solchen, in letzter Konsequenz
mit dem gesamten Bildungsverständnis der vorausgegangenen zwei Jahrhun-
derte brechenden Maßnahme hatte der Theologe und Philosoph Ivan Illich
von seinem Centro Intercultural de Documentación (CIDOC) im mexikanischen Cuernavaca aus aufgerufen. Die Hegemonie westlich-moderner und
nicht zuletzt kolonialer Erziehungs- und Wissensmodelle im Visier galt es,
das oft naive, immer auch ideologische Vertrauen in die Raumangebote der
Bildungsplanung und -technologie infrage zu stellen – gerade dort, wo diese
sich progressiv und innovativ präsentierten. Gleichzeitig wurde, anders als
das Reizwort „Entschulung" glauben ließ, mit ihm nicht automatisch eine

anti-schulische Position formuliert. Vielmehr galt es radikalen Pädagog:innen als ausgemacht, dass der utopische Kern von Schule freizulegen sei – durch deren entschiedene Rekonzeptualisierung, jenseits jeder Beschulung, jedes *schooling*.

„Sputnik-Schock" und „schulischer Apparat"

Ein symbolischer Startpunkt jener Phase der Expansionen und Reformen, die um 1970 auf vermehrten antikapitalistischen, antirassistischen, feministischen Widerstand stießen, war jener „Schock", der den Westen am 4. Oktober 1957 ereilte, als der sowjetische Satellit Sputnik I in die Erdumlaufbahn eintrat. „Niemals zuvor hat ein derart kleines und harmloses Objekt eine solche Fassungslosigkeit erzeugt", konstatierte rückblickend der Historiker Daniel J. Boorstin.[11] Nicht alles, was nach 1957 auf den Feldern der Pädagogik und der Wissenschaft geschah, ist mit diesem Technik-Ereignis zu erklären. Viele Reformbestrebungen, die in den 1960er- und 1970er-Jahren auf breiter Basis spürbar wurden, besaßen einen historisch früheren oder strukturell tiefer liegenden Ursprung.[12] Doch ging von der kreiselnden, achtzig Kilogramm wiegenden, antennenbestückten Kugel unbestritten ein entscheidendes Signal aus. Es war ein – für die westlichen Wissenschafts- und Bildungssysteme buchstäblich ohrenbetäubendes – Piepsen, das einen Großteil der Maßnahmen zur Wiederherstellung des verlorenen Gleichgewichts oder besser noch: zu einer neuen Hegemonie antrieb.

Der erste Blick hinauf in die „technologische Lücke" war erschütternd. Nicht zufällig wurden spätere Erkenntnisse der Rückständigkeit des eigenen nationalen Bildungssystems mit den Metaphern des Schocks oder der Katastrophe verbunden – das Wort von der „Bildungskatastrophe", mit dem der westdeutsche Pädagoge Georg Picht 1964 auf den Plan trat, sorgte für Aufsehen und dann auch beträchtlichen Reformeifer. Nur wenn der „Bildungsnotstand" überwunden würde, so Picht, könne auch eine Entsprechung zwischen der „modernen Leistungsgesellschaft" und der „gerechten Verteilung von Bildungschancen" entstehen.[13] Die 1960er- und 1970er-Jahre waren geprägt durch die rasche, häufig übereilte, bisweilen radikale Ausdehnung der Institutionen des Lernens, Lehrens und Forschens. In den Medien war das Thema auf Jahre hin präsenter als jemals zuvor und danach. Allein Publikumsverlage wie Rowohlt in der Bundesrepublik Deutschland oder Penguin/Pelican in Großbritannien trugen durch ihre Programmpolitik viel dazu bei, dass Bildungsangelegenheiten den Diskurs bestimmen konnten, flankiert von alternativkulturellen Milieumedien zwischen dem amerikanischen *Whole Earth Catalog* und dem West-Berliner Basis-Verlag. So erfasste ein regelrechter Bildungshype die Gesellschaften im Ganzen – sie wurden zu *learning societies* erklärt und begannen einer Logik der „Pädagogisierung" zu gehorchen, die bis heute fortwirkt.[14]

Diese institutionellen und kulturellen Veränderungen hatten zahlreiche Ursachen. Die wohl wichtigste war die Notwendigkeit, den Umbruch der gesellschaftlichen Produktionsverhältnisse zu bewältigen – die endgültige Ankunft in der „Industriegesellschaft" beziehungsweise im „technologischen Zeitalter", und letztlich: der Übergang zu einer „postindustriellen" Gesellschaft.[15] Die dafür erforderlichen Kompetenzen und Subjektivitäten entstanden in Schule und Universität, den Schaltstellen der staatlichen und gesellschaftlichen Ordnung. In einem viel zitierten Text aus dem Jahr 1970 identifizierte der marxistische Philosoph Louis Althusser den „schulischen Apparat" als den unauffälligsten, aber letztlich dominierenden der „ideologischen Staatsapparate" der kapitalistischen Gesellschaftsformen.[16] Nach Althusser „fällt" jedes Individuum, nachdem es unter den unausweichlichen, massiven Einfluss der Ideologie der herrschenden Klasse gestellt worden war, aus den Schulen und Universitäten an den vorgesehenen Platz in Gesellschaft und „Produktion". Ohne dass Althusser explizit auf die architektonischen Dimensionen des „schulischen Apparats" eingegangen wäre, war seine Metaphorik doch von einer räumlichen Vorstellung der Institutionen der Bildung geleitet, durch die Kinder und Jugendliche hindurchgehen, um am jeweiligen Ende wieder auszutreten – als für den politisch-ökonomischen Prozess präformierte und mehr oder weniger präparierte Subjekte.

Einem ideologietheoretischen Ansatz zur Kritik des „schulischen Apparats" fühlten sich um 1970 viele verpflichtet, auch wenn sie nie Althusser gelesen

Abb. 5: Studierende bei der Besetzung des Campus der Universität Nanterre, 29. März 1968

hatten. Bezeichnungen wie „Lernfabrik" oder „Untertanenfabrik" setzten Schule und Universität polemisch in Beziehung zu den Stätten der industriellen wie obrigkeitlichen Ausbeutung und Automatisierung. „Erschreckend", sei es festzustellen, „dass der Schüler häufig nicht in erster Linie als Person, sondern nur als ‚Material' der Industriegesellschaft verstanden wird", sorgten sich die Autoren eines Handbuchs zur Planung von Schulbauten von 1969.[17] Die Metapher der Fabrik zeigt zudem, wie wichtig die Qualität und die Semantik von Orten und Architekturen waren.[18] Der Widerstand leitete sich unmittelbar von den Erfahrungen her, die in den materiellen Gehäusen der Bildungsinstitutionen gemacht wurden. Nicht zuletzt Schüler:innen und Studierende artikulierten weltweit seit Mitte der 1960er-Jahre ihre Ablehnung von Kapitalismus und patriarchaler bürgerlicher Gesellschaft, Kolonialismus und Krieg, reaktionären Bildungsstrukturen und fehlender historischer Verantwortung.

Ihre Proteste hatten auch eine physische Adresse. Oft gipfelten die Aktionen in der Besetzung von Gebäuden oder in offenem Vandalismus. Oder die Protestierenden nahmen den weniger konfrontativen Weg der Umnutzung bestehender Räume für autonome Lehrveranstaltungen. So stellten sie die institutionelle und gelebte Wirklichkeit von Schule und Universität – zumindest rhetorisch – zur Disposition. Die Schriftstellerin und ehemalige Lehrerin Annie Ernaux trifft präzise ein Gefühl, das sich im Mai 1968 und den folgenden Monaten und Jahren in vielen Städten weltweit ausgebreitet hatte: „Orte, deren Nutzung seit ewigen Zeiten strengen Regeln unterlag, Orte, zu denen nur bestimmte Bevölkerungsgruppen Zugang hatten, Universitäten, Fabriken, Theater standen plötzlich allen offen, und man tat dort alles Mögliche, nur nicht das, wozu diese Orte eigentlich da waren, man diskutierte, aß, schlief, liebte sich."[19] (Abb. 5) Sosehr also die von Regierungen und Verwaltungen veranlassten Reformen von politischer Euphorie und sozialstaatlichem (beziehungsweise sozialistischem) Zukunftsvertrauen getragen waren – in den 1960er- und 1970er-Jahren stießen sie zunehmend auf Widerstand. Sie mobilisierten linke Kritiker:innen, aber auch die konservativen Kräfte, denen die Erneuerungen viel zu weit gingen, empörten sich. Neben dem ständigen Wandel der ökonomischen und demografischen Rahmenbedingungen waren es diese kontrovers geführten Debatten, die die Akteur:innen des Bildungssektors zwangen, fortwährend neue Pläne und Modelle zu präsentieren.

Bildungspolitik als Entwicklungspolitik

Gleichzeitig dehnten sich die Innovationen und Reformen im globalen Maßstab aus – geleitet von den Interessen der beiden Imperien des Kalten Krieges und ihrer jeweiligen Machtblöcke, aber auch von den Projekten der neuen, postkolonialen Gesellschaften in Afrika und Asien. Unter dem Siegel der Entwicklungspolitik, flankiert durch Wirtschaftshilfen und Waffenlieferungen, war das erklärte Ziel der internationalen Gemeinschaft, die Kriterien moderner, den Bedingungen der industrialisierten Welt angepasster Bildung in den entlegensten Weltgegenden durchzusetzen. Die Koordination einer transnationalen Bildungsplanung zog in den 1960er-Jahren die Organisation der Vereinten Nationen für Erziehung, Wissenschaft und Kultur (UNESCO) an sich. Unterstützt, teilweise auch behindert wurde sie von anderen supranationalen Organisationen wie der OECD oder der Weltbank. Sie alle betrieben die Verbreitung und Vermehrung von Bildung mit den Zielen der Ausweitung von politischem Einfluss, der Erschließung neuer Absatzmärkte, der Schaffung neuer Produktionsstätten und der Ausbildung neuer Arbeitskräfte.

Die Soft-Power-Politik des Kalten Krieges führte überdies zu unterschiedlichsten Szenarien einer direkten Beratung im Schul- und Hochschulbereich – im Rahmen der UNESCO, aber auch in von ihr unabhängigen Initiativen der um Einfluss bemühten USA und der UdSSR. Ganze Bildungseinrichtungen, mitsamt ihren Architekturen und dem in ihnen lehrenden und forschenden Personal, wurden in den globalen Süden exportiert.[20] Sosehr Bildung immer auch nationale, ja oft genug regionale und lokale Angelegenheit war, entwickelte sie sich in den Nachkriegsjahrzehnten zu einer Aufgabe globalen Zuschnitts. Vor allem in Hinblick auf die sich dekolonisierende „Dritte Welt" hatte man sich in Washington, Moskau, Paris, Genf, London und anderswo vorgenommen, Entwicklungs- und Bildungspolitik so effektiv wie möglich miteinander zu verschalten. Um 1960 gab es eine Reihe von internationalen wie regionalen Konferenzen mit entsprechenden Deklarationen, die dem Primat der Bildung Nachdruck verleihen sollten. In kurzer Folge tagten in Karachi (Januar 1960), Beirut (März 1960), Bellagio (Juli 1960), Addis Abeba (Juni 1961) und Santiago de Chile (März 1962) die Delegationen aus Asien, den arabischen Staaten, Afrika, Westeuropa und Nordamerika sowie Lateinamerika. Bei all diesen Gelegenheiten wurden langfristig angelegte „Pläne" für die jeweiligen Regionen beschlossen und über die Kanäle der UNESCO kommuniziert. Diese bildungsdiplomatischen und entwicklungspolitischen Initiativen steuerten am Ende des Jahrzehnts auf eine besonders symbolische Kampagne zu – die Ernennung des Jahres 1970 zum „International Education Year" (IEY) durch die Vereinten Nationen.

Den Hintergrund des IEY bildete die weithin geteilte Einsicht in ein tiefreichendes Problem. Im Jahr 1967 konzipierte Philip H. Coombs, Leiter des

International Institute for Educational Planning der UNESCO und ein der Systemanalyse zugewandter Bildungsökonom, eine Konferenz zur Krise des globalen Bildungswesens. In seinem daraufhin veröffentlichten Buch *The World Educational Crisis* von 1968 widmete sich Coombs auch der Frage nach den räumlichen Voraussetzungen des Lernens. Er handelte diese Frage bezeichnenderweise nicht unter dem Oberbegriff der *Architektur*, sondern unter dem – hier sehr weit gefassten – der *Technologie* ab. Ein „völlig neues, integriertes System des Lehrens und Lernens" bedürfe nicht allein moderner Lernmaschinen oder genormter Fertigbauten, sondern müsse vor allem flexibel und zukunftsoffen sein. „Es geht darum, Bauten zu entwerfen, die den Lernprozess fördern und Innovationen begünstigen, anstatt sie zu hemmen."[21]

Indem er Bildung als Aufgabenfeld einer generellen Systemanalyse begriff, war Coombs bis zu einem gewissen Grad in der Lage, die bildungsökonomische Dimension des kapitalistischen „Weltsystems" (Immanuel Wallerstein) zu erfassen. Freilich muss sein Technologiebegriff als Instrument einer typisch technokratischen Überformung der Wirklichkeit verstanden werden. Aber er machte es möglich, die vielfältigen infrastrukturellen Einbettungen des Lernens in ein sich rasant veränderndes Umfeld zu thematisieren.

Die zentrale Bedeutung der Raumfrage für diesen systemtheoretisch angelegten *infrastructural turn* zeigte sich in einer Ausgabe der UNESCO-Zeitschrift *Prospects* mit dem Schwerpunktthema „Architecture and Educational Space" von 1972. Die Beiträger:innen des Dossiers waren sich weitgehend einig, dass die Architektur der Nachkriegsmoderne an einen Punkt gelangt war, an dem die vermeintlich effizienten Raumprogramme der Raster und Zellen in Schnellbauweise an den aktuellen Bedürfnislagen vorbeizielten. John Beynon, Leiter der Schulbausektion des Department of Educational Planning and Financing der UNESCO, forderte mit Blick auf den globalen Süden Gemeindezentren für die ganze Bevölkerung eines Ortes oder einer Nachbarschaft. Errichtet mit lokalen Materialien und Methoden, unabhängig von importierter Industrieware, könnten diese Zentren als solche zu „fullscale learning aids" werden, an deren Planung und Bau alle teilhätten.[22] Die schwedische Bildungspolitikerin Birgit Rodhe sekundierte mit der Vision einer Öffnung der Raumangebote, wie sie im skandinavischen Schulbau im

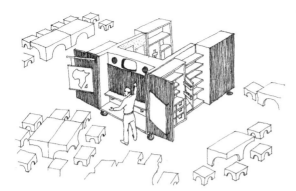

Inneren der Architekturen zu diesem Zeitpunkt schon vielerorts realisiert war, in Richtung auf das gesellschaftliche Außen.[23] „Je mehr sich die Schule dem sie umgebenden Einzugsgebiet öffnet", argumentierte die Schulbauexpertin Margrit Kennedy in einem Report über die *Schule als Gemeindezentrum* für das Berliner Schulbauinstitut der Länder, „um so spezifischer und den besonderen Voraussetzungen um so angepasster" müssten die Lösungen ausfallen.[24] Solche Öffnungen konnten oder sollten aber noch weiter gehen, bis zum weitgehenden Verschwinden des Schulhauses. Mit dem Mobile Teaching Package (MTP) der Architekten Pierre Bussat und Kamal El Jack wird in einem weiteren Text der *Prospects*-Ausgabe von 1972 ein Konzept für eine nomadische Lerneinheit vorgestellt (Abb. 6). Entwickelt im Zusammenhang des von der UNESCO finanzierten Regional Educational Building Institute for Africa (REBIA) in Khartum, Sudan, galt diese Studie als Auftakt zur Produktion minimalistischer Unterrichtsmöbel und Lehrmittel. Unter den klimatischen Bedingungen Afrikas sollten sie helfen, den Aufenthalt im Inneren eines Schulgebäudes zu reduzieren, sowie anschlussfähig an andere Versorgungsleistungen sein.[25] Dass die entwicklungspolitischen Kategorien der UNESCO, dem Grundsatz „Bildung für alle" aus der Charta der Vereinten Nationen verpflichtet, ein delikates Beziehungsgeflecht von Gebenden und Nehmenden, Zentrum und Peripherie, Reich und Arm regulierten, daran ließen aber auch die progressiveren Modelle und Entwürfe keinen Zweifel.

1968 und die politische Ökonomie des Raums

Zwar würdigt das sich wiederholende Gedenken an „1968" die Komplexität und Internationalität dieser Zeitenwende auch in Bezug zur Architektur und zu ihrem Selbstverständnis immer detailreicher.[26] Ausstellungen und Publikationen der vergangenen Jahre brachten etwa den Brutalismus der damaligen Bauwerke in Erinnerung, und mit ihm eine Reihe von Schul- und Hochschulprojekten dieser Ära. So wurde Beton als materielle und ästhetische Chiffre einer Epoche erkennbar.[27] Darüber hinaus gibt es verdienstvolle, teilweise geografisch ausgreifende Studien und Anthologien zum Schulbau, zur Universitätsarchitektur und zur Campus-Planung der 1960er- und 1970er-Jahre.[28] Was aber würde es bedeuten, die massive Expansion des Bildungsbereichs und seiner Infrastrukturen in den 1960er- und 1970er-Jahren ebenso wie die Widerstände und Gegenentwürfe, die sie hervorrief, im internationalen Zusammenhang einer Auseinandersetzung über Lernen, Politik und Architektur zu untersuchen, in der Bildung als ein Komplex der gesellschaftlichen Produktion von Raum und Subjektivität erkennbar wird?

Mit dem Begriff der „politischen Ökonomie des Raumes" kennzeichnete der marxistische Philosoph und Stadttheoretiker Henri Lefebvre um 1970 eine Verschiebung von der Produktion von Dingen *im* Raum hin zur Produktion *von* Raum.[29] Lefebvre war 1965 an die Universität von Nanterre, einem Satelliten der Sorbonne in einem Vorort im Westen von Paris, berufen worden. Dort fand er sich auf einem modernistischen Campus nach amerikanischem Vorbild wieder, in Sichtweite von Sozialwohnungsbauten und in unmittelbarer Nachbarschaft einer *bidonville*. In dem Elendsviertel waren Einwander:innen aus Algerien und anderen ehemaligen Kolonien Frankreichs untergekommen. Das von der Stadt, aber auch von dem Slumgebiet abgeschirmte Leben der etwa 13 000 Studierenden und Lehrenden der Sozial- und Rechtswissenschaften führte innerhalb der Universität zu heftigen Diskussionen über den Rassismus und die Segregation der französischen Gesellschaft – und nicht zuletzt ihres Bildungswesens. Hier konstituierte sich die Bewegung des 22. März, eine nach dem Prinzip der Selbstorganisation agierende pluralistische Keimzelle des französischen Mai '68.

Lefebvre reagierte schon im Sommer 1968 mit dem langen Essay-Pamphlet „L'Irruption de Nanterre au sommet".[30] Er bestimmte den Campus von Nanterre als „Heterotopie", als im Außen, an der Peripherie lokalisiertes Gegenlager zu der von der Polis *(cité)* zu erwartenden „Utopie". Die geografische Randlage der Universität und der soziale Ausschluss der Bewohner:innen der umliegenden Slums brachte die Widersprüche der kapitalistischen Ordnung von Wissen, Arbeit und Wohnen scharf zum Ausdruck. Die greifbaren Auswirkungen der herrschenden politischen Ökonomie des Raumes führten aber auch dazu, dass sich die Studierenden der Dialektik der Gesamtsituation bewusst wurden. Nicht nur erkannten sie, dass der vermeintlich moderne, unter der Leitung des Büros von Jean-Paul und Jacques Chauliat errichtete Campus bereits ein Anachronismus war (dafür mussten sie die in der Architektur und Planung versinnbildlichte fordistische Logik nur zu den Prozessen der Deindustrialisierung in Beziehung setzen, wie sie in Paris längst zu beobachten waren). Zudem erlebten sie die eigene soziale Realität in dem abseits gelegenen Universitätsgelände als Vorgriff auf eine kommende, andere Gesellschaft.[31] Lefebvre sprach von der „Leere" einer funktionalistischen Baukultur und Pädagogik, in der eine paradoxe Gemeinschaft entstehen konnte, die sich in ihrer räumlich-geografischen Exzentrizität auf die Utopien der Urbanität und der Revolution hin entwarf: „Intensiver als anderswo lebte man an diesem Ort zugleich im Realen (seinem Elend) wie im Imaginären (der Herrlichkeit der Geschichte und der Welt!), was nicht wenig zur Zersetzung der Kultur, des Wissens und der Institution beitrug."[32]

Wie in einem Prisma zerlegte Lefebvres dialektischer Blick die Situation und machte sie in ihrer Widersprüchlichkeit und Vieldimensionalität lesbar. Das modernistisch-koloniale Projekt eines westeuropäischen Staates, der sich nach dem Zweiten Weltkrieg mit dem Verlust seiner imperialen Macht ebenso arrangieren musste wie mit den wachsenden Zweifeln an einer von Obrigkeitsdenken und Konformitätsdruck geprägten Gesellschaft, geriet in den 1960er-Jahren in eine tiefe Krise. Das beispielhafte Nebeneinander von Studierenden aus der französischen Provinz und Arbeiter:innen aus den ehemaligen Kolonien in dem Pariser Vorort; die Spannung zwischen

Zentrum und Peripherie; die Fragwürdigkeit traditioneller, hierarchisch geprägter Formen des Lernens und Lehrens in Zeiten eines strukturellen Umbaus des Kapitalismus zur „postindustriellen Gesellschaft" (zu der auch und gerade in Nanterre erste soziologische Theorien vorgelegt wurden) – dies sind Elemente einer kritischen Konstellation, die nahelegt, dass Lefebvres politische Ökonomie des Raums auch eine politische Ökonomie der Bildung beinhaltet.

Der Campus von Nanterre, wie die *bidonville* errichtet auf einem ehemaligen Gelände des Verteidigungsministeriums, war eine ideologische und territoriale Behauptung des französischen Staates. Die Studierenden, unter ihnen zu schlagartiger Prominenz geratene Figuren wie Daniel Cohn-Bendit und Jean-Pierre Dutuit, reagierten darauf in den Monaten vor dem Mai 1968 mit unvorhergesehenen Nutzungen und Aneignungen, wie der Besetzung des Verwaltungsgebäudes am 22. März.[33] Die Bilder und Dokumente dieser Zeit vermitteln, wie der formale Raum des Lernens und Lehrens umgedeutet, wie in ihm Platz für ungenehmigte Versammlungen, informelle Pädagogiken und autonome Wissenspraktiken geschaffen wurde. Selbstermächtigung und Autonomie wurden nicht nur gegen die hierarchische Ordnung des französischen Universitätsbetriebs, sondern auch gegen den Beton-Modernismus der Campusarchitektur erstritten.

Schule, Migration und soziale Ungleichheit

Diese performativen Inbesitznahmen des Raums freilich produzierten ihrerseits Ausschlüsse. Trotz antiimperialistischer Gesten der Solidarität mit Vietnam oder dem Engagement bei Arbeitskämpfen in den Industriebetrieben des Landes – der Blick auf den an den Campus grenzenden Slum führte nicht automatisch zur Solidarisierung mit den Anliegen derjenigen, die dort lebten. Dabei wurden, wie etwa in Berlin oder Trient zur gleichen Zeit, die Möglichkeiten einer „kritischen Universität" erörtert, bis hin zur immer wieder erhobenen Forderung, das akademische Getto zu verlassen, um den politischen Kampf außerhalb der Universität aufzunehmen.[34]

Hier mag sich den Beteiligten die Frage nach Geografie und Architektur der Trennungen innerhalb der Gesellschaft und ihrer Bildungsinstitutionen gestellt haben; die Frage nach dem Zusammenhang zwischen Schule und Rassismus – wie er sich auch und gerade in der Territorialität, also der räumlichen Verteilung und Anordnung der Zugänge zu (und der Ausschlüsse von) Bildung manifestiert – aber wohl weniger. Dabei machten sich in Westeuropa die geopolitischen Veränderungen des Kalten Krieges, die Folgen der Dekolonisierung und die sich globalisierende Wirtschaft auch in neuen Einwanderungswellen bemerkbar. In Frankreich oder Großbritannien war eine „multikulturelle" Gesellschaft im Entstehen, und mit ihr die „multi-racial school".[35] Das – aus staatlicher und mehrheitsgesellschaftlicher Sicht – schwer zu kontrollierende Konfliktpotenzial dieser geopolitischen und migrationshistorischen Entwicklungen betraf die Realität in den Schulen und Universitäten unmittelbar. Aber erst in den 1970er-Jahren wurde die veränderte demografische, soziale und kulturelle Lage – von manchen als „Herausforderung" dramatisiert[36] – pädagogisch und planerisch in ihrer Tragweite langsam ernster genommen, konnten die Kämpfe und Forderungen der Migrant:innen nicht mehr einfach wegignoriert werden.[37]

In der Bundesrepublik Deutschland war 1955 mit Italien das erste binationale Anwerbeabkommen für Arbeitsmigrant:innen abgeschlossen worden (weitere mit Spanien, Griechenland, der Türkei, Marokko, Südkorea, Portugal, Tunesien und Jugoslawien sollten bis 1968 folgen). Als Ende der 1960er-Jahre eine Rezession den Bedarf an „Gastarbeit" verringerte und die Ölpreiskrise von 1973 zu einem sofortigen Anwerbestopp führte, waren bereits so viele Migrant:innenfamilien im Land, dass neben Sprachunterricht und Weiterbildungsangeboten für Erwachsene die Beschulung der Kinder zu einer Aufgabe wurde, auf die das Bildungssystem kaum vorbereitet war – auch räumlich nicht.

Die Entsendeländer betrieben teilweise eigene Schulen und bestellten Lehrkräfte für den Unterricht in der jeweiligen Nationalsprache.[38] Da für die Kinder aber Schulpflicht nach deutschem Recht galt, mussten sie zudem in die Vorschuleinrichtungen, Schulen, Lehrpläne und Klassenverbände „integriert" werden (auch wenn die Behörden um 1970 noch von etwa 25 Prozent der

Abb. 7: Themenheft der westdeutschen Zeitschrift *betrifft: erziehung*, 1973

schulpflichtigen Kinder in der Bundesrepublik ausgingen, die keine Schule besuchten).[39]

Es gibt bislang nur ansatzweise Studien dazu, wie sich diese Integration in den einzelnen Schulen und landesweit vollzogen hat, wie und wo der zusätzlich notwendige Unterricht stattfand, ob und wenn ja, wie die Planer:innen und Architekt:innen auf die veränderten Anforderungen (Vorbereitungsklassen, Sprachunterricht, Entwurf und Einrichtung eigener Schulen der migrantischen Gemeinschaften usw.) reagiert haben.[40] Im Jahr 1977 sah sich der Erziehungswissenschaftler Franz Hamburger jedenfalls noch dazu veranlasst, von der „offenen Segregationspolitik" der westdeutschen Kultusministerkonferenz zu sprechen, in deren Beschlüssen auch die Lösung des „Problems" der Förderklassen durch Abschiebung der Kinder von Arbeitsmigrant:innen in „Sonderschulen" erwogen wurde.[41]

Der Titel eines Themenschwerpunkts zu „Gastarbeiterkindern" in der linken pädagogischen Zeitschrift *betrifft: erziehung* von 1973 konstatierte: „Integration ohne Gleichheit" (Abb. 7). Die Lehrer:innen mussten sich auf den

Unterricht im Klassenzimmer beschränken; ihnen war es verwehrt, die ausländischen Kinder außerhalb der Regelschulzeiten zu fördern. Angemessene räumliche Bedingungen für den erfolgreichen und angemessenen Unterricht gab es weder in den Schulgebäuden, noch reichten der den Familien statistisch zur Verfügung stehende Wohnraum und damit auch die Rückzugsmöglichkeiten der Kinder aus, um erfolgreich lernen zu können. Die Rede von der „pädagogischen Provinz" erklärt die Schule traditionell zu einem von anderen gesellschaftlichen Räumen abgeschirmten Bereich. Aber es besteht ein enger Zusammenhang von Schule und Wohnen, wie prinzipiell zwischen Bildungs- und Raumpolitik. Diesen Zusammenhang zu vernachlässigen bedeutet, die Gründe für die bis in die Gegenwart andauernde Segregation zu verkennen – die ungleiche Verteilung von Bevölkerungsgruppen über das Stadtgebiet, aber auch die ungleiche Verteilung von Ressourcen und Chancen, wie sie durch den Ausnahmezustand von geschlossenen Schulen und computergestütztem „home schooling" während der Covid-19-Pandemie weltweit offenkundig wurde.

Medien der Demokratie

Inwiefern haben Überlegungen zu den räumlich-sozialen Bedingungen von Bildung, die sich im Zuge der demografischen Veränderungen von Gesellschaften ergeben, wie sie etwa durch Migration verursacht und ermöglicht werden, mit der Frage nach der Medialität von Architektur(en) zu tun? Ausgehend von einem Architekturverständnis, das *spatial agency*, also räumliche Wirksamkeit und Handlungsmacht ins Zentrum stellt, wird der Zusammenhang deutlicher. Wenn Schulgebäude oder ein Universitätscampus als Bestandteile einer räumlich-sozialen Infrastruktur betrachtet werden, die weit über ihre Bestandteile hinausweist und durch sie hindurch operiert, dann zeigen sich überall Schnittstellen, Kontaktpunkte, Interferenzen und Interdependenzen. Jede Isolierung des Sozialraums „Schule" von anderen Orten und Prozessen der Gesellschaft erweist sich dann als arbiträr. Die Situation von Schüler:innen mit Migrationserfahrung verlangte nach pädagogischen, aber zudem nach räumlichen Antworten, gerade weil sich hier auch Erfahrungs- und Sprachräume erweiterten. Denn zur Expansion des Bildungsbereichs und seiner Einrichtungen kam die Zunahme der zu berücksichtigenden Biografien. Der ideologische Staatsapparat der Schule gliederte die Kinder in den Betrieb des Lernens ein und griff dafür auf Formen und Protokolle der Vermittlung und Einübung zurück ("Förderklassen"), die sich oft als unzureichend erwiesen haben und statt der behaupteten (und ihrerseits fragwürdigen) "Integration" eher weitere Ausschlüsse produzierten. Die neu errichteten Schulgebäude der 1960er- und 1970er-Jahre waren zwar auf "Offenheit" programmiert, aber in der Planungsphase wurde die Bedürfnislage ausländischer Schüler:innen kaum oder gar nicht berücksichtigt, auch dort so gut wie nie, wo das Modell der Ganztagsschule versprach, zwischen Wohn- und Schulraum zu vermitteln. Ganz zu schweigen von der Raumsituation in den älteren Schulbauten. Zwar setzten die nationalen Bildungssysteme nicht nur der westlichen Wohlfahrtsstaaten auf Wachstum und Ausdehnung, um die Bevölkerung in größerem Umfang an ihren Angeboten partizipieren zu lassen – sowohl in Hinblick auf die Überwindung sozialer Segmentierung wie auf die Aufforderung zur lebenslangen Weiterbildung. Aber diese Expansion, die von der Wirtschaft und staatlichen Planungsstellen ausging, verlief in ihren bildungs- und sozialpolitischen Konsequenzen planlos und war völlig unzureichend vermittelt.

Die "Willkommensklassen" der Gegenwart setzen das Prinzip der "Förderklassen" aus den 1970er- und 1980er-Jahren fort, wobei die räumliche, personelle, technische und curriculare Infrastruktur an den von solcher Terminologie bezeichneten Ansprüchen bis heute an diesen scheitert. Die "mediale" Funktion jeder Bildungseinrichtung und ihrer Architekturen, die in ihnen (und bisweilen auch gegen sie) lernenden Individuen zu befähigen, ihren Beitrag zum Sozialprodukt und zum Gemeinwesen zu leisten, ist damit auch politisch aufzufassen. Am Raumangebot und an der *agency* der Nutzer:innen eines solchen Angebots entscheidet sich weit mehr als der sogenannte Bildungserfolg. Sie sind Möglichkeitsbedingungen von Teilhabe – und damit Medien der Demokratie. In seiner ersten Regierungserklärung von 1969 stellte Bundeskanzler Willy Brandt (SPD) die Bedeutung der Bildungsplanung heraus, die mit dafür sorgen müsse, „die soziale Demokratie zu verwirklichen".[42] Bei allen technokratischen und ökonomischen Interessen waren viele Bauprogramme und Infrastrukturprojekte der Bildungssysteme der 1960er- und 1970er-Jahre zumindest in Spurenelementen von einer solchen Überzeugung getragen. Für einen kurzen historischen Moment konnte die Vermittlung von Bildung und Demokratie als staatliche (Bau-)Aufgabe verstanden werden.

Anmerkungen

1   Vgl. Paulo Freire: „Politische Alphabetisierung.
     Einführung ins Konzept einer humanisierenden
     Bildung", in: *Lutherische Monatshefte* 11, 1970,
     S. 578–583.

2   Zu Letzteren zählen unter anderem Urmila Eulie
     Chowdhury, Milica Krstić, Jane Drew, Maria do
     Carmo Matos, Mary Medd, Lucy Hillebrand, Ruth
     Golan, Sibylle Kriesche, Leonie Rothbarth, Guiti
     Afrouz Kardan und Zohreh Ghara Gosloo. Sie alle
     und weitere ungenannte Architektinnen weltweit
     waren ebenso an der Planung und Produktion edu-
     kativer Räume beteiligt wie ihre, im doppelten Wort-
     sinn, ungleich prominenteren männlichen Kollegen,
     darunter Hans Scharoun, Pier Luigi Nervi, Giancarlo
     De Carlo, Vittorio Gregotti, Herman Hertzberger,
     Maxwell Fry, Arthur Erickson, Arieh Sharon, Oscar
     Niemeyer, Alfred Roth, Walter Gropius, João
     Batista Vilanova Artigas, Balkrishna Doshi, Achyut
     Kanvinde, Günter Behnisch, Ludwig Leo, Thomas
     Vreeland, Cedric Price, John Bancroft, James
     Stirling, Norman Foster oder Jean Nouvel.

3   Zu diesen wie weiteren Beispielen vgl. Tom Holert
     (Hg.): *Bildungsschock. Lernen, Politik und Architek-
     tur in den 1960er und 1970er Jahren*. Berlin/Boston
     2020. Der hier vorliegende Aufsatz kondensiert und
     erweitert den einleitenden Essay in diesem Band.

4   Dieses Bausystem wurde für die in den 1970er-
     Jahren gegründeten Gesamthochschulen in Essen,
     Paderborn, Wuppertal und Siegen eingesetzt – vgl.
     Sonja Hnilica: „Universitätsbau in der BRD und das
     Vertrauen in die Technik", in: *Wolkenkuckucksheim.
     Internationale Zeitschrift zur Theorie der Architektur*
     19, 33/2014, S. 211–133.

5   Kathrin Peters: „50 Jahre Hochschulbausysteme",
     in: *Zeitschrift für Medienwissenschaften* 16,
     1/2017, S. 172–177, hier S. 172.

6   Vgl. Paola Cagliari u. a. (Hg.): *Loris Malaguzzi and
     the Schools of Reggio Emilia. A Selection of His
     Writings and Speeches, 1945–1993*. London/New
     York 2016.

7   Vgl. z. B. Daniel R. Kenny, Ricardo Dumont und
     Ginger Kenney: *Mission and Place. Strengthening
     Learning and Community through Campus Design*.
     Westport 2005; Pamela Woolner (Hg.): *School
     Design Together*. London/New York 2015.

8   Für eine kompakte Einführung in Foucaults bil-
     dungstheoretische Konzepte vgl. Astrid Messer-
     schmidt: „Michel Foucault (1926–1984). Den
     Befreiungen misstrauen – Foucaults Rekonstruktio-
     nen moderner Macht und der Aufstieg kontrollierter
     Subjekte", in: Bernd Dollinger (Hg.), *Klassiker der
     Pädagogik. Die Bildung der modernen Gesellschaft*.
     Wiesbaden 2012, S. 289–310.

9   Vgl. Amy F. Ogata: „Educational Facilities Laborato-
     ries: Debating and Designing the Postwar American
     Schoolhouse", in: Kate Darian-Smith und Julie Willis
     (Hg.), *Designing Schools. Space, Place and Peda-
     gogy*. London/New York 2017, S. 55–67, hier
     S. 62–66.

10   Robert F. Eberle: „The Open Space School", in: *The
     Clearing House. A Journal of Educational Strategies*
     44, 1/1969, S. 23–28, hier S. 26.

11   Daniel J. Boorstin: *The Americans. The Democratic
     Experience*. New York 1973, S. 591.

12   Vgl. z. B. diesen frühen Versuch, die Wirkung des
     Sputnik-Schocks historisch zu relativieren: Frank G.
     Jennings: „It Didn't Start with Sputnik", in: *Saturday
     Review*, 16. September 1967, S. 77–79, 95–97.

13   Georg Picht: *Die deutsche Bildungskatastrophe.
     Analyse und Dokumentation*. Olten/Freiburg i. Br.
     1964; vgl. Sören Messinger: „Katastrophe und
     Reform. Georg Pichts bildungspolitische Interven-
     tionen", in: Robert Lorenz und Franz Walter (Hg.),
     1964 – das Jahr, mit dem „68" begann. Bielefeld
     2014, S. 247–258.

14   Vgl. die frühe, kritische Verwendung der Begriffe
     „Pädagogismus" und „Pädagogisierung" im Sinne
     einer Entgrenzung pädagogischer Zuständigkeit:
     Janpeter Kob: „Die Rollenproblematik des Lehrer-
     berufs", in: Peter Heintz (Hg.), *Soziologie der Schule*,
     4. Sonderheft der *Kölner Zeitschrift für Soziologie
     und Sozialpsychologie*, Köln/Opladen 1959, S. 91–
     107; Helmut Schelsky: *Anpassung oder Widerstand?
     Soziologische Bedenken zur Schulreform*. Heidelberg
     1961; zur neueren erziehungswissenschaftlichen
     Problematisierung des Begriffs im Zusammenhang
     einer Kritik der neoliberalen „Pädagogisierung" des
     Sozialen vgl. u. a. Paul Smeyers und Marc Depaepe
     (Hg.), *Educational Research. The Educationalization
     of Social Problems*. Dordrecht 2008.

15   Vgl. z. B. Raymond Aron: „The Education of the Citi-
     zen in Industrial Society", in: *Daedalus* 91, 2/1962,
     S. 249–263; Martin Keilhacker: *Erziehung und
     Bildung der Industriegesellschaft*. Stuttgart u. a.

1967; Friedrich Ruthel: *Bildung im Industriezeit-alter*. München 1970; Harold A. Linstone: „A University for the Postindustrial Society", in: *Technological Forecasting* 1, 1970, S. 263–281.

16 Louis Althusser: „Ideologie und ideologische Staats-apparate (Anmerkungen für eine Untersuchung)" (1970), übers. v. Peter Schöttler, in: ders.: *Ideologie und ideologische Staatsapparate. Aufsätze zur marxistischen Theorie*. Hamburg u. a. 1977, S. 108–153.

17 Ferdinand Budde und Hans Wolfram Theil: *Schulen. Handbuch für die Planung und Durchführung von Schulbauten*. München 1969, S. 6.

18 Vgl. Stephan Leibfried (Hg.): *Wider die Untertanen-fabrik. Handbuch zur Demokratisierung der Hochschule*. Köln 1967; André Gorz (Hg.): *Schule und Fabrik*, übers. v. Hans-Jürgen Heckler, Jeanne Poquelin und Heinz Westphal. Berlin 1972.

19 Annie Ernaux: *Die Jahre* (2008), übers. v. Sonja Finck. Berlin 2017, S. 107.

20 Vgl. z. B. Elke Beyer: „Building Institutions in Kabul in the 1960s. Sites, Spaces and Architectures of Development Cooperation", in: *The Journal of Architecture* 24, 5/2019, S. 604–630; Łukasz Stanek: „Architects from Socialist Countries in Ghana (1957–67): Modern Architecture and *Mondialisation*", in: *Journal of the Society of Architectural Historians* 74, 4/2015, S. 416–442; Inbal Ben-Asher Gitler: „Campus Architecture as Nation Building: Israeli Architect Arieh Sharon's Obafemi Awolowo University Campus, Ile-Ife, Nigeria", in: Duanfang Lu (Hg.), *Third World Modernism. Architecture, Development and Identity*. London/New York 2010, S. 113–140.

21 Philip H. Coombs: *Die Weltbildungskrise* (1968). Stuttgart 1969, S. 133.

22 John Beynon: „Accomodating the Education Revolution", in: *Prospects. Quarterly Review of Education* 2, 1/1972, S. 60–64, hier S. 60; vgl. Kim De Raedt: „Between ‚True Believers' and Operational Experts: UNESCO Architects and School Building in Post-Colonial Africa", in: *The Journal of Architecture* 19, 1/2014, S. 19–42.

23 Birgit Rodhe: „A Two-Way Open School", in: *Prospects. Quarterly Review of Education* 2, 1/1972, S. 88–99, hier S. 99 (vgl. auch die Übersetzung in: Holert 2020 (s. Anm. 3), S. 242–249, hier S. 249).

24 Margrit Kennedy: *Die Schule als Gemeinschafts-zentrum. Beispiele und Partizipationsmodelle aus den USA*. Berlin 1976, S. 7.

25 Richard Marshall: „The Mobile Teaching Package in Africa", in: *Prospects. Quarterly Review of Education* 2, 1/1972, S. 78–83; vgl. L. Garcia del Solar: *Report on the Activities of UNESCO's Regional Educational Building Institute for Africa (REBIA)*. Genf 1971.

26 Vgl. z. B. Beatriz Colomina u. a. (Hg.): *Radical Pedagogies*. Cambridge, MA 2022; Nina Gribat, Philipp Misselwitz und Matthias Görlich (Hg.): *Vergessene Schulen. Architekturlehre zwischen Reform und Revolte um 1968*. Leipzig 2017.

27 Vgl. z. B. Richard Hoppe-Sailer, Cornelia Jöchner und Frank Schmitz (Hg.): *Ruhr-Universität Bochum. Architekturvision der Nachkriegsmoderne*. Berlin 2015; Oliver Elser, Philip Kurz und Peter Cachola Schmal (Hg.): *SOS Brutalism. A Global Survey*. Zürich 2017.

28 Vgl. z. B. Stefan Muthesius: *The Postwar University. Utopianist Campus and College*. New Haven/London 2000; Catherine Burke und Ian Grosvenor: *School*. London 2008; Catherine Compain-Gajac (Hg.): *Les Campus universitaires. Architecture et urbanisme, histoire et sociologie, état des lieux et perspectives*. Perpignan 2014.

29 Vgl. Henri Lefebvre: „Les Institutions de la société ‚post-technologique'", in: *Espaces et sociétés* 5, 1972, S. 3–20, hier S. 5.

30 Tom McDonough: „Invisible Cities: Henri Lefebvre's *The Explosion*", in: *Artforum* 46, 9/2008, S. 314–321.

31 Vgl. Łukasz Stanek: *Henri Lefebvre on Space: Architecture, Urban Research, and the Production of Theory*, Minneapolis/London 2011, S. 188; ders.: „Lessons from Nanterre", in: *Log* 13/14, 2008, S. 59–67.

32 Henri Lefebvre: „L'Irruption de Nanterre au sommet", in: *L'Homme et la société* 8, 1968, S. 49–99, hier S. 81.

33 Vgl. „‚An Asylum for Delinquents'. The Space of Revolt at Nanterre", in: Ben Mercer, *Student Revolt in 1968. France, Italy and West Germany*. Cambridge 2019, S. 230–253.

34 Vgl. ebd., S. 270–276.

35 Vgl. zu Großbritannien Julia McNeal und Margaret Rogers (Hg.): *The Multi-Racial School. A Professional Perspective*. Harmondsworth 1971.

36 Vgl. z. B. Karl-Heinz Dickopp: *Erziehung ausländischer Kinder als pädagogische Herausforderung. Das Krefelder Modell*. Düsseldorf 1982.

37 Francis Blanchard: „The Education of Migrant
    Workers – Where Do We Stand? A World-Wide
    Overview of Migratory Movements", in: *Prospects.*
    Quarterly Review of Education 4, 3/1974, S. 348–
    356.

38 Vgl. z. B. Brian Van Wyck: „Guest Workers in the
    School? Turkish Teachers and the Production of
    Migrant Knowledge in West German Schools,
    1971–1989", in: *Geschichte und Gesellschaft* 43,
    3/2017, S. 466–491.

39 Hildegard Feidel-Mertz und Wilma Grossmann
    (Hg.): *Gettos in unseren Schulen? Materialien zum*
    Bildungsnotstand ausländischer Arbeiterkinder am
    Beispiel des Rhein-Main-Gebiets. Frankfurt a. M.
    1974, S. 16–17.

40 Für eine erste Bibliografie zur Diskussion in der Bun-
    desrepublik Deutschland bis 1987 vgl. Lutz-Rainer
    Reuter und Martin Dodenhoeft: *Arbeitsmigration*
    und gesellschaftliche Entwicklung. Eine Literatur-
    analyse zur Lebens- und Bildungssituation von
    Migranten und zu den gesellschaftlichen, politischen
    und rechtlichen Rahmenbedingungen der Auslän-
    derpolitik in der Bundesrepublik Deutschland.
    Wiesbaden 1988, S. 73–129.

41 Franz Hamburger: „Zur Schulsituation ausländi-
    scher Arbeiterkinder unter dem Gesichtspunkt von
    Integration und Differenzierung", in: *Die deutsche*
    Schule 69, 1977, S. 567–574, hier S. 571.

42 Willy Brandt: „Regierungserklärung vom 28. Okto-
    ber 1969", in: Karl-Rudolf Korte (Hg.), „*Das Wort*
    hat der Herr Bundeskanzler". Eine Analyse der
    großen Regierungserklärungen von Adenauer bis
    Schröder. Wiesbaden 2002, S. 354–381, hier
    S. 367.

Architektur als Medium der Vernetzung. Zur Geschichte des „Nutzers"

Christa Kamleithner

Der „Nutzer" ist heute allgegenwärtig. Als Kunde verschiedenster Dienste, Benutzerin von Verkehrsnetzen oder User digitaler Plattformen verwendet er oder sie Infrastrukturen, ohne über sie souverän zu verfügen. Über die Beschaffenheit dieser Infrastrukturen wissen Nutzerinnen und Nutzer meist wenig. Ihre Kenntnisse bleiben an der Oberfläche, über die sie mit Systemen interagieren, die sie nicht selbst geschaffen haben. Zugleich eröffnen sich ihnen neue Reichweiten und Wahlmöglichkeiten. Schenken wir Michel de Certeau Glauben, der dem „Benutzer" theoretische Würde verliehen hat, ist ohnehin jedweder Gebrauch kreativ. Certeaus Buch *Die Kunst des Handelns* (1980), das jeglichen Konsum als Akt der Interpretation und damit als produktive Tätigkeit verstand, wollte diesen „Helden des Alltags" der Anonymität der statistischen „Masse" entreißen: Er sollte kein Massenpartikel und kein Statist mehr sein, sondern zum Sprechen gebracht werden.[1] Demnach erhält der „Nutzer" sein Profil in der Verwendung von Infrastrukturen wie als Gegenüber der Sozialwissenschaften, die sich für seine Wahrnehmungen und Handhabungen interessieren – er ist, wie im Folgenden gezeigt werden soll, eine epistemische Figur, die durch neue Wissenspraktiken wie neue Technologien und Gebrauchsformen entstand. Als Certeau diese Figur zu Beginn der 1980er-Jahre ins Zentrum seiner Kulturtheorie stellte, war sie bereits in die Jahre gekommen. Seine Hommage bildete weniger den Anfang als vielmehr den Endpunkt einer Auseinandersetzung mit den „Bewohnern", „Planungsbetroffenen" bzw. „Nutzern" einer von neuen Infrastrukturen und Maßstäben geprägten städtischen „Umwelt", wie sie Soziologinnen, Architekten, Regionalplanerinnen und Kommunalpolitiker seit den 1950er-Jahren führten. Wie Kenny Cupers festgestellt hat, war die Figur des „Nutzers" ein „historisches Konstrukt" wie ein „Agent des Wandels";[2] sie antwortete auf soziale, ökonomische und technische Umbrüche und trieb diese voran. Cupers hat dabei vor allem die Geschichte des staatlich regulierten Massenkonsums, respektive des Massenwohnungsbaus, im Auge. Für ihn wie für Adrian Forty ist der „Nutzer" jemand, der einen öffentlichen Service nutzt und deshalb in den Blick des Wohlfahrtsstaats gerät.[3] Mit dem Ende des Wohlfahrtsstaats verlor der Begriff dann auch an Bedeutung, so die Einschätzung Fortys, was aber nicht heißt, dass er verschwunden wäre – er wurde lediglich zu einem scheinbar

neutralen Begriff. Just in die Zeit des neoliberalen Umbaus des Wohlfahrtsstaats fiel zudem der Aufstieg einer verwandten, uns heute ebenso vertrauten Spezies: Mit der massenhaften Verbreitung von PCs in den 1980er-Jahren
kam der „User" ins Gespräch.[4] Beide Figuren operieren an den Grenzen der
Massengesellschaft; sie sind Phänomene der großen Zahl, zugleich wohnt ihnen ein Individualitätsversprechen inne. Dieses Moment der Individualisierung steht hier im Fokus, weshalb der Begriff „Nutzer" von älteren, scheinbar
auf ähnliche Sachverhalte zielenden Begriffen – etwa dem des „Bedürfnisses" –
klar abgesetzt wird. Spätestens Ende der 1960er-Jahre war mit dem „Nutzer"
jedenfalls kein generisches Subjekt mehr gemeint, sondern spezifische soziale
Gruppen, ja Individuen und ihre konkreten Praktiken der Aneignung (ohne
dass deshalb auch schon von einer „Nutzerin" die Rede gewesen wäre).[5]
Besonders sichtbar wird dieses Moment auf der Ebene der Stadtentwicklung. Der „Nutzer" ist, und darum soll es im Folgenden gehen, Produkt einer
technischen wie sozialen Vernetzung, die Wahlfreiheit erlaubt und eine aktive Aneignung der Umwelt ermöglicht oder auch erfordert. Architektur – als
Infrastruktur wie als Experimentierfeld – spielte dabei eine wichtige Rolle:
Zeitgleich zur Entdeckung der Sozialwissenschaften, dass Stadtbewohnerin-
nen und -bewohner individuelle Beziehungsnetze knüpfen, entwarfen Archi-
tekturutopien Städte als flexibel nutzbare Infrastrukturen; und während
Verkehrsnetze ausgebaut und die Städte für den Konsum durch Ortsfremde
geöffnet wurden, imaginierten Experimentalarchitekturen und Architekturtheorie vernetzte „Nutzer", die Architektur als „Medium" zur Ausbildung je eigener Umwelten nutzten. Der folgende Essay versammelt einige
Stationen der Genese dieser postindustriellen Figur, um die Versprechen he-
rauszuarbeiten, die mit ihr verbunden waren, ebenso wie die mit ihr einhergehenden Leerstellen und Ausschlüsse.

Interviews und Netze

Im Architektur- und Städtebaudiskurs der 1920er- und 1930er-Jahre war von
„Nutzern" oder gar „Nutzerinnen" nicht die Rede. Die Congrès Internationaux

d'Architecture Moderne (CIAM) ordneten universell verstandene „Funktionen"; ihr Blick auf die Stadt war ein statistischer, er richtete sich auf die Bevölkerung, auf „Wohnen", „Arbeiten" und „Erholung", wie es hieß, nicht aber auf den „Nutzer" als individuierbare ansprechbare Person.[6] Und wenn Walter Gropius oder Sigfried Giedion mehr über – ebenso universell verstandene – „Bedürfnisse" wissen wollten, fragten sie ihresgleichen. Zur Vorbereitung des zweiten CIAM-Kongresses 1929 etwa, der sich der „Wohnung für das Existenzminimum" widmete, verschickten sie Fragebögen an die Kongressdelegierten, auf die diese selbst oder weitere Experten antworten sollten.[7]

Ab den 1940er-Jahren entstand, zunächst im sozialdemokratischen Schweden, eine „Bedürfnisforschung", die sich für die Bedürftigen selbst interessierte. Auch in Frankreich liefen in dieser Zeit Bewohnerbefragungen an, und Anfang der 1950er-Jahre startete der Soziologe Paul-Henry Chombart de Lauwe dann seine berühmten Großstadtstudien.[8] Nachbarschaftskontakte waren dabei ein wichtiges Thema, schließlich versuchten Städtebauerinnen und Städtebauer weltweit, Städte in abgegrenzte Nachbarschaften zu gliedern und stabile sozialräumliche Einheiten herzustellen. Mit diesen Befragungen verband sich, so David Kuchenbuch, ein erzieherisches Interesse: Sie sollten die bestehenden Stadtkonzepte transportieren und legitimieren, bis das neue Mittel der Befragung diese Konzepte dann allerdings ins Wanken brachte.[9] In der Bundesrepublik Deutschland passierte dies an der Sozialforschungsstelle Dortmund, wo mithilfe US-amerikanischer Mittel und Expertise um 1950 eine empirische Sozialforschung anlief, die auf Interviews und teilnehmende Beobachtung setzte.[10] Bis die Forschungsergebnisse Wirkung zeigten, sollte es jedoch dauern, denn die ehemaligen NS-Volkstumsforscher und Bevölkerungswissenschaftlerinnen, die an der Forschungsstelle arbeiteten, gewöhnten sich nur langsam an komplexere gesellschaftliche Verhältnisse, die sich nicht mehr in eine hierarchische sozialräumliche Struktur bannen ließen.

Wie hartnäckig deutsche Experten die Konzepte der „funktionalen Stadt" und der „Nachbarschaft" vertraten, zeigt die Internationale Bauausstellung 1957 in Berlin, kurz Interbau, mit der auf den Trümmern des Hansaviertels eine durchgrünte Stadtlandschaft entstand. Die dort zu sehende Sonderausstellung „die stadt von morgen" – für schwedische Städtebauer schlicht eine „Stadt von Gestern"[11] – versuchte, die Schlüsselkonzepte des modernen Städtebaus publikumswirksam zu vermitteln. Fotos von auf der Straße spielenden Kindern – für die junge CIAM-Generation längst Bilder eines lebendigen Stadtlebens[12] – und plakative Phrasen warnten vor den Gefahren der Großstadt, die in „Wohngruppen" und „Schulbereiche" zerlegt werden sollte. Sozialität wurde hier genau geplant und die verschiedenen Verkehrsarten sowie Wohnen und Arbeiten strikt getrennt.[13] Zwar probten Arbeitsgespräche im Vorfeld den öffentlichen Austausch – doch nur um die alten Konzepte zu bestätigen. Der darin involvierte Experte Gunther Ipsen, der die sozialstatistische Abteilung an der Sozialforschungsstelle Dortmund leitete und es besser hätte wissen können, trug sie mit.[14] Die Dortmunder Stelle beforschte städtische Dichteverhältnisse, Pendlerströme, Einzugsgebiete wie „Nachbarschaften". Vor allem die Forschung zu Letzterem, die mit dem Instrument der Befragung arbeitete, leitete, wenn auch nur langsam, ein Umdenken ein, insofern sie zeigte, dass es gerade die als problematisch angesehenen proletarischen Mietshausviertel waren, in denen enge soziale Kontakte bestanden, während die Bewohner und Bewohnerinnen der als Nachbarschaften angelegten Siedlungen meist weitgehend anonym blieben.[15] Insgesamt veränderten die Befragungen den Blick auf soziale Räume, machten sie doch selektive Beziehungsgeflechte sichtbar, die nicht mehr über definierte Bezugskreise gefasst werden konnten, in denen sich Kontakte statistisch häuften – vielmehr sei, so ein Mitarbeiter der Forschungsstelle 1958, *prinzipiell* vom Einzelindividuum bzw. von der Familie" und nicht von sozialräumlichen Einheiten auszugehen.[16] Kontakte waren damit nur noch als „Netzwerk von Beziehungen" beschreibbar.[17] Elisabeth Pfeil, die an den Dortmunder Studien mitgearbeitet hatte, fragte daher 1965: „Wie nimmt eine Großstadtfamilie den Stadtraum in Gebrauch?" – und antwortete mit sternförmigen Diagrammen, die von der einzelnen Wohnung unterschiedlich weit in den Stadtraum ausgriffen und über die Linienbreite zeigten, wie häufig Bekannte besucht oder in der City eingekauft wurde.[18] Während die Ausstellung „die stadt von morgen" ein Stadtmodell präsentierte, das von klar begrenzten sozialräumlichen Einheiten ausging, wurde

der soziale Raum in den 1960er-Jahren in soziologischen wie planerischen Konzepten individualisiert. Ansatzweise war dies auch bereits über die Gestaltung der Ausstellung geschehen: Besucherinnen und Besucher wurden mit Slogans wie „Der Bauherr Deiner Stadt bis Du!" adressiert, und einzelnen dieser Bauherrinnen begegnete man in Form überlebensgroßer Gesichter (Abb. 1). So wie zahlreiche von US-amerikanischen Institutionen unterstützte Ausstellungen der Zeit warb „die stadt von morgen" für demokratische Werte und westlichen Konsum – und bediente sich dafür einer Gestaltung, die jeden und jede Einzelne involvieren wollte.[19] Konterkariert wurden die Ausstellungsinhalte auch durch den Pavillon der Ausstellung, an dem Frei Otto und Günter Günschel mitgewirkt hatten: Das Raumfachwerk auf Stützen war nach allen Seiten offen und flexibel bespielbar. Ganz ähnlich sah Yona Friedmans über die nächsten Jahre in zahllosen Zeichnungen und Collagen entwickeltes Stadtmodell „Ville spatiale" aus (Abb. 2), das zu den Pionieren des damals beginnenden Booms architektonischer Zukunftsvisionen zählt. Diese Ähnlichkeit war kein Zufall: Friedman besuchte die Interbau, war mit Otto und Günschel befreundet und gründete mit ihnen und weiteren Gleichgesinnten 1958 die Groupe d'Études d'Architecture Mobile (GEAM), ein internationales Freundesnetzwerk, das aus den in Auflösung begriffenen CIAM

heraus entstand.[20] Die dort zuletzt wichtigen Themen der Mobilität und Ver-
änderbarkeit trieb die GEAM mit ihren Städte überspannenden Tragwerks-
entwürfen weiter, die als flexibel nutzbare Infrastrukturen einer mobilen,
individualisierten Gesellschaft gedacht waren. Der erste Text Friedmans, der
1957 in der *Bauwelt* erschien, war denn auch als Kritik am Stadtmodell der
Interbau zu verstehen, machte er doch aus der einzelnen Wohnung eine ad-
aptierbare Plattform für veränderliche Interessen und Beziehungsgeflechte,
womit er ihren „Verbraucher" radikal individualisierte.[21]
Zugleich traten Friedmans Stadtentwürfe zum „Kampf gegen die Langeweile"
an:[22] Um 1960, als von einem anbrechenden Zeitalter der Automation die Rede
war, öffnete sich ein neuer, erst zu füllender Zeitraum. Dies vor Augen sollten die Ausstellungsmacher der „stadt von morgen" für ein „selbstbestimmtes
Freizeittun" plädieren, das sie im Rahmen der Familie verorteten, in dem ge-
gärtnert, gehandwerkt und musiziert wurde.[23] Während die Freizeit hier ihren
definierten Ort hatte, zielten die Architekturvisionen der Avantgarde auf eine
umfassende Veränderung des sozialen Verhaltens. Insbesondere Constants
Stadtmodell *New Babylon* entwarf eine veritable Freizeitlandschaft – bevölkert
von der Spezies des Homo ludens, die mit nichts anderem beschäftigt war als der
Konstruktion von Atmosphären und dem Knüpfen sozialer Beziehungen.[24]

Friedman und Constant, deren Wege sich um 1960 kreuzten,[25] entwarfen Raumstrukturen, die nicht nur Städte, sondern ganze Regionen und Länder überspannten. Friedman skizzierte 1963 ein europäisches Städte-Netzwerk, und Constant überzog im selben Jahr Karten von Amsterdam, Rotterdam, Paris, München und Köln mit den Gittern seines *New Babylon,* dazu ganz Holland und das Ruhrgebiet (Abb. 3). Wie Cornelia Escher gezeigt hat, waren diese – meist als Utopien gehandelten – Entwürfe Teil der städtebaulichen Debatte, die sie mit Strukturmodellen belieferten; zum Teil reagierten sie auch auf konkrete Umbaudebatten.[26] Das Ruhrgebiet war ein wichtiger Resonanzraum der neuen Stadtideen. Eine Essener Galerie stellte 1960 die ersten Entwürfe Constants aus, ebenso wie die „Raumstadt" des vor Ort ansässigen GEAM-Mitglieds Eckhard Schulze-Fielietz, die zwei Jahre später auf der Essener Baufachmesse umgesetzt wurde. Das Tragsystem, das schon bei der Interbau Anwendung gefunden hatte, kam hier beim Hauptpavillon erneut zum Einsatz – jedoch nicht als Hülle, sondern als Inhalt der Ausstellung, in deren Zentrum die begehbare Struktur aus Treppen und Stegen stand.[27] 1962 beteiligte sich Schulze-Fielietz auch am Wettbewerb für die zukünftige Ruhr-Universität Bochum, dessen Beiträge ebenso Aussagen zur Zukunft der Stadt waren: Teppichstrukturen und Raumtragwerke, die auf Vernetzung und Kommunikation zielten, traten hier gegen funktional und in Nachbarschaften gegliederte Entwürfe an.[28] In vielfacher Weise war das Ruhrgebiet Schauplatz der Debatte über Stadt. Die Sozialforschungsstelle Dortmund veranstaltete in den 1950er-Jahren eine Reihe einschlägiger Tagungen,[29] und 1963 fand in Gelsenkirchen die als Wendepunkt der Städtebaugeschichte geltende Konferenz „Gesellschaft durch Dichte" statt – mitorganisiert vom GEAM-Mitglied Werner Ruhnau und mit Vorträgen von Günschel und Friedman im Programm. Bereits im Jahr zuvor hatten sich Lokalpolitiker bei einer Wanderausstellung mit den Kernideen der GEAM vertraut machen können.[30]

Auf der Gelsenkirchener Konferenz warben Günschel und Friedman für „Strukturen", die von ihren „Nutzer[n]" individuell verdichtet werden konnten

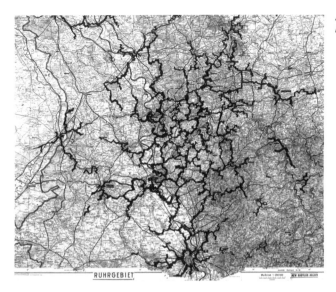

und bei denen die städtischen Funktionen „zum Bewohner" kamen und nicht umgekehrt.[31] Das war von Überlegungen, die aktive Planer zur Sprache brachten, gar nicht weit entfernt. So wurde auf der Konferenz darüber nachgedacht, das Ruhrgebiet bandartig zu verdichten, um so Vernetzung und Flexibilität zu ermöglichen und Kultur- und Bildungsinstitutionen gleichmäßig zu verteilen.[32] Ein Grund für diese – nicht zuletzt auf wirtschaftliche Restrukturierung zielenden – Pläne war das Zechensterben, das Ende der 1950er-Jahre begonnen hatte. Die Konzepte, die aus der Industrieregion einen vernetzten Stadtraum machen wollten, sollten die beruflichen Optionen der Bewohnerinnen und Bewohner vermehren; ebenso reagierten sie auf eine Lockerung der sozialen Netze, worauf der Schweizer Soziologe Lucius Burckhardt aufmerksam machte. Burckhardt brachte sein an der Sozialforschungsstelle Dortmund erworbenes Wissen auf der Konferenz ein: Stadt war für ihn das „Gelände", auf dem „sich der Städter einen geeigneten Wohnplatz sucht, von dem aus er wiederum auf dem ganzen Gelände seine Arbeitskraft anbietet und das Netz seiner freundschaftlichen Beziehungen aufbaut" – und eben dafür brauchte es entsprechende technische Netze.[33]

Weltweit wurde in den 1960er-Jahren in den industrialisierten Staaten über die Stadt als Netz nachgedacht. Die Metaphern des Netzes und des Netzwerks boomten angesichts neuer Kommunikationsmöglichkeiten – 1962 wurde der erste Satellit für globale Telefonie ins All geschickt, und J.C.R. Licklider legte ein Konzept für die weltweite Vernetzung von Computern vor –, und erstmals bedeuteten sie, so Erhard Schüttpelz, soziale Vernetzung und technische Infrastruktur zugleich.[34] In den Utopien der Architekturavantgarde standen die Netzstrukturen für eine Kommunikation zwischen sich vernetzenden Individuen, die elektronisch in ein Gesamtsystem eingespeist werden und so auf dieses rückwirken sollte – die Kybernetik und der Computer, auch oder gerade weil er im Alltag noch kaum anzutreffen war, beflügelten die architektonische Fantasie.[35] Gleichzeitig wuchsen die existierenden Städte entlang wichtiger Verkehrsachsen zusammen und bildeten weitläufige Agglomerationen aus.[36] Zusammengehalten wurden diese ganz realen Netzstädte durch den motorisierten Verkehr, dessen Aufkommen in den 1960er-Jahren exponentiell wuchs, genauso wie die Zahl der privaten Telefonanschlüsse.[37] Sichtbare wie unsichtbare Netze steigerten die individuelle Beweglichkeit, worauf die mit dem Planungsdiskurs in Verbindung stehenden Entwürfe der Avantgarde reagierten.

Wie ähnlich die Muster waren, die in diesen – meist getrennt wahrgenommenen – Diskursen verhandelt wurden, zeigt eine Karte des Raumplaners Gerhard Isbary, der Ende der 1960er-Jahre die in der BRD entlang von Autobahnen und Nahverkehrsnetzen entstandenen Verflechtungsräume herausarbeitete und so eine mit Constants *New Babylon* vergleichbare Netzstadt sichtbar werden ließ (Abb. 4). Den „Bürger" fasste er wie Constant und Friedman als Nomaden auf, der seinen Wohnsitz frei wählt und seinen Alltag individuell organisiert – weshalb er, so Isbary, immer mehr bloßer „Bewohner" sei, der mit Stadtpolitik nichts zu tun haben wolle und die Gemeinde als Dienstleistungsunternehmen verstehe.[38] Dass der Städter an Sesshaftigkeit und Autonomie eingebüßt hatte und fast nur noch „Teilnehmer" war, wurde auch auf einer Folgeveranstaltung der Konferenz „Gesellschaft durch Dichte" festgestellt. Immerhin war er, wie es dort hieß, „Veranlasser und Benutzer aller Bemühungen um die Großstadt".[39] Das Wort „Benutzer" traf den

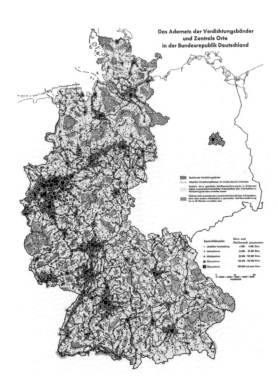

Das Adernetz der Verdichtungsbänder
und Zentrale Orte
in der Bundesrepublik Deutschland

Abb. 4: Gerhard Isbary,
Verdichtungsbänder und
Zentrale Orte in der BRD,
1969

Sachverhalt, dass in den 1960er-Jahren eine Vielzahl von Kommunen zusammengelegt und Städte in regionalen Zusammenhängen beplant wurden, womit sich die Distanz zwischen den Stadtverwaltungen und ihren Bürgern und Bürgerinnen vergrößerte. Die Verwaltungen fühlten sich zudem nicht länger bloß ihren „Bürgern" verpflichtet – vielmehr wollten sie die Städte für auswärtige „Benutzer" attraktiv machen.[40]
Megastrukturen entstanden daher nicht nur auf dem Papier: Neue Schnellstraßen- und Nahverkehrsnetze, die weit in die Region ausgriffen, öffneten die Städte für auswärtige „Benutzer" und erschlossen neue Konsum- und Kulturorte in den Zentren. Entsprechend hat der Architekturtheoretiker Reyner Banham in seinem Rückblick auf die Ära der „Megastruktur" nicht nur die einschlägigen Entwürfe aus Japan, Frankreich, Italien, England und

Österreich unter diesen Begriff subsumiert, sondern auch die hoch verdich-
teten neuen Geschäftszentren, bei denen Shoppingmalls, Kinos und Bürogebäude über Fußgängerplattformen und unterirdische Passagen mit U-Bahnen
und Stadtautobahnen verbunden waren. Banhams zentrales Beispiel war die
Innenstadt Montreals, wo Mitte der 1960er-Jahre nicht nur Hochhäuser in
den Himmel wuchsen, sondern mit dem Bau der U-Bahn eine ganze *underground city* entstand. Die im Jahr vor der Weltausstellung eröffnete Metro
erschloss dann auch die Expo 67, mit der das neue Modell einer verdichte-
ten und vernetzten Stadt in alle Welt transportiert wurde. Eines der zentralen Charakteristika dieses Modells war, dass Verkehrsräume nicht mehr nur
dem Durchfluss dienen sollten: Mit den Monorails, die Achterbahnen gleich
durch die Pavillons der Ausstellung kurvten, und den U-Bahnen, die in unterirdische Einkaufswelten übergingen, wurden diese Räume zu Orten eines
potenziell spielerischen Verhaltens.[41] Eine Voraussetzung dafür war die Planung reibungsloser Verkehrsflüsse, wie sie Computer nunmehr ermöglichten.
Teil der Weltausstellung war denn auch ein Kontrollraum, in dem IBMs neu-
ester Computer zu sehen war, ebenso wie die Bildschirme, über die Logistik
und Betrieb des Areals überwacht werden konnten.[42]

Just in diesem Moment, als sich die Vernetzungsmöglichkeiten vervielfachten und die Kontrolle des Verkehrs gewährleistet schien, begannen die zuvor so prägenden Netzstrukturen aus den Bildern der Avantgarde zu verschwinden. Umso sichtbarer wurden auf diesen Bildern die „Nutzer"[43] – sowie die Oberflächen, mit denen sie interagierten. Die Entwürfe zum *Palais Métro* in Montreal etwa, die François Dallegret 1967 gemeinsam mit Joseph Baker machte und die eine leere, durch die neue U-Bahn erschlossene Halle in ein Shopping- und Entertainmentspektakel verwandeln wollten, zeigten wenig mehr als Aufschriften, Projektionen und das tanzende Publikum (Abb. 5).[44] Dass Infrastrukturen ein zwischen „dem Menschen und seiner Umgebung" vermittelndes „Interface" brauchen, trat, folgt man Laurent Stalder, mit Projekten wie diesen ins Zentrum der architektonischen Aufmerksamkeit.[45]

Erlebnis und Revolte

1967 war ein Schlüsseljahr des „Nutzers", dessen Wahrnehmen und Erleben nun von Experimentalarchitektur wie Architekturtheorie entdeckt wurde. Pars pro toto kann dafür Hans Holleins in diesem Jahr verfasstes Manifest „Alles ist Architektur" stehen, das unter dem Eindruck der Expo wie ihres inoffiziellen Schutzheiligen Marshall McLuhan entstand. Architektur wird darin als Medium der „Umweltbestimmung" definiert, wobei Hollein die „Umwelt" vom wahrnehmenden Subjekt her dachte: Jetzt, da der Architektur keine technischen Beschränkungen mehr auferlegt seien, könne sie sich ganz auf die psychischen Wirkungen konzentrieren, die sie auf die menschlichen Sinne habe.[46] Genau in dieser Hinsicht war sie jedoch jüngst mit anderen Medien in Konkurrenz geraten – weshalb sie Banham beim International Dialogue of Experimental Architecture 1966 bereits zu Grabe getragen hatte.[47] Das Heim der Zukunft war für ihn, wie er gemeinsam mit Dallegret skizziert hatte, eine Multimedia-Station, die das Individuum beschallte und vernetzte und die nur noch mit einer Hülle vor Wind und Wetter geschützt werden musste.[48] Das Manifest Holleins, das Architektur als ein Medium unter anderen begriff und zugleich die „Umwelt als Gesamtheit" wie alle „Medien,

die sie bestimmen", in die architektonische Zuständigkeit rückte, antwortete eben darauf.[49]

Hollein selbst hatte seit Mitte der 1960er-Jahre mit dem Bildhauer Walter Pichler „Minimalumwelten" entworfen, die als Zeichnungen oder Prototypen in Kunsträumen zu sehen waren, und konnte 1969 sogar im österreichischen Fernsehen ein mobiles Büro präsentieren (Abb. 6). Die Plastikblase vermochte wenig, als Bild und Modell aber war sie schlagend, zeigte sie Hollein doch als internationalen Architekten, der seine Baustellen mithilfe dieser – vorerst nur mit Telefon und Reißbrett ausgestatteten – Schaltzentrale von überall aus in der Welt steuern konnte.[50] Wie Hollein im Rückblick feststellte, begannen mediale Bilder damals den Architekturdiskurs zu bestimmen.[51] Mit ihnen verständigte sich eine Szene, die sich über Zeitschriften, Galerien und Konferenzen international vernetzte, und mit ihnen wurden die dabei geprobten Lebensentwürfe einem größeren Publikum vorgestellt. Nach den Infrastrukturnetzen waren es medial aufgerüstete Helme und Blasen, Schnittstellen also, mit denen die jungen Architekten – vornehmlich Boygroups – aus England, Frankreich, den USA oder Österreich Bilder eines neuen, beweglicheren wie individuelleren Lebens entwarfen. Auch im Stadtraum traten diese Bilder in Erscheinung: So ploppte in Wien 1967 der *Ballon für Zwei* an einer Fassade auf; und im Juni 1968 blies dieselbe Gruppe, Haus-Rucker-Co, ihr *Gelbes Herz* auf, dessen „Benutzern" sie den Ausstieg aus der „reale[n] Umwelt" versprach.[52] All diese Pop-Architekturen waren Prototypen einer medialen Umwelt, die die Individuen vernetzte und ihnen zugleich erlaubte, die Umgebung an ihre Bedürfnisse anzupassen – so wie auch der „bio-adapter" oder „gluecksanzug", die kybernetische Wunscherfüllungsmaschine, über die Oswald Wiener beim berüchtigten Spektakel der Aktionisten kurz zuvor an der Wiener Universität referiert hatte.[53]

Die aufblasbaren Architekturen machten mediale Transformationen sichtbar, feierten und kritisierten sie. Über die mit Henri Lefebvre verknüpfte französische Groupe Utopie, die ihre *Structures Gonflables* 1968 in Paris ausstellte, waren sie auch mit der von der Universität Nanterre ausgehenden Revolte eng verbunden.[54] Ob die Plastikblasen tatsächlich revolutionär waren, war umstritten, jedenfalls probten sie eine Umkehrung des Verhältnisses von Subjekt und Umgebung: Architektur wurde mit ihnen zum Werkzeug, mit dem sich die Umwelt individuell regulieren ließ; sie umgab ihre „Nutzer" nicht länger ungefragt, sondern stellte sich in ihren Dienst. Eine neue Sensibilität wurde hier wirksam, so wie sich *1967*, folgt man Robert Stockhammer, auf ganz verschiedenen Feldern neue ästhetische Dispositionen bemerkbar machten.[55] Tatsächlich datiert eine Reihe ästhetisch revolutionärer Texte auf genau dieses Jahr: Roland Barthes' „Tod des Autors", der mit der „Geburt des Lesers" endet; ebenso Barthes' Vortrag am Institut für Architekturgeschichte in Neapel, der den „Benutzer der Stadt" als „Leser" deutete;[56] oder Lefebvres *Recht auf Stadt*, dessen Motive in Lefebvres berühmte Raumtheorie eingingen, die die Widersprüche zwischen dem Raum der „Planer" und dem der „Benutzer" in den Raumbegriff selbst einbezog.[57] Inspirationsquellen dafür waren empirische Studien zur individuellen Raumaneignung ebenso wie die architektonischen Visionen von Constant oder der Groupe Utopie, die eben diese Aneignung unterstützen wollten.[58]

Das Thema „Aneignung" war um 1970 in aller Munde: Architekten, Designer wie Pädagoginnen drängten auf eine Erziehung, die Wahrnehmung und Verständnis der Umwelt fördert und so die individuelle Handlungsfähigkeit stärkt.[59] Eine auffällige Rolle spielten dabei neue U-Bahnen, ganz reale Mega-strukturen also, die avantgardistische Projekte scheinbar geradezu heraus-forderten.[60] So begriff das Montrealer Projekt *Metro/Education* die U-Bahn als ein System, das die Zugänglichkeit erhöht, und die dadurch erschlossenen Geschäfte und Kinosäle als vielfach nutzbare Lernlandschaft.[61] Die U-Bahn wurde hier zum „Interface",[62] so wie bei einem Wiener Projekt, das in Reak-tion auf den U-Bahn-Bau vorschlug, das neue System über eine „Kontakt-zone" aus Lokalen, Geschäften und Tele-Informationssäulen als kulturelle Infrastruktur auszubauen.[63] Eine andere Gruppe wiederum richtete ein Café in einer Station ein und forderte die „Benützer" zur Mitgestaltung der neuen U-Bahn auf, um sich dann die unterirdischen Räume in exzessivem Spiel an-zueignen.[64] Beide Projekte fanden keine offizielle Anerkennung, doch tatsäch-lich startete nur wenig später eine tiefgreifende Transformation der Wiener Innenstadt. Victor Gruen, der gerade aus den USA remigriert war, wo er die Shoppingmall, das „Plattform-Prinzip", also zu Megastrukturen verdichtete *business districts,* und die Fußgängerzone erfunden hatte, wurde zur Koordi-nation des U-Bahn-, Auto- und Fußgängerverkehrs in Wien eingeladen, um so aus der Innenstadt eine bequem erreichbare Konsum- und Komfortzone zu machen.[65] Ende 1971 durfte dann auch die Avantgarde für die Einrichtung einer Fußgängerzone werben: *Coop Himmelblau* ließen die Passanten riesige Plastikblasen durch die Straßen rollen (Abb. 7), und *Haus-Rucker-Co* eröff-neten eine schwankende *Gehschule,* die die Wienerinnen und Wiener in die neue Welt des Erlebens einführte.[66]

Der Infrastrukturausbau der 1960er-Jahre erhöhte die Zugänglichkeit städ-tischer Räume wie die Möglichkeiten individuellen Konsums. Die Interven-tionen der Avantgarde buchstabierten diese Potenziale aus und halfen bei der Neuorientierung. Tatsächlich war auch eine ungeheure Orientierungsleis-tung notwendig, um sich in dem Raum zurechtzufinden, der mit den neuen Einkaufs-, Freizeit- und Bildungskomplexen, den ausgreifenden Verkehrssys-temen und den riesigen Großwohnsiedlungen entstanden war – ein Raum, der von technischen Netzen und selektiver sozialer Vernetzung bestimmt war und nicht mehr von Nachbarschaften. Wenn sich Politiker, Architekten und Sozialwissenschaftlerinnen daher um 1970 für die „Stadt als Erlebnisgegen-

Abb. 7: Coop Himmelblau,
Stadtfußball, Wien,
1971–1972

stand" interessierten, wollten sie wissen, wie es den „Benutzern" in dieser neuen „Umwelt" erging.[67] Kybernetik, Umweltpsychologie, Stadtsoziologie, Medientheorie und Semiotik befassten sich mit diesem Verhältnis, ebenso wie die Architekturtheorie, die sich gerade als akademische Disziplin zu etablieren begann. Die Universitäten boomten um 1970, als die Studierendenzahlen wuchsen und sich die Wissenschaften vervielfältigten, und Teil dieses Booms war die Herausbildung einer Disziplin Architekturtheorie.

1967 fand an der Technischen Universität Berlin ein internationaler Kongress zur Architekturtheorie statt, der nach Ausrichtung und Bezugsfeldern des in Veränderung befindlichen Wissensfeldes fragte.[68] Der Schweizer Kunsthistoriker André Corboz definierte sie dort als „Theorie der Umgebung" bzw. als „Theorie des Wirkungshorizonts";[69] und tatsächlich widmeten sich zahlreiche Beiträge der Frage des Erlebens und damit der Seite des „Nutzers". Der schon erwähnte Soziologe Burckhardt meinte, psychologische Untersuchungen hätten gezeigt, dass sich die architektonische Form der „Wahrnehmung des Passanten" entziehe und sich dieser vielmehr an variablen Elementen wie Schaufenstern, Straßenlampen oder Verkehrsschildern orientierte, weshalb Burckhardt für Sekundärarchitekturen plädierte, die die eigentliche Architektur wie eine Schicht überziehen und „den Benützer" adressieren sollten.[70]

Auch andere Vortragende zeigten eine Vorliebe fürs Temporäre und Atmosphärische und damit für das Erleben von Architektur: Der ebenfalls anwesende Banham interessierte sich für Straßenbeleuchtung, und Günther Feuerstein, der Lehrer der Wiener Experimentalisten, für Festarchitekturen. Jürgen Joedicke wiederum, ein Anhänger des Design Methods Movement, setzte auf die laufende Beforschung der gebauten Umwelt, um dieses Wissen in Gestaltung überführen zu können.[71] Gleichwohl gab es eine Fraktion, die sich mehr für die formalen Qualitäten von Architektur interessierte. Sie traf jedoch auf eine Studierendenschaft in Aufruhr, die den Glauben an die alten Autoritäten der Architekturwelt verloren hatte. Deren ehrwürdigster Vertreter, Sigfried Giedion, verließ denn auch den Saal, als das Transparent gehisst wurde: „Alle Häuser sind schön, hört auf zu bauen".[72] Das war 1967, als in Berlin ganze Stadtteile abgerissen wurden, deren Bewohner und Bewohnerinnen in neue Großwohnsiedlungen am Stadtrand umsiedeln mussten (Abb. 8), in der Tat eine Kampfansage.

Ausschlüsse und Leerstellen

Um 1970 machten Architekturstudierende und Hochschulangehörige, zu denen nun immer mehr Frauen zählten, die Verwerfungen sichtbar, die mit dem Stadtumbau einhergingen. Sie revoltierten nicht nur, um ihre Ausbildung zu reformieren, sondern setzten städtebauliche Probleme mit den „Betroffenen" öffentlichkeitswirksam in Szene.[73] So wurde deutlich, dass das Modell der vernetzten Stadt mit Kosten verbunden und weniger inklusiv war als angenommen. Pädagogen, Architektinnen und Filmemacherinnen etwa, die im Märkischen Viertel in West-Berlin „Stadtteilarbeit" machten, stellten heraus, dass sich große Arbeiterfamilien das Leben in den neuen Siedlungen schlicht nicht leisten konnten. Die Mieten waren für sie zu hoch, und die kostspielige Anschaffung eines eigenen Autos trieb sie in die Verschuldung. Dieses aber war für viele notwendig, blieb doch der versprochene Bau einer U-Bahn aus.[74] Die Großwohnsiedlungen waren für mobile Bewohnerinnen und Bewohner gedacht: Folgt man der Soziologin Pfeil, würden Freundschaften nun im weiten Umfeld der Wohnung gepflegt und Einkäufe an verschiedenen Orten der Stadt erledigt; Kernfamilien, die sich in je spezifischer Weise vernetzten, lösten die alten Nachbarschaften ab. Mit dieser Diagnose – die auf bürgerliche, nicht aber auf proletarische Familien zutraf – legitimierte Pfeil die Zerstörung ganzer Stadtteile, deren Bewohnerschaft gezwungen war, in die neuen Siedlungen zu ziehen, wodurch sich ihr altes soziales Gefüge auflöste. Die damit verbundenen Dramen waren für Pfeil nicht mehr als Übergangsphänomene, notwendig auf dem Weg in die Zukunft.[75] Tatsächlich zeigen sie die Normativität spätmoderner Konsumvorstellungen und die Gewaltförmigkeit, die dem neuen „Versorgungsregime" trotz wohlfahrtsstaatlicher Bemühungen um Inklusion innewohnte und die auch zu entsprechenden Protesten führte.[76] Lefebvre sprach gar von einer weltweiten „Bewegung der Nutzer".[77]

Noch bevor eine im engeren Sinne ökologische Bewegung entstand, wurden die sozialen Kosten aufgezeigt, die mit dem Mobilität und Freiheit versprechenden Umbau der Umwelt verbunden waren: die Zerstörung bestehender Lebenswelten ebenso wie die sozialen Ausschlüsse, die der neue, kostspieligere Lebensstil hervorbrachte. Heute treten dessen Kosten, die zugleich ökologische wie soziale Kosten sind, als globale zutage: Sämtliche Kurven in der Literatur zum Anthropozän, die die Genese der aktuellen Klimakatastrophe nachzeichnet, verweisen auf den Infrastrukturausbau der 1960er-Jahre.[78] Der motorisierte Verkehr, die mediengestützte Kommunikation, die Kanalisierung von Flüssen und zahlreiche weitere Kenndaten des Anthropozäns weisen seit damals ein exponentielles Wachstum auf – ein Wachstum, das sich für Jahrzehnte auf den globalen Norden beschränkte, während der globale Süden am stärksten von den Folgen der Erderwärmung betroffen ist. Die materielle Basis dieser „großen Akzeleration", fossile Energie, war *die* Leerstelle im Denken der 1960er-Jahre. Die infrastrukturgestützte – und daher energieintensive – Vernetzung und Kommunikation standen im Zentrum von Architekturvisionen, Kybernetik, Planung wie Soziologie, aber deren Ressourcenverbrauch wurde ausgeblendet. Selbst McLuhan, der Medien als Infrastrukturen beschrieb, die die Umwelt transformieren, kümmerte sich wenig um Fragen der Energie. Tatsächlich entwickelte er seine Medientheorie am Beispiel des Highways, dessen umweltzerstörende Wirkung ihm vor Augen stand[79] – doch hatte er dabei offenbar nur die menschliche Umwelt im Sinn.

In die Figur des „Nutzers" sind diese Leerstellen und Ausschlüsse eingeschrieben: Sie setzt ein gewisses Wohlstandsniveau voraus und ist nicht ohne fraglos zur Verfügung stehende Infrastrukturen zu denken. Zwar ist sie eng mit dem sozialen Wohnungsbau und insofern mit einkommensschwächeren Gruppen verbunden, doch die Wohnbauprogramme der 1960er-Jahre wie der mit ihnen verbundene Infrastrukturausbau zielten auf räumliche wie soziale Mobilität. Die „Nutzer" waren nicht einfach „die Benachteiligten", auf die der Blick des Wohlfahrtsstaats fiel,[80] sondern der Begriff inkludierte einen neuen, von Infrastrukturen abhängigen Lebensstil. Nutzerinnen und Nutzer bewegen sich entlang von Netzen und erschließen sich die Welt über Oberflächen; sie verbuchen Freiheitsgewinne, insofern sie sich selbstbestimmt vernetzen können, und sind doch von den Betreibern und Betriebsmitteln der von ihnen benutzten Infrastrukturen abhängig (was sie in der Regel ausblenden). Darin ähneln sie heutigen Userinnen und Usern: Lange bevor digitale Plattformen und Smartphones unseren Weltzugang zu bestimmen begannen, entwarfen Infrastrukturbauten und Experimentalarchitekturen ein neues Verhältnis von Subjekt und Umgebung, das konstitutiv war für die Durchsetzung einer postindustriellen, auf Vernetzung und Kommunikation beruhenden Gesellschaft. Auf dem Feld der Architektur wurde frühzeitig geprobt, was es heißt, „User" zu sein.

Anmerkungen

1 Michel de Certeau: *Die Kunst des Handelns* (1980). Berlin 1988, S. 9 f.

2 Kenny Cupers: „Introduction", in: ders. (Hg.), *Use Matters. An Alternative History of Architecture.* London/New York 2013, S. 1–12, hier S. 2.

3 Adrian Forty: „User", in: ders., *Words and Buildings. A Vocabulary of Modern Architecture.* London 2000, S. 312–315; Kenny Cupers: *The Social Project. Housing Postwar France.* Minneapolis/London 2014, S. xviii–xx.

4 Vgl. Max Stadler: „Der User", in: Alban Frei und Hannes Mangold (Hg.), *Das Personal der Postmoderne.* Bielefeld 2015, S. 75–90.

5 Vgl. Avigail Sachs: „Architects, Users, and the Social Sciences in Postwar America", in: Cupers 2013 (s. Anm. 2), S. 69–84; Łukasz Stanek: „Henri Lefebvre: For and Against the ‚User'", in: ebd., S. 139–152; Cupers 2014 (s. Anm. 3), S. 323.

6 Vgl. dazu und zur Entstehung eines statistischen Blicks auf die Stadt überhaupt Christa Kamleithner: *Ströme und Zonen. Eine Genealogie der „funktionalen Stadt".* Basel 2020.

7 Hans-Joachim Dahms: „Verwissenschaftlichung und Formverzicht. Der CIAM-Kongress ‚Die Wohnung für das Existenzminimum'", in: Regina Bittner (Hg.), *Bauhaus zwischen International Style und Lifestyle.* Berlin 2003, S. 86–106, hier S. 97–100.

8 Vgl. W. Brian Newsome: *French Urban Planning 1940–1968. The Construction and Deconstruction of an Authoritarian System.* New York u. a. 2009.

9 Vgl. David Kuchenbuch: *Geordnete Gemeinschaft. Architekten als Sozialingenieure – Deutschland und Schweden im 20. Jahrhundert.* Bielefeld 2010, S. 228, 268–278; ders.: „‚Spuren im Schnee'. Wohnbedürfnisforschung, Bewohnerkonstrukte und Bewohnererziehung in Deutschland und Schweden, 1920er bis 1950er Jahre", in: Irene Nierhaus und Andreas Nierhaus (Hg.), *Wohnen Zeigen. Modelle und Akteure des Wohnens in Architektur und visueller Kultur.* Bielefeld 2014, S. 101–114.

10 Vgl. dazu Ulrike Kändler: *Entdeckung des Urbanen. Die Sozialforschungsstelle Dortmund und die soziologische Stadtforschung in Deutschland, 1930 bis 1960.* Bielefeld 2016.

11 Kuchenbuch 2010 (s. Anm. 9), S. 231.

12 Jesko Fezer: „Über das Hansaviertel hinaus. Selbstkritik als planerisches Projekt", in: Annette Maechtel und Kathrin Peters (Hg.), *Die Stadt von morgen. Beiträge zu einer Archäologie des Hansaviertels Berlin.* Köln 2008, S. 210–221.

13 Karl Otto: *Die Stadt von morgen. Gegenwartsprobleme für alle.* Berlin 1959, S. 39.

14 Sandra Wagner-Conzelmann: *Die Interbau 1957 in Berlin. Stadt von heute – Stadt von morgen. Städtebau und Gesellschaftskritik der 50er Jahre.* Petersberg 2007, S. 67–69, 79–81.

15 Vgl. Kändler 2016 (s. Anm. 10), Kap. 6.

16 Helmut Klages: *Der Nachbarschaftsgedanke und die nachbarliche Wirklichkeit in der Großstadt* (1958). 2. Aufl. Stuttgart u. a. 1968, S. 108.

17 Elisabeth Pfeil: „Zur Kritik der Nachbarschaftsidee", in: *Archiv für Kommunalwissenschaften* 2, 1963, S. 39–54, hier S. 51.

18 Dies.: *Die Familie im Gefüge der Großstadt. Zur Sozialtopographie der Stadt.* Hamburg 1965, S. 10. Anleihen dazu machte Pfeil bei Chombart de Lauwe. Zu Genese und Aufstieg von Netzwerkdiagrammen in den 1960er-Jahren vgl. Sebastian Gießmann: „Drawing the Social: Jacob Levy Moreno, Sociometry, and the Rise of Network Diagrammatics", *Working Paper Series – SFB 1187 Medien der Kooperation* 2, 2017, http://dx.doi.org/10.25819/ubsi/7895.

19 Vgl. Wagner-Conzelmann 2007 (s. Anm. 14), S. 135, 20–22.

20 Cornelia Escher: *Zukunft entwerfen. Architektonische Konzepte des GEAM (Groupe d'Études d'Architecture Mobile) 1958–1963.* Zürich 2017, S. 42, 65.

21 Yona Friedman: „Ein Architektur-Versuch", in: *Bauwelt* 48, 16/1957, S. 361–363; vgl. dazu Escher 2017 (s. Anm. 20), S. 28, 42.

22 Yona Friedman und Roger Aujame: „Mobile architecture", in: *Architectural Design* 9/1960, S. 356.

23 Otto 1959 (s. Anm. 13), S. 38.

24 Constant: „Die Welt des kreativen Menschen" (1966), in: Wolfgang Dressen (Hg.), *Das Nilpferd des höllischen Urwalds. Situationistische Internationale, Gruppe Spur, Kommune I.* Gießen 1991, S. 82–85.

25 Mark Wigley: *Constant's New Babylon. The Hyper-Architecture of Desire.* Rotterdam 1998, S. 40 f.

26 Friedmans Entwürfe reagierten u. a. auf den Stadtumbau in Paris – vgl. Escher 2017 (s. Anm. 20),

S. 329–348; ebenso wie etwa die Entwürfe der Group Utopie – vgl. dazu Craig Buckley: *Graphic Assembly. Montage, Media, and Experimental Architecture in the 1960s*. Minneapolis/London 2019, S. 229–239.

27 Escher 2017 (s. Anm. 20), S. 254–259.

28 Alexandra Apfelbaum und Frank Schmitz: „Universitas durch Dichte. Der Ideenwettbewerb zur Ruhr-Universität 1962/63", in: Richard Hoppe-Sailer, Cornelia Jöchner und Frank Schmitz (Hg.), *Ruhr-Universität Bochum. Architekturvision der Nachkriegsmoderne*. Berlin 2015, S. 59–77.

29 Kändler 2016 (s. Anm. 10), Kap. 8.

30 Vgl. Gerhard Boeddinghaus (Hg.): *Gesellschaft durch Dichte. Kritische Initiativen zu einem neuen Leitbild für Planung und Städtebau 1963/64*. Braunschweig/Wiesbaden 1995; dazu Escher 2017 (s. Anm. 20), S. 113 f., 243, 247.

31 Günter Günschel: „Gemeinschaftsbildung und bauliche Dichte", in: Boeddinghaus 1995 (s. Anm. 30), S. 29–41, hier S. 39; Yona Friedman: „Datenermittlung zur Stadtplanung", in: ebd., S. 42–49, hier S. 46.

32 Vgl. Martin Einsele: „Planen im Ruhrgebiet", in: ebd., S. 50–69.

33 Lucius Burckhardt und Marcel Herbst: „Wachstum, Dichte und Flexibilität", in: ebd., S. 86–101, hier S. 86 f., 92.

34 Erhard Schüttpelz: „Ein absoluter Begriff. Zur Genealogie und Karriere des Netzwerkkonzepts", in: Stefan Kaufmann (Hg.), *Vernetzte Steuerung. Soziale Prozesse im Zeitalter technischer Netzwerke*. Zürich 2007, S. 23–46, hier S. 32–35.

35 Vgl. dazu Mark Wigley: „Network Fever", in: *Grey Room* 4/2001, S. 82–122, insb. S. 110; oder in Bezug auf Friedman Escher 2017 (s. Anm. 20), S. 213–241.

36 Die weithin rezipierte Studie, die dieses Phänomen im Raumplanungsdiskurs etablierte, war Jean Gottmann: *Megalopolis. The Urbanized Northeastern Seaboard of the United States*. New York 1961; vgl. Gerhard Fehl und Juan Rodríguez-Lores (Hg.): „*Die Stadt wird in der Landschaft sein und die Landschaft in der Stadt". Bandstadt und Bandstruktur als Leitbilder des modernen Städtebaus*. Basel/Berlin/Boston 1997.

37 Vgl. Will Steffen u. a.: „The Anthropocene. Conceptual and Historical Perspectives", in: *Philosophical Transactions of the Royal Society* 369, 2011, S. 842–867, hier S. 851.

38 Zit. n. Karl R. Kegler: „Towards the Functional Society: Paradigm Shifts in the Regional Planning of West and East Germany", in: Ákos Moravánszky und ders. (Hg.), *Re-Scaling the Environment. New Landscapes of Design, 1960–1980*. Basel 2016, S. 153–172.

39 Rainer Mackensen: „Der Großstädter: Wie sehen wir ihn?", in: Boeddinghaus 1995 (s. Anm. 30), S. 179–192.

40 Vgl. Jochen Schulz-Heising: „Effizienz und Bürgernähe von Behörden", in: *Transfer 3. Stadtforschung und Stadtplanung*. Opladen 1977, S. 154–169; Gerhard Christiansen und Manfred Güllner: „Umfragen und Stadtentwicklung: Informationen für den Bürger", in: ebd., S. 182–192.

41 Reyner Banham: *Megastructure. Urban Futures of the Recent Past*. London 1976.

42 Cornelius Borck: „Der Transhumanismus der Kontrollmaschine: Die Expo '67 als Vision einer kybernetischen Versöhnung von Mensch und Welt", in: Michael Hagner und Erich Hörl (Hg.), *Die Transformation des Humanen. Beiträge zur Kulturgeschichte der Kybernetik*. Frankfurt a. M. 2008, S. 125–162.

43 Vgl. Hadas A. Steiner: *Beyond Archigram. The Structure of Circulation*. New York/London 2009, insb. S. 2, 109; Inderbir Singh Riar: „Montreal and the Megastructure, ca 1967", in: Rhona Richman Kennealy und Johanne Sloan (Hg.), *Expo 67. Not Just a Souvenir*. Toronto/Buffalo/London 2010, S. 193–210, hier S. 193.

44 Vgl. „Psychedelic Marketing – Palais Metro", in: *Art in America* 4/1968, S. 92–93.

45 Laurent Stalder: „François Dallegret's Machine World", in: Alessandra Ponte, ders. und Thomas Weaver (Hg.), *GOD & Co. François Dallegret. Beyond the Bubble*. London 2011, S. 191–204, hier S. 198.

46 Hans Hollein: „Alles ist Architektur", in: *Bau* 1–2/1968, S. 2.

47 Vgl. Hans Hollein: „International Dialogue of Experimental Architecture", in: *Bau* 3/1966, S. 55.

48 Reyner Banham: „A Home is Not a House", in: *Art in America* 2/1965, S. 70–79.

49 Hollein 1968 (s. Anm. 46).

50 Vgl. Andreas Rumpfhuber: *Architektur immaterieller Arbeit*. Wien 2013, S. 139–165.

51 Vgl. Buckley 2019 9, S. 1, vgl. auch S. 5, 127 (s. Anm. 26).

52 Günter Zamp Kelp: „Journal", in: *Haus-Rucker-Co. 1967 bis 1983*. Braunschweig/Wiesbaden 1984,

S. 42; vgl. dazu Architekturzentrum Wien (Hg.): *The Austrian Phenomenon. Architektur Avantgarde Österreich 1956–1973*. Basel 2009.

53 Nachzulesen im Anhang von Wieners *Die Verbesserung von Mitteleuropa* – vgl. Christa Kamleithner: „Konsum und Kritik. Die österreichische Architekturavantgarde, 1968 und die ‚Explorierung der Empfindung'", in: Johannes Porsch, Hedwig Saxenhuber und Georg Schöllhammer (Hg.), *Wer war 1968? Kunst, Architektur, Gesellschaft*. Ausstellungskatalog Lentos Kunstmuseum, Nordico Stadtmuseum und Landesgalerie Linz. Salzburg 2018, S. 441–446. Für andere, vergleichbare Beispiele einer solchen Umweltvorstellung vgl. Larry D. Busbea: *The Responsive Environment. Design, Aesthetics, and the Human in the 1970s*. Minneapolis/London 2020.

54 Vgl. Marc Dessauce (Hg.): *The Inflatable Moment. Pneumatics and Protest in '68*. New York 1999.

55 Robert Stockhammer: *1967. Pop, Grammatologie und Politik*. Paderborn 2017.

56 Roland Barthes: „Semiotik und Urbanismus" (1967), in: Susanne Hauser, Christa Kamleithner und Roland Meyer (Hg.), *Architekturwissen. Grundlagentexte aus den Kulturwissenschaften*. Bd. 1: *Zur Ästhetik des sozialen Raumes*. Bielefeld 2011, S. 287–294, hier S. 292.

57 Henri Lefebvre: „Die Produktion des Raumes" (1974), in: ebd., Bd. 2: *Zur Logistik des sozialen Raumes*. Bielefeld 2013, S. 387–396, hier S. 392. Für die Unterschiede zwischen Lefebvre, Barthes und Certeau vgl. Christa Kamleithner: „Theorie der Praxis, oder: Von Nutzern und Lesern", in: *ARCH+* 221, 2015, S. 129–132.

58 Vgl. Łukasz Stanek: *Henri Lefebvre on Space. Architecture, Urban Research, and the Production of Theory*. Minneapolis 2011.

59 Vgl. z. B. Geel Group for Environmental Education: *Our Man-Made Environment. Book 7*. Philadelphia 1970; Gerd Grüneisl, Hans Mayrhofer und Wolfgang Zacharias: *Umwelt als Lernraum. Organisation von Spiel- und Lernsituationen. Projekte ästhetischer Erziehung*. Köln 1973; International Architectural Psychology Conference: *Appropriation of Space. Proceedings of the Strasbourg Conference*, 1976.

60 Vgl. Roland Meyer: „Unsichtbare Megastrukturen. Die U-Bahn als urbanistisches Imaginationsarsenal, ca. 1970", in: Ralf Liptau, Verena Pfeiffer-Kloss und Frank Schmitz (Hg.), *Underground Architecture Revisited*. Berlin 2021, S. 103–110.

61 Vgl. Isabelle Doucet: „Metro/Education Montreal (1970): Rethinking the Urban at the Crossroads of Megastructures, Systems Analysis and Urban Politics", in: *Architecture and Culture* 7, 2/2019, S. 179–196.

62 Der Begriff wurde von den Architekten selbst verwendet, vgl. Riar 2010 (s. Anm. 43), S. 205.

63 Alexander Adler: „L.B.F.-System Wien", in: *Bau* 4–5/1970, S. 67–69, hier S. 67.

64 Vgl. Salz der Erde: „Verkehr in Städten. Eine U-Bahn für Wien", in: ebd., S. 71–73; Jim Burns: *Arthropods. New Design Futures*. London 1972, S. 21.

65 Victor Gruen: *Das Überleben der Städte. Wege aus der Umweltkrise – Zentren als urbane Brennpunkte*. Wien/München/Zürich 1973, S. 230–245.

66 Angelika Fitz: „Frühe Stadtinterventionen in Wien. Schnittstellen von Kunst und Stadtplanung", in: Christiane Feuerstein und dies., *Wann begann temporär? Frühe Stadtinterventionen und sanfte Stadterneuerung in Wien*. Wien/New York 2009, S. 81–132.

67 Thomas Sieverts: „Die Stadt als Erlebnisgegenstand", in: Wolfgang Pehnt (Hg.), *Die Stadt in der Bundesrepublik Deutschland. Lebensbedingungen, Aufgaben, Planung*. Stuttgart 1974, S. 29–44; zur Frage der Orientierung vgl. den Beitrag von Roland Meyer in diesem Band.

68 O. M. Ungers. (Hg.): *Architekturtheorie. Internationaler Kongress in der TU Berlin, 11. bis 15. Dezember 1967*. Berlin 1967; vgl. Christa Kamleithner: „Architekturtheorie um 1967: eine Umwelttheorie", in: Juan Almarza Anwandter u. a. (Hg.), *Architekturwissenschaft – Vom Suffix zur Agenda*. Berlin 2021, S. 190–208.

69 André Corboz: „Für eine offene Theorie der Architektur", in: Ungers 1967 (s. Anm. 68), S. 69–76, hier S. 73 f.

70 Lucius Burckhardt: „Bauen – ein Prozess", in: ebd., S. 35–61, hier S. 49 f.

71 Vgl. dazu Jesko Fezer: *Umstrittene Methoden. Architekturdiskurs der Verwissenschaftlichung, Politisierung und Partizipation im Umfeld des Design Methods Movement der 1960er Jahre*. Hamburg 2022.

72 Hartmut Frank: „Crisis or Sea Change? Architecture Debates in West Berlin around 1967/68", in: Thomas Köhler und Ursula Müller (Hg.), *Radically*

Modern. Urban Planning and Architecture in 1960s Berlin. Tübingen/Berlin 2015, S. 170–177, hier S. 171f.

73 Vgl. „Jetzt reden wir". Betroffene des Märkischen Viertels: *Wohnste sozial, haste die Qual. Mühsamer Weg zur Solidarisierung*. Reinbek bei Hamburg 1975; Nina Gribat, Philipp Misselwitz und Matthias Görlich (Hg.): *Vergessene Schulen. Reform und Revolte um 1968*. Leipzig 2017.

74 Vgl. „Jetzt reden wir" 1975 (s. Anm. 73); oder auch die Filme *Zur Wohnungsfrage*, Hans und Nina Stürm, CH 1972, und *Der gekaufte Traum* von Helga Reidemeister und Eduart Gernart, BRD 1977.

75 Elisabeth Pfeil: „Die Stadtsanierung und die Zukunft der Stadt", in: Büro für Stadtsanierung und soziale Arbeit Berlin-Kreuzberg (Hg.), *Sanierung – für wen? Gegen Sozialstaatsopportunismus und Konzernplanung*, 2., erw. Aufl., Berlin 1971, S. 73–83. Der in dem Band in kritischer Absicht abgedruckte Vortragstext entstand für den Internationalen Kongress für Wohnungswesen, Städtebau und Raumordnung 1967 in Berlin.

76 Vgl. Alexander Sedlmaier: *Konsum und Gewalt. Radikaler Protest in der Bundesrepublik*. Berlin 2018.

77 Henri Lefebvre: „Die Produktion des städtischen Raums" (1976), in: *ARCH+* 34, 1977, S. 52–57, hier S. 52; dazu wie zur kritischen Wendung des „Nutzer"-Begriffs bei Lefebvre vgl. Stanek 2013 (s. Anm. 5).

78 Vgl. insb. Steffen u. a. 2011 (s. Anm. 37), S. 851f.

79 Vgl. Jana Mangold: „Traffic of Metaphor: Transport and Media at the Beginning of Media Theory", in: Marion Näser-Lather und Christoph Neubert (Hg.), *Traffic. Media as Infrastructures and Cultural Practices*. Leiden/Boston 2015, S. 73–91.

80 So bei Forty 2000 (s. Anm. 3), S. 312.

Navigation im erweiterten Raum. Informationsarchitekturen um 1970

Roland Meyer

Den Zeichen folgen

Die Anweisung aus den Autolautsprechern ist unmissverständlich: „Jetzt können Sie losfahren. Folgen Sie zunächst den Zeichen zum Century Boulevard." Es ist das Jahr 1972, und die Stimme, die wir hören, gehört keinem digitalen Navigationssystem, sondern „Baede-Kar", dem fiktiven Reiseführer auf Audiokassetten-Basis, der in der BBC-Produktion *Reyner Banham Loves Los Angeles* den britischen Architekturtheoretiker durch die „Stadt der Zukunft" leitet. Den Zeichen zu folgen, das ist durchaus programmatisch zu verstehen: Vom Century Boulevard geht es direkt weiter auf den Freeway und damit in spätmoderne Verkehrsräume, in denen eine Vielzahl visueller Zeichen für Orientierung sorgt. In den komplexen Topologien der Autobahnkreuze gewannen die Zeichen eine nie da gewesene Autorität über das automobile Subjekt, wie Banham bereits ein Jahr zuvor in *Los Angeles. The Architecture of Four Ecologies* ausgeführt hatte. Bei 60 Meilen pro Stunde sei die menschliche Wahrnehmung schlicht überfordert, sich den Weg durch die verschlungenen Betonlabyrinthe visuell zu erschließen und blitzschnell die richtigen Entscheidungen zu treffen: „Es besteht keine Alternative zur völligen Unterwerfung des Willens unter die Anweisungen der Zeichen."[1]

Je komplexer die Netze, umso dominanter die Zeichen. Auf diese Formel lässt sich bringen, was in der Architekturtheorie um 1970 als fundamentale Transformation spätmoderner Raumverhältnisse verhandelt wurde. Ganz ähnliche Beobachtungen wie Banham machten Robert Venturi und Denise Scott Brown bereits 1968 in ihrem Essay „A Significance for A&P Parking Lots, or Learning from Las Vegas", der vier Jahre später das erste Kapitel ihres epochemachenden (beinahe) gleichnamigen Buches bilden sollte.[2] Auch bei Venturi und Scott Brown tauchen die Autobahnkreuze von Los Angeles als Beispiel einer neuen „Dominanz der Zeichen über den Raum" auf: Anders als an einer altmodischen Straßenkreuzung sei man hier gezwungen, rechts abzubiegen, auch wenn man das Ziel bereits links vor sich sehe – die Zeichen verweisen auf topologische Verhältnisse, die von visueller Evidenz weitgehend abgekoppelt sind. Derselben Führung durch Zeichen müssten sich Reisende am Flughafenterminal anvertrauen. Auch hier dienen visuelle Zeichen einem Management großer Menschenmengen, das durch effiziente Grundrissorganisation allein nicht mehr zu bewerkstelligen ist: „[K]omplexe Programme und Umgebungen erfordern komplexe Kombinationen von Medien jenseits des rein architektonischen Dreiklangs von Struktur, Form und Licht im Dienste des Raums."[3]

Was es jedoch heißt, den Zeichen zu folgen, darüber gingen die Ansichten auseinander. Wo Banham eindeutige Kommandos im Blick (wie im Ohr) hatte, denen unbedingt Folge zu leisten war, interessierten sich Venturi und Scott Brown eher für die komplexe und widersprüchliche ästhetische Textur konkurrierender visueller Medien. Auch in dieser Hinsicht wurden sie in urbanen Verkehrsräumen fündig. 1967, ein Jahr bevor sie mit ihren Studierenden nach Las Vegas aufbrachen, erkundeten sie in einem weniger bekannten *studio project* das New Yorker Metronetz, den „People Freeway", wie sie es nannten. Nicht unähnlich dem „Strip" in der Wüstenstadt hatte man es auch in mehrstöckigen Umsteigebahnhöfen wie dem Herald Square mit einem „Labyrinth der Lichter und Farben" zu tun, dessen bauliche Struktur hinter Schichten von Zeichen zurücktrat. Und wo andere die visuelle Kakofonie im Untergrund beklagten, waren Venturi und Scott Brown davon überzeugt, dass geübte Nutzerinnen und Nutzer aus der Vielzahl von Werbebotschaften, Richtungsanzeigen und Sicherheitshinweisen mühelos die für sie relevanten „Informationssequenzen" isolieren konnten.[4] Während also den Zeichen zu folgen für den technikverliebten Banham hieß, sich ganz der Autorität der visuellen Signale zu unterwerfen, riefen die beiden Bannerträger der Postmoderne dazu auf, die allgegenwärtigen Zeichen selektiv lesen und individuell interpretieren zu lernen.

Für einen informationstheoretisch wie semiotisch geschulten Blick wurden die urbanen Zeichenwelten so als Medien der Kommunikation beschreibbar, die die gebaute Umwelt um neue Schichten der Lesbarkeit ergänzten. Beispielhaft zeigt dies ein 1968 in *ARCH+* erschienener Essay von Max Bense. Unter dem Titel „Urbanismus und Semiotik" konstatiert der Stuttgarter Philosoph darin die zunehmende Durchdringung des städtischen Raumes mit Verkehrszeichen, Lichtsignalen, Werbeplakaten und Straßenschildern, die eine Orientierung in urbanen Räumen, ja urbanes Leben überhaupt erst möglich machten: „Urbanistische Systeme sind nur dadurch bewohnbar, daß sie zugleich durch semiotische Systeme ergänzt bzw. überlagert werden. Sie vermitteln zwischen urbaner Architektur und urbanem Bewußtsein."[5] Benses Schüler Georg Kiefer hat diesen Gedanken in seiner Dissertation *Zur Semiotisierung der Umwelt* aufgegriffen und in Anlehnung an Lucius Burckhardt von einer „sekundären Architektur"[6] gesprochen: einer Vielzahl systematisch zusammenwirkender Zeichenträger, die – vom Ladenschild bis zum Verkehrsleitsystem – Orte und Funktionen identifizieren, Nutzungen regulieren und Verkehrsflüsse steuern. Mit ihnen wird Bewegung im städtischen Raum zur Navigation in „Kommunikationsnetzen und Kommunikationskanälen" – ein Leben in „künstlichen Welten", das durch Zeichensysteme gesteuert wird.[7]

Diagnosen einer neuen Dominanz der Zeichen waren um 1970 weit verbreitet, und sie gingen einher mit einem veränderten Blick auf die Medialität der Architektur. Denn unter dem Paradigma der Kommunikation betrachtet, wurde Architektur zum Medium unter Medien – ergänzt, überlagert und durchdrungen von anderen Medien der Kommunikation. Lange bevor Smartphones und andere mobile digitale Medien unseren Alltag zu bestimmen begannen, wurde Orientierung in gebauten Umwelten zur Navigation im „erweiterten Raum", wie Lev Manovich das genannt hat, einem Raum, der mit Schichten von Information angereichert ist, die sich als Interface zwischen die Architektur und diejenigen schieben, die sich in diesem Raum zurechtfinden müssen.[8] Der Genese dieses Raumverhältnisses möchte ich im Folgenden entlang einer Analyse exemplarischer Episoden aus den Nachkriegsjahrzehnten nachgehen: Als mit neuen Architekturen des Massenkonsums in den 1950er-Jahren die Proliferation grafischer Zeichen in städtischen Räumen ins Zentrum des Architekturdiskurses rückte, strebte man zunächst danach, diese ästhetisch in den architektonischen Gesamtentwurf zu integrieren; doch mit der Entwicklung immer komplexerer Zeichensysteme und dem Streben nach universeller Lesbarkeit lösten sich diese in den 1960er-Jahren zunehmend von ihren architektonischen Trägern; in den 1970er-Jahren schließlich entstand ein neuer Blick auf die Stadt als Informationsumgebung, die über „immaterielle" Codes und mediale Schnittstellen mit ihren „Nutzern" kommuniziert.

Abb. 1: Northland Center, Detroit, 1954. Architekten: Victor Gruen Associates, grafischer Berater: Alvin Lustig

Chaos oder Kontrolle

„Zeichen, die den Verkehr regeln, Zeichen, die Leute zu Gebäuden und anderen Arealen lotsen, Zeichen, die für etwas werben – sie alle prägen bauliche Strukturen und Umgebungen und gehören daher legitimerweise in den
Bereich architektonischer Gestaltung", heißt es 1956 in einem Beitrag des
Architekten und Stadtplaners Victor Gruen in einer Ausgabe des *Architectural Record*, die sich den „Zeichen und Symbolen" kommerzieller Architektur
widmete.[9] Gruen, bekannt geworden als „Vater der Shopping-Mall", wusste,
wovon er sprach: In seinem Northland Center bei Detroit, 1953 als „Einkaufs-
zentrum der Zukunft" beworben, begleitete eine durchgestaltete Zeichen-
sequenz den gesamten Weg vom Highway zum Einkauf und wieder zurück.
Schon bevor das Center selbst in den Blick geriet, wurden die Kundinnen
und Kunden vom weithin sichtbaren Schriftzug „Northland" begrüßt, der in
eine elegant-modernistische Tragstruktur eingelassen war und vom zierli-
chen Logo der Mall, einem N im Strahlenkranz mit Nordpfeil, gekrönt wurde
(Abb. 1). Auf dem Gelände wiesen farbige Schilder in reduzierter Typografie

den Weg zu den Parkplätzen, auf denen bis zu 12 000 Autos Platz fanden, und in der Mall selbst informierten leuchtende Wegweiser aus Plexiglas darüber, wie man zum „Fountain Court", zur Gartenterrasse oder weiteren Attraktionen gelangte.[10]

Das Erscheinungsbild der Mall hatte der Grafikdesigner Alvin Lustig entworfen, dessen Partnerin und Witwe Elaine Lustig – die nach dem frühen Tod ihres Mannes selbst zur bedeutenden Grafikdesignerin avancierte – in einem Interview betonte, wie wichtig es für das Gelingen solcher Projekte sei, möglichst früh in den Entwurfsprozess einbezogen zu werden.[11] Kollaborationen zwischen Architektur und Grafikdesign wurden unter Schlagworten wie *coordinated design* in den 1950er-Jahren üblich. Das gemeinsame Ziel bestand in der möglichst „harmonischen" Integration unterschiedlichster Zeichen am und im Gebäude – vom Firmensignet am Eingang bis zur Stockwerksanzeige im Fahrstuhl.[12] Im ästhetischen Ideal des Spätmodernismus verschmolzen Architektur und Beschriftung zur gestalthaften Einheit. Von einer Dominanz der Zeichen über den Raum war allein als Bedrohung die Rede: „Heute", so Alvin Lustig 1955, „droht das Zeichen ganze Bereiche unserer Umwelt zu verschlingen und bildet zuweilen fast eine *Landschaft aus Beschriftungen*. In vielen Fällen zerstört es das Gebäude, das es trägt, oder überwuchert es."[13]

Diese Bedrohung war nicht in jeder Hinsicht neu. Bereits in den 1920er-Jahren beobachtete Walter Benjamin „Heuschreckenschwärme von Schrift", die sich als „dichtes Gestöber von wandelbaren, farbigen, streitenden Lettern" auf den großstädtischen Fassaden niedergelassen hatten,[14] und der Frankfurter Stadtbaurat Ernst May warnte vor den „Verheerungen", die eine sich „planlos" ausbreitende Leuchtreklame im Straßenraum anzurichten drohte.[15] Eine im Auftrag Mays entwickelte „Reklame-Ordnung" für Frankfurt, die im Sinne einer „einheitlichen Durchformung"[16] sämtliche Außenraumwerbung auf rigide modernistische Gestaltungsprinzipien wie genormte Grundformen, Primärfarben, rechte Winkel, schnörkellose Schriften und Verzicht auf bildliche Darstellung verpflichten wollte, musste allerdings aufgrund des Widerstands der örtlichen Gewerbetreibenden nach nur einem Jahr entschärft und zur bloßen „Richtlinie" herabgestuft werden.[17]

Abb. 2: Straßenlandschaft, aus Peter Blake, *God's Own Junkyard*, 1964

Urbane Zeichenwelten waren also um 1950 so wenig neu wie der Kampf für ihre ästhetische Regulierung. Neu jedoch waren die (sub-)urbanisierten Verkehrs- und Konsumlandschaften, die sich mit ihren Tankstellen, Motels, Fast-Food-Restaurants und Billboards entlang der Highways ausbreiteten: Benjamins Heuschreckenschwärme hatten die Städte verlassen und begannen, wie Peter Blake in *God's Own Junkyard* (1964) bildmächtig vorführen sollte, ganze Landstriche in Besitz zu nehmen (Abb. 2).[18] Was bald auch als „visuelle Umweltverschmutzung" beklagt wurde, war im doppelten Sinne Produkt des fossilen Zeitalters. Die Massenautomobilisierung erforderte auf Fernwirkung hin optimierte Zeichen in zuvor ungekannten Mengen und Dimensionen, und synthetische Kunststoffe auf Erdölbasis wie etwa Plexiglas erlaubten die industrielle Produktion kommerzieller Zeichen in allen nur denkbaren Formen, Farben und Größen. Regionale Einkaufszentren wie Northland waren die Apotheose des fossilen Lebensstils und aus Sicht ihrer Apologeten deren ästhetische Utopie: Die von riesigen Parkplätzen umgebenen künstlichen Fußgängerlandschaften erschienen ihnen als Inseln der Ordnung inmitten des Chaos, auf denen möglich schien, was im Frankfurt der Zwischenkriegszeit noch gescheitert war: die Zeichenflut einzudämmen.[19]

Die Alternative, die eine Reihe zeitgenössischer Publikationen so oder so ähnlich formulierten, hieß also: „Chaos oder Kontrolle".[20] Doch zur wirksamen Kontrolle fehlte, in den Worten Philip Johnsons, eine verbindliche „Grammatik" der Zeichen.[21] Abhilfe sollte die prominent besetzte Konferenz „Signs for Streets and Buildings" schaffen, die im November 1953 in Yale stattfand.[22] Die Konferenz, so hat es Felicity D. Scott formuliert, bedeutete das „stillschweigende Eingeständnis, dass andere Formen der Information daran waren, jene der Architektur zu verdrängen".[23] Zumindest der versammelten Mid-Century-Architekturelite ging es allerdings um die Bekräftigung der eigenen Zuständigkeit: So war man sich weitgehend einig, dass das „einheitliche Gestaltungskonzept des Architekten" das letzte Wort über alle Ambitionen des Grafikdesigns haben müsse.[24] Das war, auf eine Formel gebracht, der modernistische Konsens, der bis in die 1960er-Jahre die Sicht auf Zeichen in Gebäuden und städtischen Räumen beherrschte (und den Venturi und Scott Brown mit aller Schärfe attackieren sollten): Nur die Dominanz der architektonischen Form über die Zeichen konnte die Ausbreitung des Chaos verhindern.

Entsprechend waren die Kriterien, die an die gestalterische Qualität von Beschriftungen und Beschilderungen angelegt wurden, weitgehend formaler Natur. Anschaulich wurde dies in der Ausstellung, zu deren Vorbereitung die Konferenz in Yale gedient hatte: „Signs in the Street", eröffnet im März 1954 im New Yorker MoMA.[25] Johnson und seine Ko-Kuratorin Mildred Constantine hatten dafür eine Auswahl von Beschriftungen und Beschilderungen versammelt, die aus ihrer Sicht Attraktivität und Lesbarkeit in vorbildhafter Weise vereinten. Weitgehend losgelöst von Funktion und Kontext wurden diese frisch musealisierten Zeichen als in sich geschlossene ästhetische Formen in Szene gesetzt: Aus fotografisch dokumentierten Gebäudebeschriftungen, vom Bauhaus bis zum Northland Center, waren einzelne Lettern herausgelöst und auf den Galeriewänden reproduziert worden; Leuchtbuchstaben, die Alvin Lustig für den Plexiglashersteller Rohm & Haas entworfen hatte, schwebten wie abstrakte Reliefs vor dunklem Grund; und die Logos von CBS und Shell waren im Skulpturengarten zur ästhetischen Kontemplation installiert, als hätte man es mit einer Pop-Art-Ausstellung avant la lettre zu tun (Abb. 3).[26] Lesbarkeit, so die Botschaft der Ausstellung, war ein Effekt

Abb. 3: Ausstellungsansicht „Signs in the Street", Museum of Modern Art, New York, 1954

prägnanter Gestalthaftigkeit. Das kann als exemplarisch für den zeitgenössischen Stand der Debatte gelten: Trotz der Metaphorik einer neuen visuellen „Grammatik" kamen Zeichen im spätmodernistischen Architekturdiskurs kaum als Elemente von Systemen in den Blick, geschweige denn als eigenständige semiotische Schicht, sondern allein als voraussetzungslose ästhetische Formen. Das änderte sich jedoch schon bald.

Die Welt als Flughafen

Nur zwei Farben, Gelb und Grün – dieser binäre Farbcode sollte dafür sorgen, dass die Reisenden am 1967 eröffneten zentralen Terminal des Flughafens Amsterdam Schiphol ihren Anschluss nicht verpassten. Gelb hinterlegt waren

Abb. 4: Flughafen Schiphol, Amsterdam, 1967. Innenarchitektur: Kho Liang Ie, Design des Beschilderungssystems: Benno Wissing, Foto: Aart Klein

alle Informationstafeln, die sie zu den Abfluggates leiten sollten, grün jene, die auf weitere Funktionen und Services hinwiesen. Zudem herrschte eine klare Hierarchie von Informationen, die je nach Wichtigkeit in einer von vier Schriftgrößen dargestellt wurden. Und damit nichts den Blick auf die Informationstafeln beeinträchtigte, die im gesamten Bereich des Passagierstroms im stets gleichen Abstand vom Boden von einer einheitlich gestalteten Lamellendecke herabhingen, waren sämtliche Beleuchtungs-, Klima- und Lautsprecheranlagen unsichtbar über dieser Decke angebracht (Abb. 4).[27] Schiphol, so lobte die Fachpresse, sei „logisch, komfortabel und entspannend",[28] und dies sei nicht zuletzt das Verdienst des Grafikdesigners Benno Wissing, der das Beschilderungssystem entworfen hatte. Mit dem Innenarchitekten Kho Liang Ie hatte Wissing sich auf ein rigides Gestaltungskonzept geeinigt, das die zeichenhafte Informationsschicht klar von der Architektur unterschied. Die Innenausstattung des gesamten Terminals, von den Sitzbänken bis zu den Telefonzellen, beschränkte sich auf eine Palette aus Weiß, Schwarz und Grau. Für farbliche Akzente sorgten, abgesehen von der Kleidung der Reisenden, allein die von Wissing gestalteten Informationstafeln. Gelb und Grün kamen ansonsten nirgendwo im Gebäude vor: Wissing setzte sogar durch, dass die

Autovermietung Hertz ihre Schilder in Schiphol anders als überall sonst auf der Welt nicht im üblichen Gelb erstrahlen ließ.[29]

Schiphol kann als Musterbeispiel „koordinierter Gestaltung" gelten, doch zielte die Kooperation von Architektur und Grafikdesign hier weniger auf ästhetische Integration als auf funktionale Differenzierung: Die Zeichen machten sich vom architektonischen Träger unabhängig, um den *passenger flow* optimal zu organisieren, ja zu programmieren. Nicht von ungefähr verglich Wissing sein Beschilderungssystem mit dem Symbolsystem, das Tomás Maldonado 1960 an der HfG Ulm für die Interfaces der Rechenmaschinen von Olivetti entwickelt hatte.[30] Tatsächlich hatten es beide mit ähnlichen Herausforderungen zu tun: komplexen Systemen, deren Organisationslogik den Nutzerinnen und Nutzern weitgehend verborgen blieb. Wie Lucius Burckhardt als einer der Ersten beschrieben hat, wandelte sich die Rolle von Gestaltung mit dem Siegeszug der Elektronik fundamental: An die Stelle ästhetischer Formgebung trat in den 1960er-Jahren die Arbeit an kommunikativen Interfaces. Ein Blechkasten voller Drähte, Transistoren und Batterien, so Burckhardts Beispiel, könne ebenso gut ein Musikgerät wie eine Rechenmaschine sein. Nicht die sichtbare Gestalt des Apparats, sondern die „unsichtbare" Organisation seiner austauschbaren Elemente bestimme die Funktion – die sich wiederum allein über lesbare Bedienelemente, Tasten und Schalter vermittle. Dasselbe, so Burckhardt, gelte für den gebauten Raum: Je abstrakter, unbestimmter und formloser dessen Gestalt, je austauschbarer die Elemente, umso notwendiger werde eine klare Trennung von „primärer" und „sekundärer Architektur".[31]

Internationale Transitflughäfen wie Schiphol waren paradigmatische Schauplätze dieser Ablösung flexibler medialer Interfaces von der baulichen Struktur, und zwar aus zwei Gründen: Zum einen waren die Reisenden meist in Eile, ortsunkundig, nicht der Landessprache mächtig und daher auf rasch und intuitiv erfassbare Informationen angewiesen. Zum anderen hatte man es hier mit gebauten Umwelten im städtischen Maßstab zu tun, die angesichts explodierender Passagierzahlen und immer größerer Flugzeugmodelle permanent ausgebaut werden mussten – häufig erwiesen sie sich, wie Reyner Banham bemerkt hat, bereits im Moment ihrer Fertigstellung als obsolet.[32]

Die Terminals des fortschreitenden Jet Age wurden daher nicht mehr als ikonische Baukörper entworfen, sondern als erweiterbare Megastrukturen, als Knotenpunkte weltumspannender Netze und zugleich als „Interface" verschiedener Transportmodi: als „Übergangszone" zwischen *airsite* und *landsite*, Luftraum und Erdboden.[33] Möglichst wenig sollte dabei, so Vanessa R. Schwartz, die Kontinuität der Reiseerfahrung unterbrechen; im Zentrum der Planungen stand die Optimierung des *flows*, der störungsfrei gleitenden Zirkulation von Reisenden, Gepäck und Information.[34] Nicht zuletzt dieser transitorische Charakter der neuen Airports, in denen architektonische Flexibilität, flüchtiger Aufenthalt und hohe Informationsdichte zu ebenso abstrakten wie mediatisierten Raumverhältnissen führten, ließ sie manchem gar als Vorboten der globalen Zukunft erscheinen: Für den Künstler Constant Nieuwenhuys bildete der Flughafen, wie er anlässlich der Eröffnung von Schiphol in einem Vortrag vor Architekten ausführte, ein „Modell der Stadt von morgen"[35]; und der Dichter Eugen Gomringer sah in ihm seine „ideale Vorstellung einer Begegnungsstätte der modernen polyglotten Gesellschaft" verwirklicht, die durch „unzweideutige, klare Beschriftungen, Signale und Zeichen" miteinander kommuniziert.[36]

Weltumspannende Kommunikationsutopien waren in den Nachkriegsjahrzehnten verbreitet, und nicht selten waren sie an neue bildbasierte Zeichensysteme geknüpft. Die „Sprache des technischen Menschen", das hatte Marshall McLuhan bereits 1953 prophezeit, werde ein „Esperanto" aus Piktogrammen sein.[37] Die umfangreichen grafischen Symbolsysteme, die – dem Vorbild von Otto Neuraths ISOTYPE aus den 1920er- und 1930er-Jahren folgend – seit der Olympiade von Tokio 1964 für globale Großereignisse entwickelt wurden und bald auch auf Flughäfen, in Massenuniversitäten oder Großkrankenhäusern zum Einsatz kamen, schienen ihm recht zu geben. Doch statt einer visuellen Universalsprache konkurrierten bald zahlreiche Piktogrammkataloge miteinander, während alle Bemühungen internationaler Organisationen um Standardisierung ins Leere liefen.[38] Der Entwurf universeller Zeichensprachen, so viel allerdings schien unstrittig, bedurfte neuer Formen der Expertise, die über ästhetische Kompetenzen hinausgingen. Das Schlagwort dazu wurde an der HfG Ulm bereits in den

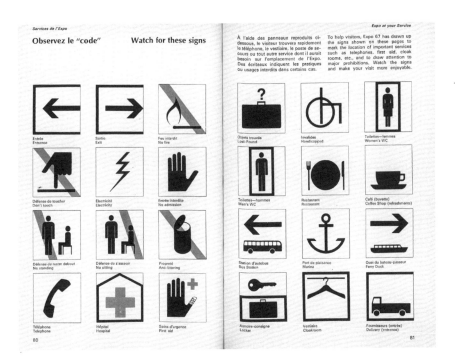

1950er-Jahren geprägt: „Visuelle Kommunikation". Grafische Gestaltung, so die Direktive, die sich von Ulm aus weltweit verbreitete, sollte sich der Lösung gesellschaftlicher „kommunikationsprobleme" widmen,[39] ja, ihre Aufgabe bestand in der systematischen „Organisation von Zeichenwelten".[40] Die methodische Basis dafür fand man in den Sozial- und Kommunikationswissenschaften der Zeit: in Kybernetik, Semiotik, Informationstheorie und Wahrnehmungspsychologie.[41]

Seinen größten Erfolg feierte das Ulmer Programm wohl mit Otl Aichers Erscheinungsbild der Olympischen Spiele München 1972. Doch bereits fünf Jahre zuvor war mit der Expo 67 in Montreal ein internationales Großereignis zum „Design-Laboratorium" geworden, auf dem die „Wirksamkeit systematisierter Grafik" mit wissenschaftlichem Anspruch erprobt wurde.[42] Auch daran war ein Ulmer beteiligt: Martin Krampen, der nach dem Studium an der HfG und einer wahrnehmungspsychologischen Promotion in den USA nun den kanadischen Designer Paul Arthur bei der Entwicklung eines grafischen Systems für die Expo beriet. Angesichts des internationalen Publikums und einer zweisprachigen einheimischen Bevölkerung setzten Arthur und Krampen bei sämtlichen Beschilderungen konsequent auf die Verwendung von Piktogrammen. Um deren Verständlichkeit zu optimieren, kam die von Krampen entwickelte „Produktionsmethode" zum Einsatz, bei der er die Probandinnen und Probanden eigenhändig Bildzeichen für verschiedene Begriffe skizzieren ließ: Die Bildmotive, die am häufigsten einem bestimmten Ausdruck zugeordnet wurden, versprachen dabei die größte Verständlichkeit.[43] Exemplarisch zeigt sich hier, wie visuelle Kommunikation im Laufe der 1960er-Jahre zur spezialisierten Gestaltungsaufgabe wurde, die eigene Kriterien der Lesbarkeit etablierte. Diese hing nun nicht mehr primär an ästhetischen Qualitäten, sondern war vor allem eine Frage von Zeichensystemen – von verbindlichen, von „Sendern" und „Empfängern" geteilten „Codes".[44] „Observez le ‚code' – Watch for these signs", mit dieser unmissverständlichen Anweisung wurden die allen ausstellenden Ländern und Unternehmen vorgeschriebenen Piktogramme schließlich im offiziellen zweisprachigen Expo-Führer dem Publikum präsentiert (Abb. 5).[45]

Die unsichtbare Stadt

„Will man heute den städtischen Raum verstehen, kann man sich nicht mehr auf seine physische Gestalt verlassen, sondern nur noch auf die immateriellen Codes", so Arata Isozaki 1967 in seinem Essay „Die unsichtbare Stadt".[46] Ähnlich wie für Venturi, Scott Brown und Banham waren es zunächst die endlosen, von Verkehrszeichen, Lichtsignalen und Radiodurchsagen regulierten Verkehrsräume von Los Angeles, die Isozaki von einer Loslösung der „codierten Elemente" von ihren architektonischen Trägern und dem Entstehen einer „semiotischen Phase" des Städtebaus schwärmen ließen. Auch die Metapher der „unsichtbaren Stadt" war nicht Isozakis Erfindung. Bereits 1961 hatte Lewis Mumford seine monumentale Stadtgeschichte mit einem gleichnamigen Kapitel enden lassen, in dem er die Ablösung der Stadt als physischem Container durch einen entgrenzten urbanen Raum entmaterialisierter Ströme und dezentraler Netze beschrieben hatte.[47] Was jedoch bei Mumford Gegenwartsdiagnose war, verwandelte sich bei Isozaki in eine kybernetische Utopie: Die Stadt der Zukunft imaginierte er als „Netzwerk elektronischer Medien", das von unsichtbarer Information durchströmt und durch Feedbackschleifen reguliert wird – eine Vision, die er 1970 mit der von Sensoren überwachten, von Computern gesteuerten und von Robotern bevölkerten Festival Plaza der Expo von Osaka zu verwirklichen suchte. Die Weltausstellungen von Montreal und Osaka waren, wie Yuriko Furuhata gezeigt hat, frühe Experimentierfelder elektronischer Vernetzung und Kontrolle. Neuartige Formen der *crowd control* auf Basis umfassender Datenerfassung und der rechnergestützten Simulation von Verkehrs- und Publikumsströmen, wie sie heute unter dem Begriff *smart city* verhandelt werden, wurden hier erstmals erprobt. In Isozakis Plänen für die Festival Plaza vereinte sich der Versuch einer kybernetischen Totalüberwachung mit einem interaktiven Spektakel der Lichter, Farben und Klänge, das in Echtzeit auf die Bewegungen des Publikums reagieren sollte.[48]

Während die Metapher der „unsichtbaren Stadt" bei Isozaki für die Techno-Utopie einer Versöhnung von digitaler Kontrolle und ästhetischem Spiel stand, wurde sie zur selben Zeit auch dazu verwendet, politische Fragen des Zugangs zu Information und der Aneignung von technischen Infrastrukturen auf die Agenda zu setzen. Beispielhaft dafür ist die Konferenz „The Invisible City", die 1972 im Rahmen der jährlichen *International Design Conferences* in Aspen, Colorado, stattfand. Wenn es in der Konferenzankündigung hieß, dass wir bereits in der „unsichtbaren Stadt" lebten, dann war dies für den Architekten Richard Saul Wurman, der für das Programm verantwortlich zeichnete, kein Versprechen, sondern ein Problem: Wurmans „unsichtbare Stadt" war ein Ort, an dem öffentliche Informationen nicht frei verfügbar, der Zugang zu Räumen und Ressourcen eingeschränkt und Möglichkeiten der Mitwirkung am städtischen Leben unterbunden waren. Wurmans Projekt zielte daher auf die Sichtbarmachung der „unsichtbaren Stadt", auf den Entwurf

neuer Möglichkeiten des Zugangs zu Informationen und damit zugleich auf
die Schaffung neuer Räume des kollektiven Lernens: „Wenn es uns gelingt,
unsere städtische Umwelt beobachtbar und verständlich zu machen, haben
wir Klassenzimmer mit endlosen Fenstern zur Welt geschaffen", so formulierte er seine Agenda.[49] Die Stadt, die in Aspen unter Beteiligung zahlreicher Vertreter (und einiger Vertreterinnen) der radikalen Reformpädagogik
angedacht wurde, war weder ein ästhetisch durchgestaltetes Gesamtkunst-
werk noch eine reibungslos funktionierende kybernetische Maschine – sie
war eine multimediale Lernumwelt, in der jeder und jede zugleich Lernen-
der und Lehrende sein konnte.[50]

Wie er sich das vorstellte, hatte Wurman bereits ein Jahr zuvor in einer Son-
derausgabe von *Design Quarterly* vorgeführt. Unter dem Titel *Making the
City Observable* versammelte er rund 50 Projekte: Neuartige Stadtführer und
U-Bahn-Pläne waren ebenso darunter wie experimentelle Schulprojekte und
pädagogische Lernspiele, die die Auseinandersetzung mit der „menschen-
gemachten Umwelt" fördern sollten, computerbasierte Formen der Daten-
visualisierung ebenso wie handgemalte *community maps* aus partizipativen
Stadtplanungsinitiativen. In ihrer Gesamtheit standen all diese Projekte für
eine neue Gestaltungsaufgabe: Wo bislang, so Wurman, statische Informa-
tionsträger wie Verkehrszeichen, Wegweiser und Beschilderungen im Fokus

des Designs gestanden hätten, gelte es nun, die Stadt mittels „visueller Informationssysteme" in ihrer dynamischen Gesamtheit als „System von Botschaften" zu erschließen.[51] Darauf zielte auch eines von Wurmans eigenen Projekten: das *Urban Observatory*, das zugleich „visuelles Datencenter" wie „Museum der lebendigen Stadt" war und an ausgewählten urbanen Orten Informationen über die Geschichte der Stadt, aktuelles Geschehen und künftige Planungen in Form interaktiver Modelle, Karten und Visualisierungen aufbereiten sollte.[52] Exemplarisch verkörperte das Projekt Wurmans Idee einer „Architecture of Information", einer mit Informationen angereicherten Umwelt, die ihren Besucherinnen wie Bewohnern umfassend über sich selbst Auskunft gibt: Die Lobbys öffentlicher Gebäude, aber auch Straßen und Plätze, so seine Vision, sollten zu miteinander vernetzten Informationszentren werden, an denen die unsichtbare Stadt für alle erfahrbar, zugänglich und damit auch kollektiv gestaltbar wird (Abb. 6).[53]

Diese Vorstellung war um 1970 nichts Utopisches mehr. So schlug etwa die vom Stadtplaner Stephen Carr erarbeitete Studie *City Signs and Lights* vor, den gesamten Bostoner Stadtraum mit einem *environmental information system* zu durchziehen: Eine systematische Regulierung der urbanen Zeichen- und Signalwelten war ebenso Teil des Konzepts wie ein ausgedehntes Netzwerk multimedialer Terminals, an denen sich Bewohnerinnen wie

Besucher über die Geschichte Bostons informieren konnten oder darüber, was gerade in der Stadt passierte (Abb. 7).[54] In Projekten wie diesen, auch wenn sie nur in Form von Plänen und Prototypen verwirklicht wurden, manifestierte sich ein verändertes Verhältnis von Information und Architektur. Die Zeichenwelten, die nun auf neuartigen Screens und Displays sichtbar wurden, standen nicht mehr im Dienste der Architektur und ihrer räumlichen Erschließung, vielmehr wurden urbane Interfaces entworfen, die den Zugang zu immer komplexeren Informationswelten eröffnen sollten: zu archiviertem Wissen, unsichtbaren Prozessen und flüchtigen Ereignissen, die allesamt zu immateriellen Datenströmen geronnen waren. Diese neuartigen Informationsarchitekturen boten dabei weit mehr als nur Anweisungen und Hinweise, denen schlicht Folge zu leisten war – sie eröffneten vielmehr Möglichkeitsräume, durch die man sich entlang individueller Interessen bewegen konnte. Aus passiven Empfängern universell verständlicher Signale waren „Nutzer" geworden, die sich im Dialog mit Zeichenoberflächen selektiv und situativ Informationen über ihre „Umwelt" aneigneten.[55]

Um 1970 wurde damit erstmals vorstellbar, was heute zum Alltag geworden ist: ein durch ubiquitär verfügbare Informationen erweiterter urbaner Raum, der als Territorium wie als Karte, als physische Umgebung wie als navigierbarer Datenraum erfahrbar wird. So leben auf den Displays unserer Smartphones mit ihren Icons und interaktiven Karten, die uns reibungslos durch urbane Verkehrs- und Konsumräume navigieren lassen und uns unsere alltäglichen Lebenswelten als digitale Möglichkeitsräume stets verfügbarer Angebote und Services präsentieren, die Ideen der „visuellen Kommunikation" und der Sichtbarmachung „der unsichtbaren Stadt" fort. Wurman, der in den 1980er-Jahren mit den TED-Konferenzen die wichtigste Diskursplattform der kalifornischen Tech-Industrie mitgründen sollte, hatte seinen Anteil daran, dass die Sichtbarmachung von Informationen im und über den Stadtraum heute zum Milliardengeschäft geworden ist. Was jedoch um 1970 als architektonische und öffentliche Aufgabe verstanden wurde, ist zur privaten *consumer technology* geworden: Urbane Räume sind heute mehr denn je navigierbare Informationsumgebungen, doch an die Stelle urbaner Interfaces, die neuen Formen des Lernens und der Öffentlichkeit eine Bühne bieten sollten, sind private Plattformen getreten, deren Gestaltung global agierenden Konzernen obliegt. Damit scheint zugleich das einstige emanzipatorische Versprechen auf der Strecke geblieben zu sein: Der Zugang zu Information erfolgt heute meist über kommerzielle Services, in Form eines individualisierten Konsums, nicht der kollektiven Aneignung öffentlicher Ressourcen. Und es ist gerade diese Personalisierung des Informationskonsums, die Formen der kybernetischen Kontrolle möglich macht, die weit über das hinausgehen, was um 1970 angedacht wurde. Während wir über mobile Interfaces immer mehr über unsere Umwelt wissen, wissen die Betreiber der Plattformen, die uns diese Informationen liefern, auch immer mehr über uns. Die Sichtbarmachung der unsichtbaren Stadt geht einher mit der nahezu vollständigen Überwachung noch unserer alltäglichsten Routen und Routinen. Während wir den Zeichen folgen, folgen die Zeichen uns.

Anmerkungen

1 Reyner Banham: *Los Angeles. The Architecture of Four Ecologies*. London 1971, S. 219.

2 Robert Venturi und Denise Scott Brown: „A Significance for A&P Parking Lots, or Learning from Las Vegas", in: *Architectural Forum* 128, 2/1968, S. 36–43.

3 Ebd. S. 38.

4 Robert Venturi, Bruce Adams und Denise Scott Brown: „Mass Communication on the People Freeway: Or Piranesi Is Too Easy", in: *Perspecta* 12/1969, S. 49–56, hier S. 53, 56. Vgl. dazu Roland Meyer: „Unsichtbare Megastrukturen. Die U-Bahn als urbanistisches Imaginationsarsenal, ca. 1970", in: Ralf Liptau, Verena Pfeiffer-Kloss und Frank Schmitz (Hg.), *Underground Architecture Revisited*. Berlin 2021, S. 103–110.

5 Max Bense: „Urbanismus und Semiotik", in: *ARCH+ 3*, 1968, S. 23–25. Hier zit. n. Alessandro Carlini und Bernd Schneider (Hg.): *Konzept 1. Architektur als Zeichensystem*. Tübingen 1971, S. 99–104, hier S. 101.

6 Vgl. Lucius Burckhardt: „Bauen – Ein Prozess ohne Denkmalpflichten" (1967), in: ders., *Wer plant die Planung? Architektur, Politik und Mensch*, hg. v. Jesko Fezer und Martin Schmitz. Kassel 2004, S. 26–45, insb. S. 43.

7 Georg R. Kiefer: *Zur Semiotisierung der Umwelt. Eine exemplarische Erörterung der sekundären Architektur*. Dissertation. Stuttgart 1970, S. 20.

8 Vgl. Lev Manovich: „Poetik des erweiterten Raumes" (2005), in: Susanne Hauser, Christa Kamleithner und Roland Meyer (Hg.), *Architekturwissen. Grundlagentexte aus den Kulturwissenschaften*, Bd. 2: *Zur Logistik des sozialen Raumes*, Bielefeld 2013, S. 286–296.

9 Victor Gruen: „Architect Gruen States the Challenge that Graphic Design Presents", in: *Architectural Record* 120, 3/1956, S. 244–247, hier S. 247.

10 Victor Gruen: *Shopping Towns USA. The Planning of Shopping Centers*. New York 1960, S. 164–168.

11 „A Conversation With Graphic Designer Lustig", in: *Architectural Record* 120, 3/1956, S. 254f.

12 Vgl. Mildred Constantine und Egbert Jacobson: *Sign Language for Buildings and Landscape*. New York 1961, S. 186–189.

13 Alvin Lustig: „Landscape of Lettering", in: *Architectural Forum* 102, 1/1955, S. 128–129, hier S. 128.

14 Walter Benjamin: „Einbahnstraße", in: ders., *Gesammelte Schriften*, Bd. IV/1. Frankfurt a. M. 1972, S. 83–148, hier S. 103.

15 E. M. [Ernst May]: „Reklamereform", in: *Das neue Frankfurt 3/1927*, S. 64.

16 Walter Dexel: „Reklame im Stadtbilde", in: ebd., S. 45–49, hier S. 47.

17 Vgl. Daniela Stöppel: *Visuelle Zeichensysteme der Avantgarden 1910 bis 1950. Verkehrszeichen, Farbleitsysteme, Piktogramme*. München 2014, S. 260; Annemarie Jaeggi: *Adolf Meyer. Der zweite Mann*. Berlin 1994, S. 198f.

18 Peter Blake: *God's Own Junkyard. The Planned Deterioration of America's Landscape*. New York 1964.

19 Vgl. Martin Treu: *Signs, Streets, and Storefronts. A History of Architecture and Graphics along America's Commercial Corridors*. Baltimore 2012, S. 238–242.

20 So lautete der Untertitel eines einschlägigen Buches, vgl. Christopher Tunnard und Boris Pushkarev: *Man-made America. Chaos or Control? An Inquiry into Selected Problems of Design in the Urbanized Landscape*. New Haven 1963.

21 „No grammar exists in terms of modern design for our streets and buildings", zit. n. „,Signs for Streets and Buildings' – Conference at Yale Announced By Museum", MoMA Press Release, 18. November 1953.

22 Daran nahmen neben Johnson und Lustig, der damals in Yale lehrte, auch Walter Gropius, György Kepes, I.M. Pei, Eero Saarinen, Josep Lluís Sert, Mies der Rohe und viele weitere teil. Vgl. ebd.

23 Felicity D. Scott: *Disorientation. Bernard Rudofsky in the Empire of Signs*. Berlin 2016, S. 21.

24 Aline B. Louchheim: „A Problem for City Architects", in: *New York Times*, 29. November 1953.

25 „Signs in the Street Subject of Museum of Modern Art Exhibition", MoMA Press Release, 24. März 1954.

26 Vgl. Mary Anne Staniszewski: *The Power of Display. A History of Exhibition Installations at the Museum of Modern Art*. Cambridge, MA/London 1998, S. 192–194.

27 Vgl. Bernhard Hendrik Wissing: „Nur ein Kompromiß", in: *Format 4*, 17/1968, S. 33–37.

28 Corin Hughes-Stanton: „Schiphol Puts Passengers First", in: *Design 240*, 1968, S. 48–55, hier S. 52.

29 Vgl. ebd., S. 48.

30 Vgl. Wissing 1968 (s. Anm. 27), S. 37.

31 Burckhardt 2004 (s. Anm. 6), S. 43. Vgl. auch das Statement Burckhardts in: Internationales Design

Zentrum (Hg.): *Design? Umwelt wird in Frage gestellt*. Berlin 1970, S. 30–32.

32 Reyner Banham: „The Obsolescent Airport", in: *The Architectural Review* 788, 1962, S. 252 f.

33 Edward G. Blankenship: *Der Flughafen. Architektur – Urbane Integration – Ökologie*. Stuttgart 1974, S. 28.

34 Vgl. Vanessa R. Schwartz: *Jet Age Aesthetic. The Glamour of Media in Motion*. New Haven/London 2020, S. 19–55.

35 Constant: „Über das Reisen" (1966), in: ders., *Spielen oder Töten. Der Aufstand des Homo ludens*. Bergisch Gladbach 1971, S. 86–97, hier S. 97.

36 Eugen Gomringer: *Poesie als Mittel der Umweltgestaltung. Referat und Beispiele*. Itzehoe 1969, S. 10.

37 H. M. McLuhan: „Culture without Literacy", in: *Explorations* 1, 1953, S. 117–127, hier S. 127.

38 Vgl. Wibo Bakker: „Icograda and the Development Of Pictogram Standards: 1963–1986", in: *Iridescent* 2, 2/2013, S. 38–48. Dies war auch der Grund, weshalb Wissing bei seiner Beschilderung für Schiphol auf Bildzeichen verzichtete und sich ganz auf Buchstaben, Ziffern und Pfeile beschränkte. Vgl. Wissing 1968 (s. Anm. 27).

39 hfg-Broschüre von 1967, zit. n. Hartmut Seeling: *Geschichte der Hochschule für Gestaltung Ulm 1953–1968. Ein Beitrag zur Entwicklung ihres Programms und der Arbeiten im Bereich der visuellen Kommunikation*. Dissertation. Köln 1985, S. 414.

40 Peter von Kornatzki und Rolf Müller: „Rückblick. Einblick" (1994), in: Barbara Stempel und Susanne Eppinger-Curdes (Hg.), *Rückblicke. Die Abteilung Visuelle Kommunikation an der hfg Ulm 1953–1968*. Ulm 2010, S. 8–11, hier S. 9.

41 Vgl dazu kritisch Gert Selle: *Design – Geschichte in Deutschland. Produktkultur als Entwurf und Erfahrung*. Köln 1987, S. 268.

42 „Expo 67. Ein Design-Laboratorium", in: *Format* 11, 1967, S. 26–33, hier S. 33.

43 Martin Krampen: „The Production Method in Sign Design Research", in: *Print* 23, 6/1969, S. 59–63.

44 Vgl. bspw. Otl Aicher und Martin Krampen: *Zeichensysteme der visuellen Kommunikation. Handbuch für Designer, Architekten, Planer, Organisatoren*. Stuttgart 1977.

45 Ausgerechnet die Toilettensymbole allerdings erwiesen sich als zu schlecht unterscheidbar und wurden schließlich von der Ausstellungsleitung durch vermeintlich eindeutigere Symbole ersetzt.

Vgl. Robert Fulford: *Remember Expo. A Pictorial Record*. Toronto 1968, S. 55.

46 Arata Isozaki: „Die unsichtbare Stadt" (1967), in: ders.: *Welten und Gegenwelten*. Bielefeld 2011, S. 103–120, hier S. 112.

47 Lewis Mumford: *Die Stadt. Geschichte und Ausblick* (1961). München 1979, S. 566 f. Zum Topos der „unsichtbaren Stadt", der mit Italo Calvinos *Die Unsichtbaren Städte* (1972) literarische Früchte trägt, vgl. auch Gabriele Schabacher: „Unsichtbare Stadt. Zur Medialität urbaner Architekturen", in: *Zeitschrift für Medienwissenschaft* 12, 2015, S. 79–90.

48 Vgl. Yuriko Furohata: *Climatic Media. Transpacific Experiments in Atmospheric Control*. Durham/London 2022, S. 149–163. Für Montreal vgl. auch Cornelius Borck: „Der Transhumanismus der Kontrollmaschine. Die Expo '67 als Vision einer kybernetischen Versöhnung von Mensch und Welt", in: Michael Hagner und Erich Hörl (Hg.), *Die Transformation des Humanen. Beiträge zur Kulturgeschichte der Kybernetik*. Frankfurt a. M. 2008, S. 125–162.

49 Richard Saul Wurman: „Program Chairman's Comments", in: *Design Quarterly* 86–87, 1972: „International Design Conference in Aspen. The Invisible City", S. 66. Zu Wurman vgl. auch Molly Wright Steenson: *Architectural Intelligence. How Designers and Architects Created the Digital Landscape*. Cambridge, MA/London 2017, S. 77–106.

50 Vgl. dazu auch den Beitrag von Tom Holert in diesem Band.

51 Richard Saul Wurman: „Wurman's Visual Information Systems and the Public Environment", in: *Design Quarterly* 80, 1971: „Making the City Observable", S. 88.

52 Ebd., S. 75 f.

53 Vgl. Richard Saul Wurman und Joel Katz: „Beyond Graphics. Architecture of Information", in: *AIA Journal* 64, 10/1975, S. 40/56.

54 Stephen Carr u. a.: *City Signs and Lights. A Policy Study. Prepared for the Boston Redevelopment Authority and the U.S. Department of Housing and Urban Development* (1971). Cambridge MA 1973.

55 Zur Figur des „Nutzers" vgl. den Beitrag von Christa Kamleithner in diesem Band.

Bildnachweis

Reinhold Martin: Architektur als Medienkomplex. Vom
  Raum zur Luft
Abb. 1: © Sam Falk. Mit freundlicher Genehmigung von
  SOM.
Abb. 2: © The Ezra Stoller Archive/Esto.
Abb. 3 aus: John Donald Wilson: *The Chase. The Chase
  Manhattan Bank, N.A., 1945–1985.* Boston 1986, S. 77.
Abb. 4–5: © SOM.
Abb. 6: © The Ezra Stoller Archive/Esto.
Abb. 7: © Alexandre George. Mit freundlicher Geneh-
  migung von SOM.
Abb. 8 aus: Wilson 1986, nach S. 164.
Abb. 9: © The Ezra Stoller Archive/Esto.

Bernhard Siegert: Türen, *unhinged.* Zur Destabilisierung
  der Innen-Außen-Unterscheidung in Film und
  Architektur
Abb. 1 aus: *The Lonedale Operator,* USA 1911, Regie:
  D. W. Griffith.
Abb. 2 aus: *The Searchers,* USA 1956, Regie: John Ford.
Abb. 3 aus: *Grand Hotel,* USA 1932, Regie: Edmund
  Goulding.
Abb. 4 aus: Robert L. Blanchard: *Around the World with
  Van Kannel.* New York 1929, Vorsatz.
Abb. 5 aus: *Grand Hotel,* USA 1932, Regie: Edmund
  Goulding.
Abb. 6 aus: *Videodrome,* Canada 1983, Regie: David
  Cronenberg.

Moritz Gleich: Komfortable Verhältnisse. „Das Projekt für
  neue Häuser" und die Technisierung des Wohnens
  um 1800
Abb. 1–2 aus: Jean-Frédéric de Chabannes und James
  Henderson: „Brevet d'invention de cinq ans, pour de
  nouvelles manières économiques de construire des
  maisons, des édifices, etc.", in: Gérard-Joseph
  Christian (Hg.), *Description des machines et
  procédés consignés dans les brevets d'invention,
  de perfectionnement et d'importation,* Bd. 3. Paris
  1820, Taf. 23, 24.

Zeynep Çelik Alexander: Regale, Magazine, Copyright.
  Der Neubau der Library of Congress
Abb. 1: Library of Congress, Prints and Photographs
  Division, LC-DIG-npcc-00203.

Abb. 2 aus: Snead and Company Iron Works: *Library
  Planning. Bookstacks and Shelving.* Jersey City
  1908, S. 74.
Abb. 3: Library of Congress, Prints and Photographs
  Division, ADE Unit 2447.
Abb. 4 aus: Snead and Company Iron Works: *Library
  Planning. Bookstacks and Shelving.* Jersey City
  1915, S. 47.
Abb. 5 aus: Snead and Company Iron Works 1908,
  S. 23–34.
Abb. 6 aus: *Classified Illustrated Catalog of the Library
  Bureau. A Handbook of Library and Office Fittings
  and Supplies.* Boston 1900.
Abb. 7: Library of Congress, Prints and Photographs
  Division, LC-D4-17430.
Abb. 8: Library of Congress, Prints and Photographs
  Division, US GEOG FILE – Washington DC, Library
  of Congress.

Mark Crinson: Dem Rauch folgen. Architektur, Totalität
  und fossiler Kapitalismus
Abb. 1 aus: *The Graphic,* 14 October 1876.
Abb. 2 aus: Matthias Dunn: *A Treatise on the Winning and
  Working of Collieries.* Newcastle upon Tyne 1848.
Abb. 3 aus: Evan Leigh: *The Science of Modern Cotton
  Spinning,* Bd. 2. Manchester/London 1873, S. 197.
Abb. 4 aus: Thomas Tredgold: *The Steam Engine. Its
  Invention and Progressive Improvement,* verb. Aufl.,
  Bd. 1. London 1838, Tafel 1.
Abb. 5: Fotografie von Stephen Richards, Wikimedia
  Commons.
Abb. 6–8: Fotografien von Mark Crinson.

Beatriz Colomina: Röntgen-Architektur und das neue
  Feld des Sichtbaren
Abb. 1 aus: Tom Gunning, Corey Keller, Jennifer Tucker:
  *Brought to Light. Photography and the Invisible,
  1840–1900.* San Francisco 2008.
Abb. 2 aus: László Moholy-Nagy: *Malerei, Photographie,
  Film.* Bauhausbücher 8. München 1925, S. 60 f.
Abb. 3: National Cancer Institute, AV-4000-3979.
Abb. 4: © 2023, ProLitteris, Zürich.
Abb. 5 aus: Mies van der Rohe: „The Pure Form is the
  Natural", in: *G – Zeitschrift für elementare Ge-
  staltung* 5–6, 1926, o. S.
Abb. 6: © Architectural Press Archive / RIBA Collections.
Abb. 7: *Parallel of Life and Art,* Ausstellungskatalog
  Institute of Contemporary Arts, 1953.

Christoph Asendorf: Durchdringung der Sphären.
Raumtheorie und Raumgestaltung 1909–1929
Abb. 1 aus: Paul Klee: *Bilder, Aquarelle, Zeichnungen.*
Düsseldorf 1977.
Abb. 2: Fundació Mies van der Rohe, Barcelona.
Abb. 3 aus: S. M. Eisenstein: *Glass House – Du projet de
film au film comme projet.* Dijon 2009, Abb. 5.

Meredith TenHoor: Stadt, Land, Kolonie. Nahrungsmittel-
versorgung und die Medien der Avantgarde
Abb. 1–3 aus: *Prix et profits (La Pomme de terre)*, F 1931,
Regie: Yves Allégret.
Abb. 4–5: © Nachlass Germaine Krull, Museum Folk-
wang, Essen.
Abb. 6 aus: *Plans* 8, 1932, Cover.
Abb. 7: Photo © Ministère de la Culture – Médiathèque du
patrimoine et de la photographie, Dist. RMN–Grand
Palais / François Kollar.
Abb. 8: © 2023 ProLitteris, Zürich.
Abb. 9: Photo © Ministère de la Culture – Médiathèque du
patrimoine et de la photographie, Dist. RMN-Grand
Palais / François Kollar.

Tom Holert: Räume für neue Lernende. Bildungsarchitek-
turen und Bildungschancen in den globalen 1960er-
und 1970er-Jahren
Abb. 1 aus: Thomas Schmid und Carlo Testa: *Bauen mit
Systemen/Systems Building/Construction Modulai-
res.* Zürich 1969, S. 111.
Abb. 2 aus: *Bauwelt* 67, 10/1976, S. 285; Luftbild: LEG
Sonderbüro Universität Bielefeld, freigegeben durch
den RP Münster, Nr. 3571/75.
Abb. 3 aus: *Architectural Design* 11, 1967, S. 449; Verwen-
dung von Zeichnungen und Fotografien aus: James
Benet u. a.: *SCSD – The Project and the Schools.
A Report from Educational Facilities Laboratories.*
New York 1967.
Abb. 4 aus: *Bauwelt* 62, 45/1971, S. 1806.
Abb. 5: archives AFP.
Abb. 6: *Prospects. Quarterly Review of Education* 2,
1/1972, S. 82, © UNESCO.
Abb. 7: *betrifft: erziehung* 6, 1973, Titelseite, © Beltz
Verlagsgruppe.

Christa Kamleithner: Architektur als Medium der Vernetzung. Zur Geschichte des „Nutzers"
Abb. 1 aus: Sandra Wagner-Conzelmann: *Die Interbau
1957 in Berlin. Stadt von heute – Stadt von morgen.*

Städtebau und Gesellschaftskritik der 50er Jahre.
Petersberg 2007, S. 107.
Abb. 2: Centre Pompidou, © bpk/CNAC-MNAM, Foto:
Philippe Migeat; © VG Bild-Kunst, Bonn 2023.
Abb. 3: Constant (1920–2005), New Babylon-Ruhrgebiet
/ New Babylon-Ruhr Valley, 1963 [Atlas van New
Babylon], Collection Kunstmuseum Den Haag,
© Constant / Fondation Constant c/o Pro Litteris,
Zürich, 2023; Foto: Tom Haartsen; © VG Bild-Kunst,
Bonn 2023.
Abb. 4 aus: Gerhard Isbary, Hans Jürgen von der Heide
und Gottfried Müller: *Gebiete mit gesunden Struk-
turen und Lebensbedingungen.* Hannover 1969,
Kartenbeilage, Karte 9.
Abb. 5: © François Dallegret, 1967.
Abb. 6: © Privatarchiv Hollein; Courtesy Sammlung
Generali Foundation – Dauerleihgabe am Museum
moderner Kunst Salzburg.
Abb. 7 aus: Architekturzentrum Wien (Hg.): *The Austrian
Phenomenon. Architektur Avantgarde Österreich
1956–1973.* Basel 2009, S. 236.
Abb. 8 aus: „Jetzt reden wir". Betroffene des Märkischen
Viertels: *Wohnste sozial, haste die Qual. Mühsamer
Weg zur Solidarisierung.* Reinbek bei Hamburg 1975,
S. 30 f., Fotos: Helga Reidemeister.

Roland Meyer: Navigation im erweiterten Raum. Informa-
tionsarchitekturen um 1970
Abb. 1 aus: Mildred Constantine und Egbert Jacobson:
Sign Language for Buildings and Landscape. New
York 1961, S. 120.
Abb. 2 aus: Peter Blake: *God's Own Junkyard. The Plan-
ned Deterioration of America's Landscape.* New
York 1964, S. 108.
Abb. 3: Digital Image © 2023 Museum of Modern Art,
New York/Scala, Florence.
Abb. 4: © Aart Klein / Nederlands Fotomuseum.
Abb. 5 aus: *Expo 67. Guide officiel/Official Guide.* Toronto
u. a. 1967, S. 80–81.
Abb. 6 aus: Richard Saul Wurman und Joel Katz: „Beyond
Graphics. Architecture of Information", in: *AIA Jour-
nal* 64, 10/1975, S. 40.
Abb. 7 aus: Stephen Carr u. a.: *City Signs and Lights.
A Policy Study. Prepared for The Boston Redevelop-
ment Authority and The U.S. Department of Housing
and Urban Development.* Cambridge MA 1973, S. 52.

Kurzbiografien

Zeynep Çelik Alexander ist Architekturhistorikerin und lehrt an der Columbia University. Sie ist Autorin von *Kinaesthetic Knowing. Aesthetics, Epistemology, Modern Design* (2017) und Mitherausgeberin von *Design Technics. Archaeologies of Architectural Practice* (mit John May, 2020) sowie von *Writing Architectural History. Evidence and Narrative in the Twenty-First Century* (mit Aggregate, 2021). Sie ist zudem Herausgeberin der Zeitschrift *Grey Room*, Mitglied des Aggregate Architectural History Collaborative sowie Mitglied des Center for Comparative Media. Derzeit arbeitet sie an einem Buch mit dem Titel *Imperial Data. An Architectural History*.

Christoph Asendorf lehrte Kunstgeschichte an der Fakultät für Kulturwissenschaften der Europa-Universität Viadrina in Frankfurt (Oder). Er war Fellow am Internationalen Forschungszentrum Kulturwissenschaften (IFK) in Wien und am Internationalen Kolleg für Kulturtechnikforschung und Medienphilosophie (IKKM) in Weimar. 2008 erhielt er die Martin Warnke-Medaille der Aby-Warburg-Stiftung. Zu seinen Arbeitsschwerpunkten zählt eine kulturwissenschaftlich orientierte Raumgeschichte. Zentrale Publikationen sind: *Batterien der Lebenskraft. Zur Geschichte der Dinge und ihrer Wahrnehmung im 19. Jahrhundert* (1984, engl. 1993), *Ströme und Strahlen. Das langsame Verschwinden der Materie um 1900* (1989), *Super Constellation. Flugzeug und Raumrevolution* (1997, frz. 2013), *Entgrenzung und Allgegenwart. Die Moderne und das Problem der Distanz* (2005), *Planetarische Perspektiven. Raumbilder im Zeitalter der frühen Globalisierung* (2017).

Beatriz Colomina ist Howard-Crosby-Butler-Professorin für Architekturgeschichte und Ko-Direktorin des Studiengangs „Media and Modernity" an der Princeton University. Sie schreibt und kuratiert zu Fragen von Design, Kunst, Sexualität und Medien; ihre Schriften wurden in mehr als 25 Sprachen übersetzt. Zu ihren Veröffentlichungen zählen *Sexuality and Space* (Hg., 1992), *Privacy and Publicity. Modern Architecture as Mass Media* (1994), *Domesticity at War* (2007), *Clip/Stamp/Fold. The Radical Architecture of Little Magazines 196X–197X* (hg. mit Craig Buckley, 2010) und *Are We Human? Notes on an Archaeology of Design* (mit Mark Wigley, 2016). Sie hat zahlreiche Ausstellungen kuratiert, u. a. *Clip/Stamp/Fold* (2006), *Playboy Architecture* (2012), *Radical Pedagogies* (2014) und *Sick Architecture* (2022). 2016 war sie Co-Kuratorin der 3. Istanbul Design Biennale. Zuletzt erschienen die Bücher *X-Ray Architecture* (2019) and *Radical Pedagogies* (Mithg., 2022).

Mark Crinson ist Professor für Architekturgeschichte am Birkbeck College der University of London. Zwischen 2016 and 2020 war er Vizepräsident und dann Präsident des European Architectural History Network, und zwischen 2017 und 2021 war er Direktor des Architecture Space and Society Centre am Birkbeck College. Zu seinen jüngeren Publikationen zählen *Rebuilding Babel. Modern Architecture and Internationalism* (2017), *The Architecture of Art History – A Historiography* (mit Richard J. Williams, 2019), *Shock City. Image and Architecture in Industrial Manchester* (2022) und *Building/Object. Shared and Contested Territories of Design and Architecture* (hg. mit Charlotte Ashby, 2022). Sein aktuelles, vom Leverhulme Trust gefördertes Forschungsprojekt beschäftigt sich mit Infrastruktur und Architektur in und um den Flughafen Heathrow.

Moritz Gleich ist Kulturwissenschaftler und Verleger. Nach seinem Studium an der FU Berlin, der Bauhaus-Universität Weimar und der University of California, Santa Barbara, hat er am Institut für Geschichte und Theorie der Architektur (gta) der ETH Zürich, dem Medienwissenschaftlichen Institut der Universität Basel und der Bartlett School of Architecture in London geforscht und gelehrt. Seine Forschungsarbeit bewegt sich an der Schnittstelle von Architektur- und Mediengeschichte, mit einem Fokus auf technisches Denken. 2017 hat er gemeinsam mit Laurent Stalder die Zeitschrift *gta papers* gegründet und deren erste Ausgabe *Architecture/Machine. Programs, Processes, and Performances* herausgegeben. Seine Dissertation ist 2023 unter dem Titel *Inhabited Machines. Genealogy of an Architectural Concept* als erster Band der Reihe *Exploring Architecture* bei Birkhäuser erschienen. Seit 2019 leitet er den gta Verlag.

Tom Holert ist Kunsthistoriker, Kurator und Vorstandsmitglied des Harun Farocki Instituts, Berlin. Er arbeitet zum Zusammenhang von Wissenspolitik, Kunsttheorie, Bildungsgeschichte, Film und Architektur. Unter anderem tat er dies in einem langjährigen Forschungs- und Ausstellungsprojekt zu Infrastrukturen von Bildung und Wissensproduktion in den 1960er- und 1970er-Jahren. Es wurde an der basis voor actuele kunst in Utrecht, am Haus der Kulturen der Welt in Berlin, am vai (Vorarlberger Architektur Institut) und weiteren Orten realisiert und führte zu Veröffentlichungen wie *Bildungsschock. Lernen, Politik und Architektur in den 1960er und 1970er Jahren* (Hg., 2020) und *Politics of Learning, Politics of Space. Architecture and the Education Shock of the 1960s and 1970s* (2021). In Planung befindet sich eine weitere, mit Gabu Heindl entwickelte Fassung des Projekts, die 2024 anlässlich des Festivals „Tangente St. Pölten" gezeigt werden soll.

Christa Kamleithner ist Architekturtheoretikerin und Kulturwissenschaftlerin und forscht zur Wissens- und Kulturgeschichte des gebauten Raumes. Nach Positionen u. a. an der UdK Berlin, TU Berlin, AdBK Nürnberg und der Bauhaus-Universität Weimar ist sie derzeit akademische Mitarbeiterin am Zentrum für Kulturwissenschaftliche Forschung (ZKF) der Universität Konstanz. Gemeinsam mit Susanne Hauser und Roland Meyer hat sie die Anthologie *Architekturwissen* (2011/2013) herausgegeben, die kulturwissenschaftliche Grundlagentexte zum gebauten Raum versammelt und Architektur als Medium begreift. In ihrer Dissertation *Ströme und Zonen*, die 2020 in der Reihe *Bauwelt Fundamente* bei Birkhäuser erschienen ist, rekonstruiert sie die Genealogie der „funktionalen Stadt" als mediengestützten Abstraktionsprozess. Ihr aktuelles Forschungsprojekt widmet sich der Geschichte des „Nutzers".

Reinhold Martin ist Professor für Architektur an der Graduate School of Architecture, Planning, and Preservation (GSAPP) der Columbia University. Er hat zahlreiche Schriften zur Geschichte und Theorie der modernen Architektur und des Städtebaus sowie zur politischen Ökonomie und politischen Ökologie der Medien verfasst. Zu seinen Publikationen zählen *The Organizational Complex. Architecture, Media, and Corporate Space* (2003), *Utopia's Ghost. Architecture and Postmodernism, Again* (2010), *The Urban Apparatus. Mediapolitics and the City* (2016) und *Knowledge Worlds. Media, Materiality, and Making of the Modern University* (2021).

Roland Meyer ist Bild- und Medienwissenschaftler und forscht zur Geschichte und Theorie vernetzter Bildkulturen. Nach Positionen u. a. an der UdK Berlin, dem Hygiene-Museum Dresden und der Humboldt-Universität zu Berlin ist er derzeit wissenschaftlicher Mitarbeiter am DFG-Sonderforschungsbereich *Virtuelle Lebenswelten* an der Ruhr-Universität Bochum. Gemeinsam mit Susanne Hau-

ser und Christa Kamleithner hat er 2011/13 die Anthologie *Architekturwissen* herausgegeben. Seine Dissertation *Operative Porträts. Eine Bildgeschichte der Identifizierbarkeit von Lavater bis Facebook* erschien 2019 bei Konstanz University Press, sein Essay *Gesichtserkennung* 2021 in der Reihe *Digitale Bildkulturen* bei Wagenbach. In seiner aktuellen Forschung widmet er sich unter anderem der Geschichte der „Visuellen Kommunikation" sowie Fragen der Navigation und Orientierung in (virtuellen) Bildräumen.

Bernhard Siegert ist Gerd-Bucerius-Professor für Geschichte und Theorie der Kulturtechniken an der Bauhaus-Universität Weimar. Von 2008 bis 2020 war er Co-Direktor des Internationalen Kollegs für Kulturtechnikforschung und Medienphilosophie (IKKM) in Weimar. Gegenwärtig leitet er das von der NOMIS Foundation geförderte Forschungsprojekt „The New Real. Past, Present and Future of Computation and the Ecologization of Cultural Techniques". Siegert erhielt Gastprofessuren und Fellowships u. a. an der University of California, Santa Barbara, der New York University, der University of British Columbia, der Universität Stockholm und der Harvard University. Seine zahlreichen Publikationen behandeln die Sinnstiftungen kultureller Artefakte als Effekte medialer Operationen. In diesem Sinne hat er zum Entwerfen als Kulturtechnik oder zum Raster als einem Ordnungskonzept geforscht, in dem bildtechnisches, geo- und topografisches sowie gouvernementales Wissen interagieren.

Meredith TenHoor ist Architektur- und Stadthistorikerin. Sie ist Professorin an der School of Architecture des Pratt Institute sowie Gründungsmitglied des Aggregate Architectural History Collaborative. In ihrer Forschung untersucht sie, wie Architektur, Städtebau und Landschaftsplanung an der Verteilung von Ressourcen und der Konstruktion der Grenzen und Fähigkeiten menschlicher Körper beteiligt sind. Zu ihren Publikationen zählen *Street Value. Shopping, Planning and Politics at Fulton Mall* (mit Rosten Woo, 2010) sowie die online veröffentlichten Sammelbände *Toxics* (mit Aggregate, 2022–) und *Black Lives Matter* (mit Aggregate, 2015). In Kürze erscheint ihr Buch *Provisioning. Markets and Urban Transformation in 20th Century France*, das die Architektur der Lebensmittelversorgung in Frankreich untersucht. Derzeit arbeitet sie an einer Monografie zur französischen Architektin Nicole Sonolet.